DAVID GODMAN

Annamalai Swâmî

Una vida junto a
RÂMANA MAHARSHI

Discovery Publisher

Living by the words of Bhagavan
1994, 1995, ©Shrî Annamalai Swâmî Ashram

1996, ©Éditions Nataraj

2021, ©Discovery Publisher
Todos los derechos están reservados.

Ninguna parte de este libro puede ser reproducida en forma alguna, ni en ningún medio electrónico o mecánico incluidos medios de almacenamiento de información o sistemas de recuperación de datos, sin el permiso escrito de la editorial.

Autor: David Godman
Traductora: Sabanda Monserrat Guimerá

616 Corporate Way
Valley Cottage, New York
www.discoverypublisher.com
editors@discoverypublisher.com
Orgulloso de no estar en Facebook o Twitter

New York • Paris • Dublin • Tokyo • Hong Kong

Tabla de contenido

Prefacio	5
Introducción	8
En ruta hacia Bhagavan	15
Un jefe de obra poco común	45
Con un poco de arroz y de atención...	83
Los animales bajo la gracia de Bhagavan	97
Fragmentos	117
Una dirección codiciada	145
La piedra ardiente de la devoción	175
Palakottu	221
Epílogo	257
Bibliografía	259
Glosario	265

DAVID GODMAN

Annamalai Swâmî

Una vida junto a
RÂMANA MAHARSHI

Annamalai Swâmî

Una vida junto a RÂMANA MAHARSHI

Prefacio

Publicada en octubre de 1994, la obra *Living by the words of Bhagavan* [*Viviendo según las palabras de Bhagavan*] es la recopilación de David Godman de los recuerdos de Swâmî[1] Annamalai, uno de los discípulos más cercanos de Bhagavan Shrî[2] Râmana Maharshi, el gran sabio hindú. Los lectores que no conocen a este último, pueden consultar la introducción de David Godman. Allí encontrarán un emotivo retrato del sabio.

Swâmî Annamalai

Con apenas veinte años, Swâmî Annamalai, que se había acercado a Râmana Maharshi en 1928, trabajó durante un mes como uno de sus sirvientes y, a continuación, durante diez años como responsables de las obras de construcción. Durante todos aquellos años, pudo beneficiarse de un muy estrecho contacto con Shrî Ramana, quien utilizaba cada oportunidad para guiarle en la vía de la búsqueda del Sí, invitándole y ayudándole a practicar esa enseñanza en todas las circunstancias de la vida cotidiana.

En 1938, al cabo de diez años de ardiente devoción, por la gracia de Shrî Râmana, realizó la experiencia del Sí. Entonces, se retiró a Palakottu, cerca de Râmanasramam (*ashram* de Râmana Maharshi), donde se consagró a la meditación y se estabilizó progresivamente en la conciencia del Sí. Hasta mitad de los años 40, visitaba dos veces al día a Shrî Râmana para «impregnarse de su silencio lleno de gracia y de sus enseñanzas». Más tarde, Shrî Râmana le privó de ese contacto físico diciéndole: «Usted

---

1. *Swâmî*: significa literalmente «amo de sí mimo», pero también significa «señor» o «dueño». Cuando se considera parte del nombre se mantiene en letra redonda y en mayúscula. En el capítulo 2, hay una explicación por parte del autor acerca del uso de este título, que ayudará a comprender su uso en esta obra.
2. *Shrî*: o *Sri* es una palabra sánscrita que se utiliza como título de respeto en el hinduismo. También es el nombre de una diosa. En este caso, cuando acompaña al nombre, se considera que forma parte del mismo por lo que se mantiene en letra redonda y en mayúscula.

es un *sadhaka* (buscador espiritual) que ha alcanzado la madurez. Ya no necesita venir aquí. Permanezca en Palakottu y medite allí. Intente borrar la idea de que usted es diferente de Dios».

Swâmî Annamalai no abandonó Palakottu nunca más. Vivió una vida tranquila y simple. En el momento de su muerte, en noviembre de 1995, ya era ampliamente reconocido como un auténtico Maestro.

Al haber completado totalmente las enseñanzas de Shrî Râmana, él mismo se había convertido en una fuente de gracia y de luz.

En 1987, Swâmî Annamalai le contó a David Godman sus recuerdos de infancia y los de su vida al lado de Shrî Râmana. David Godman los organizó a modo de relato en primera persona, que embelleció y enriqueció con comentarios y con informaciones complementarias. Dicho relato es el que se ha publicado aquí con el título de *Swâmî Annamalai: una vida junto a Râmana Maharshi*.

Además de este relato, *Living by the words of Bhagavan* [*Viviendo según las palabras de Bhagavan*] incluye un capítulo de enseñanzas de *Shrî* Râmana Maharshi, extractos del diario redactado por Swâmî Annamalai en 1938 y en 1939, así como un capítulo de entrevistas con Swâmî Annamalai, grabadas en 1986 durante un periodo de nueve meses por una *sannyâsin* americana llamada Satya.

Para la edición francesa, las enseñanzas y entrevistas se publican en un volumen aparte, titulado *Comme une montagne de camphre* [*Como una montaña de alcanfor*].

La presente edición francesa de *Living by the words of Bhagavan* [*Viviendo según las palabras de Bhagavan*] es la traducción de la segunda edición inglesa.

Gabriel Baechler

Palabras en cursiva

Al final del libro hay un glosario. El lector encontrará en él la definición de la mayoría de las palabras en tamil y en sánscrito que aparecen en cursiva en el texto. Según la elección de David Godman con respecto a la edición inglesa, yo no he utilizado los signos diacríticos habituales porque tienden a confundir a los no iniciados. No obstante, he indicado las vocales largas de la siguiente forma:

- La *â* se pronuncia alargando la «a».
- La *ê* se pronuncia alargando la «e».
- La *î* se pronuncia alargando la «i».
- La *û* se pronuncia alargando la «u».
- La *ô* se pronuncia alargando la «o».

La vocal *u* (sin acento circunflejo) se pronuncia tal y como suena.

La combinación *sh* se pronuncia como cuando se pide silencio «shhh»; la combinación *ch* se pronuncia tal y como suena; las *h* de las combinaciones *dh, ph* y *th* son haches aspiradas.

Introducción

Bhagavan Shrî Râmana Maharshi es ampliamente reconocido como uno de los maestros espirituales indios más eminentes de la era moderna. En 1896, cuando tan solo era un escolar de dieciséis años, realizó el Sí durante una sobrecogedora experiencia con la muerte que duró alrededor de veinte minutos. Hasta aquel momento, no se había beneficiado de ninguna enseñanza espiritual, ya sea teórica o práctica. Además, al principio, la experiencia le dejó más bien perplejo. Durante las primeras semanas tras su realización del Sí, pensaba o bien que un espíritu se había apoderado de él, o bien que era preso de una extraña, aunque placentera enfermedad. No le habló a nadie de su experiencia e intentó continuar viviendo la vida de un colegial normal y corriente del sur de la India. Los días siguientes, consiguió que su cambio pasara desapercibido para su entorno pero, al cabo de unas seis semanas, se decepcionó tanto de las nimiedades de la vida escolar y familiar que decidió abandonar su hogar y encontrar un lugar donde poder permanecer en la experiencia del Sí, sin interrupciones molestas ni distracciones.

Eligió ir a Arunâchala, una célebre montaña santa a unos 200 kilómetros al suroeste de Madrás. No realizó esta elección al azar, sino todo lo contrario: en sus primeros años de juventud, siempre había sentido un respeto entremezclado de temor cada vez que se mencionaba el nombre de Arunâchala. De hecho, antes de que un familiar corrigiera su error, él pensaba que Arunâchala era un reino celeste más que un centro de peregrinaje de lo más terrestre, al que se podía acceder en transporte público. Más adelante, afirmaba gustosamente que Arunâchala era su gurú y que su poder había provocado su realización y le había traído posteriormente a sus pies.

El joven Râmana Maharshi hacía grandes esfuerzos para asegurarse de que ningún miembro de su familia conociera su destino. Abandonó su hogar en secreto y llegó a Arunâchala tras tres días de viaje bastante aventureros. Pasó los últimos cincuenta y cuatro años de su vida en la montaña (o en sus alrededores), rechazando alejarse de ella, aunque fuera solo por un día.

El día de su llegada, se deshizo de todo su dinero y de sus posesiones, a excepción de un pareo, se rasuró la cabeza como muestra de renuncia espiritual y encontró en el recinto del templo principal de Arunâchala un lugar tranquilo donde permanecer sentado sin ser molestado. Durante los siguientes cuatro o cinco años, pasó casi todo el tiempo sentado con los ojos cerrados en diferentes templos y santuarios, totalmente absorbido en una irresistible consciencia del Sí. De vez en cuando, un visitante o un amable peregrino le traían alimentos; más tarde, un sirviente se encargó de ello. Pero, a excepción de un corto periodo en el que él mismo salía a mendigar su comida, no manifestó ningún interés por su bienestar físico o por los acontecimientos del mundo que tenían lugar a su alrededor.

En 1901, se trasladó a la gruta de Virupaksha, situada a unos cien metros de altura en la montaña, detrás del templo principal, y allí permaneció durante los siguientes catorce años. Con el paso del tiempo, empezó a manifestar algo de interés por los visitantes que venían a verle, pero en rara ocasión hablaba con ellos. Pasaba la mayor parte de sus días sentado en silencio o paseando por las pendientes de Arunâchala. Aún permaneciendo sentado inmóvil en el templo, ya había empezado a atraer devotos. En la época en la que se trasladó a la gruta de Virupaksha, ya contaba con un pequeño grupo de discípulos al que, en ocasiones, se unían peregrinos visitantes.

En sánscrito, existe la palabra *tapas*, que designa una intensa práctica espiritual, acompañada de una abnegación física, o incluso de una mortificación corporal, a través de la cual se queman sistemáticamente las impurezas espirituales. La gente se sentía atraída por él puesto que consideraban que, un hombre que había culminado un *tapas* tan intenso (durante los primeros años en el templo, a menudo permanecía sentado sin moverse durante días), debía haber adquirido un gran poder espiritual. Otros se sentían atraídos por él porque percibían que de su forma física emanaba un resplandor casi palpable de amor y de alegría. Más tarde, Râmama Maharshi expresó claramente que no había realizado ningún tipo de tapas o de meditación durante los primeros años en Arunâchala. Cuando le preguntaban por ese tema, decía que su iluminación se produjo en 1896, en su hogar familiar, durante su experiencia de la muerte. En cuanto a los posteriores años de silencio e inmovilidad, afirmaba que se trataba simplemente de una respuesta a su imperiosa necesidad interior de permanecer completamente absorto por su experiencia de realización del Sí.

Durante sus últimos años en la gruta de Virupaksha, comenzó a hablar con los visitantes y a responder a sus preguntas espirituales. Nunca había estado totalmente en silencio, pero durante sus primeros años en Arunâchala, hablaba rara vez y poco. Las enseñanzas que ofrecía estaban más relacionadas con su propia experiencia del Sí que con las enseñanzas tradicionales de la *Advaita Vedanta*, una muy antigua y apreciada escuela de filosofía india que postula que el Sí (*Âtman*) o *Brahmán* es la única realidad que existe y que todos los fenómenos son manifestaciones indivisibles o apariencias en el seno de dicha realidad. Según Râmana Maharshi y los precedentes instructores de la *Advaita*, el objetivo último de la vida es el de trascender la ilusión de ser un individuo que funciona por medio de un cuerpo y una mente, en un mundo de objetos separados que están en interacción. Una vez que se ha realizado esto, uno toma consciencia de lo que realmente somos: el Sí, que es una consciencia inmanente y sin forma.

La familia de Râmana Maharshi había conseguido dar con él en 1890, pero este había rechazado regresar a su hogar familiar. En 1914, su madre decidió ir a vivir con su hijo a Arunâchala y pasó sus últimos años con él. En 1915, acompañado por su madre y por el grupo de devotos residentes en la gruta de Vriupaksha, se trasladó más arriba de la montaña a Skandashram, un pequeño *ashram* construido por uno de sus primeros devotos especialmente para él.

Otrora, los devotos que vivían con Râmana Maharshi mendigaban su comida en la ciudad. Los religiosos hindús renunciantes, denominados *sâdhus* o *sannyâsins*, con frecuencia satisfacen sus necesidades de esa manera. Los monjes mendicantes siempre han formado parte de la tradición hindú. El hecho de mendigar por motivos religiosos no es una infamia. Cuando Bhagavan (a partir de ahora, a menudo me referiré a él con este título, puesto que es la forma en la que la mayoría de sus devotos se dirigían a él) se trasladó a Skandashram, su madre empezó a cocinar regularmente para todos los que vivían allí. Pronto se convirtió en una ardiente devota de su hijo y progresó espiritualmente tan rápido que con ayuda de la gracia y de la fuerza de Bhagavan, consiguió la realización del Sí en el momento de su muerte en 1922.

Su cuerpo fue enterrado en la planicie que linda con la parte sur de Arunâchala. Algunos meses más tarde, Bhagavan, empujado por lo que él denominó posteriormente «la voluntad divina», abandonó Skandashram y se fue a vivir cerca de su tumba. Durante los siguientes años, se construyó un gran *ashram* a su alrededor. Visitantes de toda la India, y posteriormente del extranjero, venían a verle para pedirle consejo, buscar su gracia o simplemente bañarse en su apaciguadora emanación.

En el momento de su muerte, en 1950, a la edad de 71 años, se había convertido en una especie de institución nacional; era la personificación de los aspectos más nobles de una tradición hindú que se remonta a miles de años.

Su renombre y su fuerza de atracción no provenían de la realización de milagros. No exhibía poderes especiales y no era amable con quienes lo hacían. Tampoco consiguió su reputación gracias a sus enseñanzas. Es cierto que predicaba las virtudes de una práctica espiritual poco conocida hasta aquel momento, como también lo es que generaciones de gurús antes que él, ya habían enseñado la mayoría de aspectos de sus enseñanzas. Lo que tocaba el espíritu y el corazón de los visitantes era la sensación de santidad que se podía sentir inmediatamente en su presencia. Llevaba una vida simple y austera; dedicaba un respeto y una consideración iguales a todos los devotos que acudían a solicitar su ayuda y, quizás lo más importante, era que desprendía una fuerza que todos los que se encontraban cerca de él percibían como un sentimiento de paz y de bienestar. En presencia de Bhagavan, la consciencia de ser una persona individual con frecuencia dejaba lugar a una plena consciencia del Sí inmanente. Bhagavan no buscaba producir esa energía; tampoco hacía ningún esfuerzo consciente para transformar a la gente que le rodeaba. La transmisión de dicha fuerza era espontánea, continua y sin esfuerzo. Si ocurría alguna transformación a causa de la misma, era gracias al estado de ánimo del receptor y no por las decisiones, deseos o acciones de Bhagavan. Bhagavan era totalmente consciente de ese resplandor y solía decir con frecuencia que la transmisión de dicha energía era la parte más importante y directa de sus enseñanzas. Decía que todas las enseñanzas verbales y escritas que daba, así como las diversas técnicas de meditación que aprobaba, solo eran para aquellos que no eran capaces de permanecer en armonía con el flujo de gracia que emanaba de él constantemente. Son muchos los que han escrito acerca de la vida de Bhagavan, de sus enseñanzas y de las experiencias que diferentes devotos tuvieron con él. Hace ya más de cuarenta años que Bhagavan falleció, y lógicamente podemos suponer que todas las historias que se refieren a él ya se han publicado de una u otra forma. Yo me inclinaba a considerar que así era hasta 1987, cuando fui a entrevistar a Swâmî Annamalai, un anciano discípulo de Bhagavan. Pronto me vi obligado a revisar mi opinión. Durante varias semanas, me contó tantas historias interesantes e inéditas sobre Bhagavan y los discípulos que vivían con él, que decidí ponerlas todas por escrito en forma de relato en primera persona y publicarlas. Swâmî Annamalai me autorizó a hacerlo. Posteriormente, leyó mi narración para asegurarse de que todas sus historias se habían contado fielmente. En este relato, incluí comentarios personales. La mayoría de ellos explican las partes confusas del texto, pero algunos dan informaciones acerca del contexto o relatan historias complementarias significativas, desconocidas por Swâmî Annamalai.

Me gustaría agradecer a Shrî S. Sundaram por haber sido mi intérprete, a Swâmî Kumara por haber traducido el diario de Swâmî Annamalai al inglés, a Satya por haber transcrito de nuevo todas las entrevistas que constituyen la segunda parte de *Comme une montagne de camphre*[1], a Shrî Râmanasramam por haberme autorizado a utilizar el material de los archivos fotográficos del *ashram*, a Nadhia Sutara por haberme ayudado globalmente con la redacción y a Jagruti y varios miembros más del Satsang Bhavan en Lucknow por haber transcrito y preparado el manuscrito final.

David Godman.
Lucknow, la India.
Marzo de 1994.

---

1. N. del E.: En la edición francesa, los extractos del diario y las entrevistas con Swâmî Annamalai se han publicado en otro volumen titulado *Comme une montagne de camphre*, por la editorial Discovery.

BHAGAVAN SHRÎ RÂMANA MAHARSHI

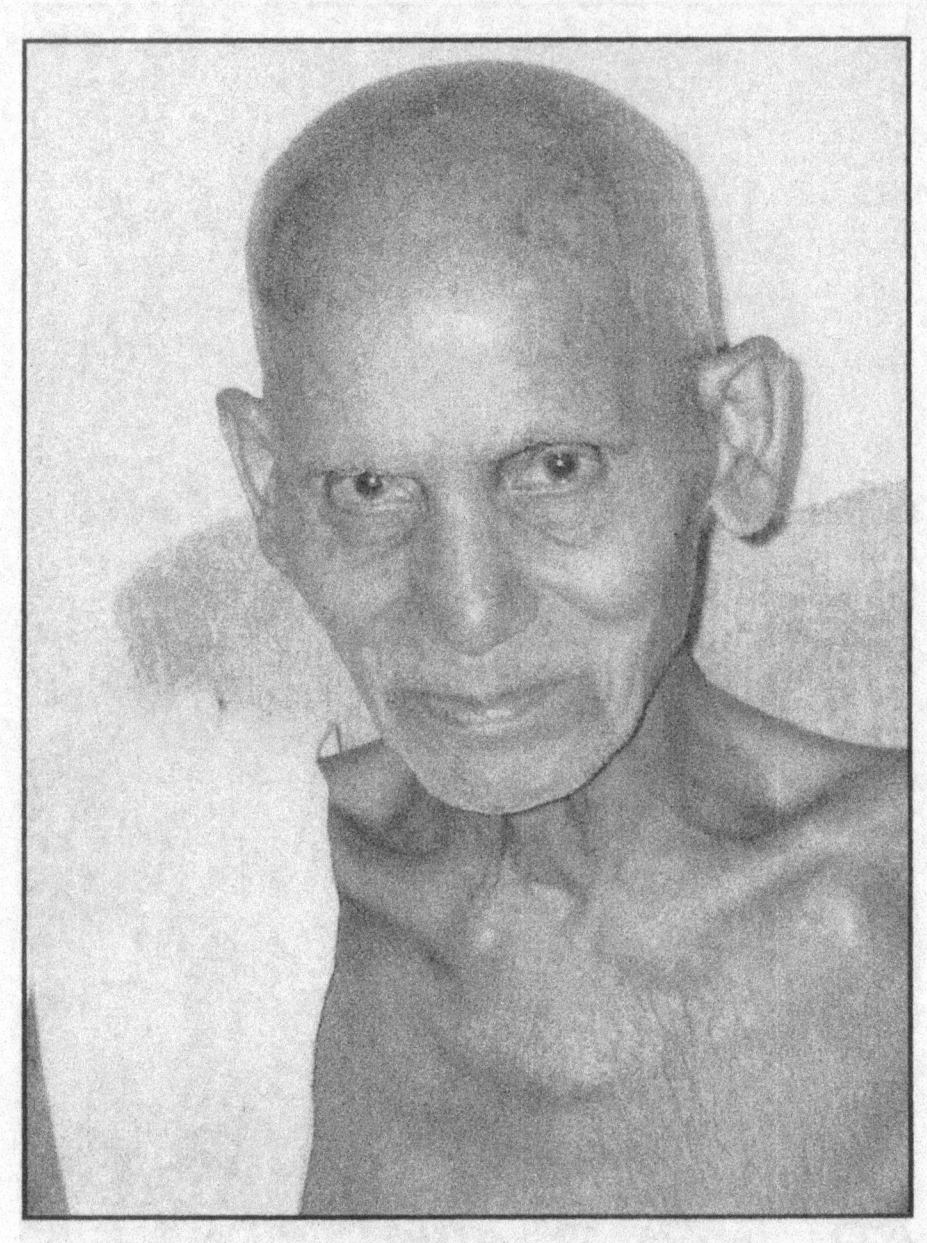

SHRÎ ANNAMALAI SWÂMÎ

En ruta hacia Bhagavan

Nací en 1906 en Tondankurichi, un pequeño pueblo formado por unas 200 casas. Mi padre, un hombre de múltiples talentos, era un personaje importante en la aldea. Además de ser agricultor, astrólogo, pintor y emprendedor, también sabía hacer esculturas y construir *gopurams* (torres de los templos). Poco después de mi nacimiento, mi padre y otro astrólogo se encontraron para estudiar mi horóscopo. Ambos llegaron a la conclusión de que probablemente yo me convertiría en *sannyâsin* (monje hindú que renuncia a todo vínculo con su familia y con el mundo). Mi padre, no muy contento con dicha perspectiva, decidió adelantarse y rechazó darme una educación adecuada. Se imaginaba que, si no aprendía a leer ni a escribir correctamente, no leería nunca las Escrituras ni desarrollaría jamás un interés por Dios. A causa de la validez que mi padre le dio a aquella predicción, no recibí más que una instrucción muy rudimentaria en la escuela del pueblo. Apenas comenzaba a dominar el alfabeto cuando me sacaron de la escuela para hacerme trabajar con mi padre en el campo.

Mi padre, presintiendo que intentaría quizás regresar a la escuela sin que él se enterara o sin su consentimiento, intentó asegurarse de que yo siguiera siendo prácticamente analfabeto diciéndole a mi madre: «Si vuelve a la escuela, no le des nada de comer».

Poco después de que me sacaran de la escuela, cuando pasaba por un pueblo vecino llamado Vepur, escuché a un erudito de paso que daba una conferencia.

Dijo a los habitantes del pueblo: «Instruirse está bien. Aunque debáis mendigar para cubrir vuestras necesidades mientras estudiáis, tendríais que estudiar tanto como podáis. Únicamente podemos conocer los misterios de la vida a través de la instrucción».

Cuando regresé a casa, fui a quejarme a mi padre. «Hoy, en Vepur, he escuchado a un erudito hablar sobre el valor de la instrucción. Tú no me permites ir a la escuela. ¿Y eso por qué?».

Mi padre salió con evasivas diciendo: «¡Oh!, nosotros solo somos campesinos. Nos basta con saber escribir nuestro nombre».

Como no estaba satisfecho ni con la actitud ni con la respuesta de mi padre, decidí intentar estudiar por mí mismo. Encontré dos libros, uno que contenía historias del rey Vikramaditya y otros versículos de Pattinatar (un poeta y santo tamil del siglo IX), e intenté aprender a leer yo solo. Por una curiosa coincidencia, uno de los primeros versículos de Pattinatar que conseguí descifrar, resumía proféticamente la vía espiritual que he intentado seguir durante la mayor parte mi vida:

«Aquel que renuncia al hogar es millones de veces más grande que aquel que, llevando una vida como cabeza de familia, hace muchas *punyas* y *dharmas* (acciones meritorias). Aquel que renuncia a la mente es millones de veces más grande que aquel que renuncia al hogar. En cuanto a aquel que ha trascendido la mente y toda dualidad, ¿cómo podría expresar yo su grandeza?».

Aunque nunca antes me había topado con una afirmación de ese tipo, siempre había sido propenso a la vida espiritual. Nadie me había hablado jamás de cuestiones religiosas; sin embargo, yo tenía consciencia de que existía una potencia superior llamada Dios y que el objetivo de la vida era alcanzar a ese Dios. Sin que nadie me lo hubiera dicho, instintivamente yo sabía que todo lo que veía era, en cierta forma, ilusorio e irreal. Esos pensamientos y la idea de que yo no debía apegarme a nada en este mundo formaban parte integrante de mi consciencia desde mi más tierna infancia.

Recuerdo un incidente que se produjo cuando solo tenía seis años. Estaba paseando con mi madre cerca del pueblo cuando un *sâdhu* (un monje hindú) pasó por allí. Le pregunté a mi madre: «¿Cuándo me convertiré yo en un *sânnyasin* como él?». Sin esperar su respuesta, seguí los pasos del *sâdhu*.

Mientras caminaba, escuché a mi madre expresar su indignación a las mujeres del pueblo: «¡Miren a ese inútil! Tan joven, y ya intenta ser un *sâdhu*».

Literalmente, «sâdhu» significa «persona noble». El término se utiliza más comúnmente para designar a alguien que sigue, a tiempo completo, una vía espiritual hindú, particularmente si ha abandonado el hogar familiar para hacerlo. Los sannyâsins, *que han renunciado formalmente a todo vínculo con el mundo para poder continuar con una búsqueda espiritual, a menudo son denominados* sâdhus.

Desgraciadamente, mi padre no compartía mis inclinaciones religiosas. Cada día, él realizaba una *pûja* (ceremonia en honor a un dios hindú) de media hora, pero sus motivos eran puramente materialistas.

Un día, mientras yo todavía era un chico joven, le pregunté: «¿Por qué realizas esa *pûjâ* cada día?».

El respondió: «Quiero volverme rico, quiero comprar tierras, quiero ganar oro y mucho dinero».

Yo le dije: «Esas cosas son efímeras. ¿Por qué rezas por cosas perecederas?».

Mi padre se sorprendió de que, tan joven, yo ya comprendiera eso.

«¿Cómo sabes que esas cosas son perecederas?», preguntó.

«Lo sé, por eso te lo digo», le respondí.

Ese conocimiento se hallaba en mí, pero yo no era capaz de explicarlo o de dar cuenta de ello de manera racional.

Cuando mi padre descubrió que yo me interesaba por cuestiones espirituales, intentó desanimarme. Puso numerosos obstáculos en mi camino y no fue hasta años más tarde que finalmente admitió que yo estaba destinado a convertirme en un *sâdhu*.

Cuando yo todavía era muy joven, los aldeanos me adoptaron como a una especie de mascota de la buena suerte. Cada vez que alguien emprendía la construcción de una nueva casa, me pedía que colocara la primera piedra. Cuando comenzaba la escarda de los campos, me rogaban que arrancara la primera mala hierba y en las bodas, me pedían que tocara la estatua de Ganapati al comienzo de la ceremonia. No obstante, la tarea más placentera era la de comer golosinas. Cada vez que los vecinos del pueblo preparaban dulces para una ocasión especial, me invitaban a comerlos. Desconozco cuándo los vecinos empezaron a creer que yo les traía suerte ni cómo llegaron a esa conclusión, pero esa tradición persistió hasta mis trece años.

> *Algunas personas parecen estar dotadas de una suerte extraordinaria, tanto y tan bien, que todo lo que emprenden prospera o tiene éxito. En Tamil Nadu, estas personas son apodadas «Manos de Oro». Están muy solicitadas para inaugurar fiestas y ceremonias públicas, porque se cree que todo lo que empiezan está destinado al éxito.*
>
> *Râmana Maharshi también era denominado «Mano de Oro». En su juventud, jugaba con frecuencia al fútbol con sus amigos. Se dieron cuen-*

ta rápidamente de que el equipo con el que jugaba siempre ganaba. Swâmî Annamalai debe haber contado con la misma suerte para que le adoptaran como mascota del pueblo.

Nunca fui un niño sociable. En lugar de convivir con otras personas del pueblo, buscaba lugares deshabitados donde poder sentarme y practicar la calma interior. Mi lugar favorito era un templo de Vinayagar (otro nombre de Ganesh, el dios con cabeza de elefante) en el bosque, cerca del pueblo. Acudía frecuentemente a rezarle a ese dios. Desconocía tanto los ritos religiosos de aquella época que no sabía ni siquiera cómo postrarme correctamente delante de él. Solo aprendí a hacerlo al imitar a una niña que iba al templo y realizaba un *ashtânga namaskâram* muy sofisticado ante la imagen del dios.

Se trata de una prosternación completa en la que ocho partes diferentes del cuerpo tocan el suelo.

Me familiaricé más con los ritos religiosos durante una visita a Vriddhachalam, un centro de peregrinación dedicado a Shiva, cerca de mi pueblo. Observaba a brahmanes que llevaban a cabo *anushthânas* y les pedía que me iniciaran a aquellas prácticas. Ellos rechazaron hacerlo porque los *shudras* (miembros de la casta más baja) no están autorizados a practicar dichos ritos.

Las anushthânas *comportan una gran variedad de prácticas rituales que habitualmente solo practican los brahmanes. Algunos rituales son religiosos, pero otros únicamente están relacionados con la higiene personal.*

Poco tiempo después, vi a *shivaítas* (adeptos de Shiva) que no eran brahmanes y que realizaban los mismos rituales. Muy probablemente, habían aprendido a practicarlos con ayuda de algún libro que contenía la descripción detallada. Me enseñaron dichas *anushthânas*. A pesar de su actitud más bien cínica hacia la religión, mi padre me había iniciado anteriormente al *Sûrya Namskâram*, un ritual bien conocido en el que se repiten varios mantras antes de postrarse ante el sol naciente. Añadí estos nuevos rituales al que mi padre ya me había enseñado.

Adopté otra práctica: cada mes, el día de *êkadasî* (el onceavo día de la quincena lunar), intentaba meditar toda la noche sin dormirme. Pronto, descubrí que, si lo hacía sentado, me dormía. Intenté meditar caminando; y no resultó ser mejor: me dormía mientras caminaba. Tras un tiempo de experimentación, descubrí que podía vencer el sueño tomando baños en el río que estaba al lado y frotándome con arena los muslos para provocarme dolor. También mascaba un trozo de tabaco, porque me habían dicho que mantenía la mente en *rajoguna*.

Según la filosofía hindú, toda creación cuenta con tres cualidades que se alternan, denominadas gunas: sattva *(armonía),* rajas *(actividad) y* tamas *(inercia). Estas tres cualidades también se alternan en la mente. Mascar tabaco estimula la cualidad rajas y mantiene la mente activa y despierta.*

En mi juventud, me preocupaba mucho por mantener una apariencia externa de piedad para demostrar mi compromiso con la vida religiosa. Vestía un *dhôti* blanco (una tela que se lleva como una falda), me cubría la cabeza siguiendo el ejemplo de Swâmî Râmalinga (un santo tamil del siglo XIX) y me aplicaba un montón de *vibhûti* (ceniza sagrada) en la frente y por todo el cuerpo. En aquella época, yo estaba muy apegado a Swâmî Râmalinga: había visto una foto suya en el pueblo y me había impresionado lo suficiente como para visitar Vadalur, el lugar de su *samâdhi* (tumba).

Durante mi primera adolescencia, adquirí el segundo fascículo de una obra titulada *Jîva Brahma Aikya Vedânta Rahasya*. En ese libro, descubrí las técnicas del *prânâyâma* (ejercicios de respiración yóguica) y empecé a practicarlas en el templo del bosque. La lectura de este libro despertó en mí el deseo de realizar un estudio más completo de las Escrituras.

Normalmente, esto hubiera resultado muy difícil para un chico joven en mi situación pero, un conjunto de circunstancias inhabituales pronto me permitieron satisfacer mi deseo. El *karnam*, (el recaudador gubernamental), de nuestro pueblo poseía varios libros religiosos que había heredado de su padre. No tenía mucho tiempo para leerlos, puesto que era el *karnam* de tres aldeas diferentes. Llevaba una vida tan ocupada que, a menudo, ni siquiera podía regresar a casa a dormir. Su esposa, una mujer de gran devoción, me permitió ir a su casa a leer los libros. Cada día, preparaba comida, la ofrecía a la estatua de Ganapati que se hallaba en su casa, y después me la daba. Ella misma esperaba a que yo hubiera terminado para empezar a comer. Finalmente, me instalé en casa del *karnam*, donde me alimentaba de aquella ofrenda cotidiana. Puesto que mis padres desaprobaban mi celo religioso, dejé de ir a su casa por completo. Durante aquella desavenencia que duró tres años, no les visité ni una sola vez.

Mientras estudiaba los libros, me acostumbré a leerlos en voz alta. Había una gran oferta de libros, pero mis favoritos eran el *Kaivalya Navanîtam*, los libros sobre Râmakrishna Paramahamsa, los *Têvârams* de Appar y de Jnânasambhandar, el *Tiruvâchakam* y el *Bhakta Vijayam*.

Kaivalya Navanîtam *es una obra tamil acerca de la filosofía de la Advaita;* Râmakrishna Paramahamsa *era un santo bengalí del siglo XIX;* Appar *y* Jnânasambhandar *eran santos tamiles del siglo VI cuyos himnos en alabanza a Shiva se denominan* Têvârams; Bhakta Vijayam *es una recopilación de historias sobre los famosos santos maratíes.*

Mis lecturas pronto atrajeron a algunos vecinos del pueblo que se interesaban por la espiritualidad. Habían pasado apenas algunas semanas cuando una docena de personas empezaron a venir regularmente a la casa para escuchar mis lecturas. Leía extractos de esos libros cada tarde, entre las seis y las diez de la noche. Tras cada lectura, conversábamos juntos acerca del sentido y del alcance de los textos.

Algunas personas del pueblo fueron a contarle a mi padre que yo estudiaba las Escrituras y que se las explicaba a los demás. Mi padre se sorprendió al escuchar aquello: creía que yo seguía siendo prácticamente un analfabeto. Habiendo decidido que vería por sí mismo cuál era la realidad, una tarde vino, secretamente, a escuchar una de nuestras sesiones.

Posteriormente, y según parece, hizo la siguiente observación: «Ya no puedo hacer que me obedezca. Así que voy a ofrecérselo a Dios».

La mujer del *karnam* asistía a la mayoría de nuestros encuentros. Manifestaba un vivo interés por las obras que recitábamos, se volvió vegetariana y se desinteresó del mundo. Desgraciadamente, perdió incluso todo interés por su marido.

Una noche, el *karnam* me apartó a un lado y me dijo muy enfadado: «Por su culpa mi mujer se ha convertido en un *swâmî*. Ya no siente ningún deseo. No quiero que usted siga permaneciendo en mi casa. Tiene que encontrar otro lugar para vivir».

El resto de devotos escucharon lo que el *karnam* me había dicho.

Uno de ellos dijo: «Nada nos obliga a hacer nuestra lectura aquí. Podemos encontrar fácilmente otro lugar adonde ir».

Al principio, pensamos construir una simple choza con hojas de cocotero para nuestros encuentros, pero al final de la noche, decidimos construir un verdadero *math*.

Los maths *son organizaciones espirituales hindúes que han sido fundadas con un objetivo específico como honrar la memoria de un santo, cantar* bhajans *(cantos devocionales), meditar, etc. Los más grandes, donde habitualmente residen algunos* sâdhus, *son como monasterios o* ashrams.

Cada uno de nosotros aportó fondos en aquella empresa y, en un breve lapso de tiempo, el Shivaram Bhajan Math vio la luz del día. Tan pronto como se construyó el *math*, me instalé en él y continué con mi *sâdhanâ* (práctica espiritual) animando *bhajans* y leyendo en voz alta las enseñanzas de diversos santos.

Cuando se terminó el *math*, construí un *tannîr pandal* (un lugar donde se sirve gratuitamente comida y bebida a los viajeros y a los pobres) cerca de la carretera principal que atravesaba nuestro pueblo. Con la ayuda de algunos devotos, recaudé los suficientes fondos como para servir a diario *kanji* (gachas de arroz) a los *sâdhus* y a los viajeros de paso por nuestra aldea.

Poco después de mi instalación en el *math*, mis padres decidieron llevar a cabo un último intento para alejarme de la vida espiritual.

Como en aquella época tenía alrededor de unos diecisiete años, pensaron: «Si no intentamos algo rápidamente, probablemente se va a convertir en un *sannyâsin*. Si conseguimos que se case, puede que se convierta en un cabeza de familia normal y que abandone todas esas prácticas espirituales. Quizás así se comportará como todo el mundo».

Sin tan siquiera molestarse en consultármelo, encontraron a una joven y concertaron todos los detalles con la familia. A continuación, fueron a comprar los muebles necesarios para celebrar una boda. Una devota que venía regularmente al Bhajan Math me puso al día de toda aquella agitación. Tan pronto supe lo que estaban tramando, les dije a mis padres que suspendieran los preparativos puesto que yo no tenía intención alguna de casarme con quien fuera.

Aquel rechazo puro y fácil de acatar por parte de mis padres en relación a un tema tan importante provocó una gran crisis en el pueblo. Mucha gente llegó a la conclusión de que yo estaba loco; por una parte, porque rechazaba casarme y por otra, porque me obstinaba en pasar todo mi tiempo pensando en Dios y cantando *bhajans*. Muchas de aquellas personas (sin incluir a mis padres), se reunieron y decidieron curarme de mi locura con un tratamiento de choque. Vinieron a buscarme al Bhajan Math, me llevaron cerca de un lago de los alrededores, me hicieron una gran incisión en la parte superior de la cabeza y comenzaron a frotarla con zumo de limón. Parece ser que era un tratamiento contra la locura. A continuación, decidieron verter cubos de agua fría sobre mi cabeza. Creo que debieron verter sobre mí unos cincuenta. Mientras me regaban de aquella forma, yo permanecí tranquilo y practicaba la *prânâyama* para preservar mi mente del frío. Sabía que era inútil resistirse. Cuando los vecinos del pueblo vieron que yo no reaccionaba en absoluto al tratamiento, se convencieron aún más de que estaba loco. Finalmente, cuando el tratamiento se terminó, me llevaron a una casa del pueblo, donde prepararon un *sambar* (salsa picante) de calabaza amarga (un tipo de calabaza) que me hicieron tragar, creyendo que aplicaban otro tratamiento contra la locura. Cientos de personas se habían reunido para asistir a todo aquello.

Mientras comía, una de las personas me dijo: «Eres un buen chico, has nacido en una buena familia, pero te has vuelto loco».

En aquella ocasión, mi paciencia alcanzó su límite.

«No me he vuelto loco», repliqué con irritación. «Por favor, déjeme solo. Diga a toda esa gente que pare de revolotear a mi alrededor o deme una habitación aparte para que pueda estar solo».

No esperaba como respuesta más que un "tratamiento" adicional pero, para mi gran sorpresa, accedieron a mi petición y permitieron que me retirara a una de las habitaciones de la casa. Antes de que existiera la más mínima oportunidad de que cambiaran de opinión, eché el cerrojo de la puerta y me tendí en el suelo para descansar y recuperarme tras aquella prueba.

Un poco más tarde, me erguí e intenté meditar. Mientras me encontraba allí sentado, escuché al jefe del pueblo discutir sobre mi caso al otro lado de la puerta.

«Si me lo permiten, voy a hacer que ese chico prometa casarse y llevar una vida normal. Tras estos tratamientos, su locura debería haber desaparecido».

Tocó a la puerta y yo le dejé entrar.

De pie frente a mí, me dijo con gran firmeza: «Te lo ruego, como ya no estás loco, prométeme que te vas a casar como cada uno de nosotros y que llevarás una vida normal como cabeza de familia».

Yo respondí: «Al contrario, le prometo que me convertiré en un *sannyâsin*».

Al hacer mi promesa, yo palmeaba con las manos para mostrarle cuán en serio iba y para sellar mi promesa. El hombre se retiró sin pronunciar palabra.

Le escuché gritar fuera: «¡*Ayô! ¡Ayô!* (expresión del sur de la India que expresa un impresión o sorpresa), cuando le pedí que me prometiera una cosa, ¡él me prometió lo contrario!».

Mi familia hizo caso omiso de mi promesa. Supe por una mujer que vino a visitarme, que mi padre aún continuaba haciendo planes en secreto para que me casara. Por ello, decidí que había llegado el momento de poner en práctica algunos proyectos personales. Primero, escribí a la joven con la que se suponía que debía casarme. «Mi propósito es convertirme en *sannyâsin*. No tengo intención alguna de enredarme en una vida de familia. Por consiguiente, no piense que va a casarse conmigo. Eso solo le causaría disgustos».

Me las arreglé para que alguien le llevara el mensaje a su casa. A continuación, el mismo día, me escapé de casa y emprendí el camino hacia Chidambaram (un célebre centro religioso del sur de la India).

Tenía la intención de adoptar el *sannyâsa*, pero no lo hice de manera formal. Como no quería dirigirme a quienquiera que fuese para la iniciación, lo hice todo yo mismo.

El sannyâsa *es la cuarta y última etapa de la vida de un hindú ortodoxo. Aquel que adopta el* sannyâsa *renuncia a todos los vínculos con la familia y con el mundo para así consagrar su tiempo a la búsqueda de la unión con Dios, o iluminación. Estrictamente hablando, no deberíamos convertirnos en* sannyâsins *a menos que hayamos sido iniciados como es debido por un gurú o por el responsable de una de las numerosas órdenes establecidas de* sannyâsins. *No obstante, esta regla es, a menudo, ignorada.*

Me di un baño en el río, hice que me rasuraran la cabeza, me puse un collar de semillas de *rudraksha* alrededor del cuello y me vestí con un *dhoti* corto y una toalla. Volví al pueblo vestido de esa nueva manera y anuncié a todo el mundo que ahora era un *sannyâsin*. Mi nueva apariencia convenció finalmente a mi familia de que iba en serio y de que no tenía intención alguna de casarme. Abandonaron sus proyectos de boda de muy mala gana, puesto que sabían que los *sannyâsins* permanecían solteros por el resto de sus vidas.

Retomé mis actividades anteriores y empecé a hacer planes para el *kumbhâbhishêkam* (ceremonia de consagración del *math*). Invité a varios grupos de cantantes de *bhajan* de los pueblos circundantes e incluso conseguí persuadir a mis padres de que me dieran todas las provisiones que habían comprado para mi boda. La comida que me dieron me permitió alimentar a unas cuatrocientas personas. Los otros devotos que habían contribuido con la construcción del Bhajan Math ofrecieron suero de leche, *ragi* (una especie de mijo) y gachas de arroz a todos los participantes. El día del *kumbhâbhishêkam*, los cantantes de *bhajan* invitados desfilaron por todo el pueblo, ejecutando una ronda de cantos en cada calle. Como las ceremonias del *kumbhâbhishêkam* llegaban a su fin, celebré una ceremonia privada a mi manera. Hice el *pâda pûjâ* («adoración de los pies») a mis padres y les pedí formalmente permiso para convertirme en *sâdhu*.

Pâda pûjâ es una ceremonia durante la cual se adoran los pies de otra persona. Normalmente, se hace el pâda pûjâ a un gurú o un swâmî en señal de gran respeto. También se puede hacer honor de esta manera a los padres y a los miembros más ancianos de la familia, pero es mucho menos habitual.

También pedí a mis padres que me bendijeran para que mi carrera espiritual fuera exitosa. Ambos me dieron permiso y me bendijeron. Ni uno ni otro intentaron desviarme de nuevo de la vía espiritual.

Algunas semanas más tarde, supe que el *shankarâcharya*[1] de Kanchipuram pensaba pasar por nuestro pueblo en una de sus giras. Es el propio *shankarâcharya* quien envió a Paul Brunton con Bhagavan.

Râmana Maharshi empezó a ser conocido fuera de la India en los años 30, una vez que Paul Brunton, un periodista británico, escribiera un libro de mucho éxito acerca de los santos indios y los gurús titulado La India secreta. *Bruton se acercó a Maharshi porque el shankarâcharya de Kanchipuram así se lo aconsejó. Dicho shankarâcharya falleció en enero de 1994, a la edad de 99 años, mientras que yo preparaba el último borrador de este libro.*

Shankarâcharya Bhagavatpada, el hombre que, en el siglo IX, popularizó la Advaita, fundó cinco maths para propagar sus enseñanzas y apoyar la ortodoxia hindú. Uno de ellos se encuentra en Kanchipuram,

---

1. *Shankarâcharya*: título que proviene de uno de los nombres de Adi Shankara, uno de los maestros espirituales más celebres del hinduismo y gran filósofo de la *Advaita Vedanta*. Para preservar la enseñanza de la *Advaita*, Adi Shankara fundó cuatro monasterios o *mathas* y designó cuatro discípulos principales que recibieron el título de *shankaracharya*. De ahí, nació un largo linaje de *shankararacharyas* que todavía hoy existe.

una ciudad al sur de la India. Cada uno de esos *maths* ha contado con un linaje continuo de Maestros que se remonta hasta el primer shankarâchaya. El responsable de cada uno de estos *maths* toma el título de shankarâcharya cuando entra en funciones. Generalmente, se considera al que conoció Swâmî Annamalai como uno de los santos de la India contemporánea.

Cuando me enteré de aquella noticia, decidí tratar de hacer que el *shankarâcharya* se detuviera brevemente en nuestro pueblo para poder obtener su *darshan*.

Darshan significa «mirar». En un contexto religioso, obtener el *darshan* significa ver la divinidad de un templo, o de un hombre santo, o ser visto por él.

Sabiendo que le acompañaría una larga procesión de personas y animales, me dije que lo mejor era darles a todos comida y agua. De esa forma, se verían obligados a detenerse un instante para comer mis ofrendas.

Llegado el día, preparé una gran cantidad de suero de leche para los brahmanes que le acompañaban. Me abastecí de hojas verdes para poder alimentar a los caballos y elefantes. Como la procesión se acercaba al pueblo, hice rápidas idas y venidas y distribuí hojas verdes y *kanji*. El *shankarâcharya* era llevado en un palanquín, pero yo no podía verlo porque las cortinas estaban echadas. Cuando ofrecí *kanji* a los portadores, decidieron detenerse y comer mi ofrenda. Por esta razón, el *shankarâcharya* abrió las cortinas para ver cuál era la causa de la parada. Me postré inmediatamente ante él.

Me miró en silencio durante algunos segundos y después dijo: «Voy a detenerme un momento a unos kilómetros de aquí. Puede venir a verme allí».

Aproximadamente a un kilómetro del pueblo se situaba la pequeña ciudad de Vepur. Supe por una de las personas de su entorno que se había organizado una *bhikshâ* (ofrenda de comida) y que el *shankarâcharya* haría un alto en el Bungaló de los Viajeros de Vepur.

En nuestro pueblo había un subinspector que era un ferviente devoto. Cuando nos enteramos de que el *shankarâcharya* haría alto en el vecindario, nos dirigimos a Vepur para verle. Una gran multitud se apresuró a su alrededor cuando llegamos, pero, no obstante, conseguí acercarme a él lo suficiente como para poder tocarle los pies. Los sirvientes brahmanes se quejaron diciendo: «Aquellos que no sean brahmanes no deben tocarle», pero el *shankarâcharya* les hizo callar diciendo: «No pasa nada: es un *brahmachâri* y un *sâdhu*».

Un brahmachâri es un estudiante soltero que se consagra al estudio de la espiritualidad. La brahmachârya es uno de los cuatro estados tradicionales hindúes de la vida (denominados «ashramas»). Una vez que termina sus estudios, el estudiante pasa generalmente al segundo estado de la vida –el de cabeza de familia casado. Algunos aspirantes espirituales serios se saltan esa etapa, se convierten en sâdhus y permanecen solteros toda su vida.

Una de las funciones principales de los shankarâcharyas es la de apoyar y hacer respetar los dogmas tradicionales del hinduismo ortodoxo. En los años veinte, esto conllevaba una adherencia estricta a las reglas de las castas que afirmaban que el contacto físico entre los brahmanes y la gente de castas inferiores o los intocables comportaba una contaminación espiritual. Muchas personas consideran que los sâdhus y los sannyâsins han eludido la jerarquía de castas, de modo que no se les aplican las reglas relacionadas con la contaminación.

Hoy en día, la mayoría de las reglas que conciernen a las mezclas y a los contactos entre castas han caído en desuso, aunque algunos brahmanes tradicionales todavía las practiquen.

Como el *shankarâcharya* parecía favorablemente dispuesto hacia mí, le pedí que me iniciara y que me diera *upadesa* (instrucción espiritual). Me dio el *mantra* «*Shivâya Namah*» para que lo repitiera y también me dijo que lo escribiera 100.000 veces. Como había triunfado en mi misión, regresé a mi pueblo y empecé a seguir su consejo. Compré varios cuadernos y los rellené con el *mantra*. A raíz de ello, realicé la *japa* (repetición continua) del *mantra* e hice del mismo el objeto de mis meditaciones.

En el transcurso del año 1928, cuando yo tenía 21 años, un *sâdhu* errante de paso en el pueblo me entregó un ejemplar de *Upadesa Undiyâr* que contenía una foto de Shrî Râmana Maharshi. En cuanto vi la foto, sentí que era mi gurú. Simultáneamente surgió en mí un intenso deseo de ir a verle.

Upadesa Undiyâr es un poema filosófico de treinta versículos escrito en tamil por Râmana Maharshi. Fue publicado por primera vez en 1927, alrededor de un año antes de que Swâmî Annamalai tuviera la ocasión de verle. Upadesa Sâram es la traducción en sánscrito de la misma obra, hecha por Shrî Râmana. Algunas de las traducciones inglesas, que

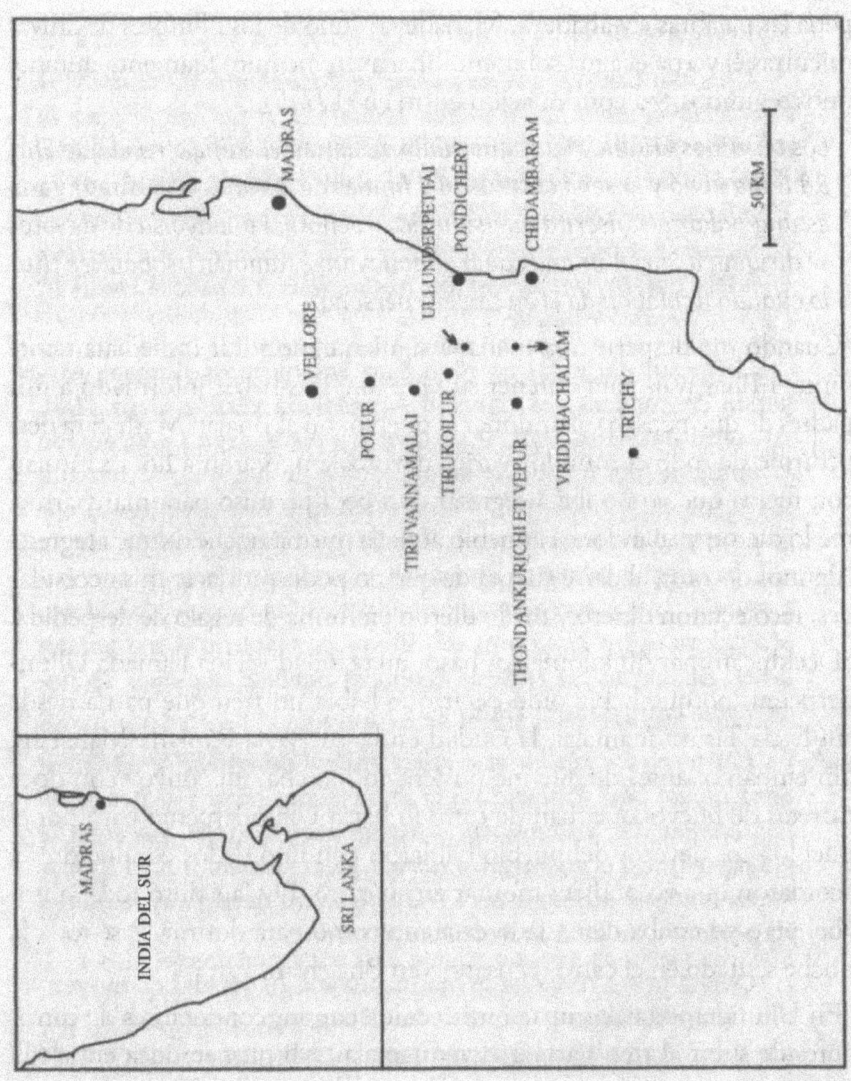

aparecen bajo el título Upadesa Sâram *son, de hecho, traducciones de la* Upadesa Undiyâr, *la obra tamil original.*

Aquella noche, tuve un sueño en el que vi a Râmana Maharshi descendiendo por las laderas del Arunâchala hacia el antiguo *Hall*. En el umbral del antiguo *Hall*, se lavó los pies con el agua de su *kamandalu* (recipiente de agua). Yo me acerqué a él, me postré a sus pies y como el choque del *darshan* fue demasiado fuerte para mí, tuve una especie de desvanecimiento. Mientras me encontraba estirado en el suelo, con la boca abierta, Bhagavan vertió agua de su *kamandalu*. Recuerdo que repetía las palabras «Mahâdeva, Mahâdeva» (uno de los nombres de Shiva) mientras él vertía el agua sobre mí. Bhagavan me miró fijamente durante unos segundos, y a continuación entró en el *Hall.*

Los términos «Hall» y «antiguo Hall» designan el edificio en el que Shrî Râmana vivió y enseñó entre 1928 y finales de los años 40. «Bhagavan» es una palabra sánscrita que significa «Señor». La mayoría de devotos se dirigían a Shrî Râmana como «Bhagavan». También usaban ese título cuando hablaban de él en tercera persona.

Cuando me desperté a la mañana siguiente, decidí ir inmediatamente junto a Bhagavan para obtener su *darshan*. Tras haber informado a mis padres de que pensaba abandonar el pueblo, fui al Bhajan Math para despedirme de todo el mundo. Varios devotos empezaron a llorar: intuían con fuerza que yo no iba a regresar. Les pedí permiso para marcharme; me lo dieron y abandoné el pueblo aquella misma noche. Nunca regresé. Algunos devotos, al darse cuenta de que no podía satisfacer mis necesidades, recolectaron dinero y me lo dieron en forma de regalo de despedida.

Decidí caminar 40 kilómetros hasta una ciudad vecina llamada Ullunderpettai, porque había oído decir que había un tren que partía desde allí hacia Tiruvannamalai, la ciudad en la que vivía Râmana Maharshi. Sin embargo, antes de que me pusiera en marcha, un convoy con doce carretas de bueyes que iban de camino hacia Ullunderpettai pasó por el pueblo. Los devotos del pueblo hablaron con uno de los conductores y acordaron que yo pudiera montar en su carro. El viaje duró toda la noche, pero yo estaba demasiado excitado como para dormir. Pasé toda la noche sentado en el carro, pensando en Bhagavan.

En Ullunderpettai, compartí mi comida con los conductores de carros antes de subir al tren hacia Tiruvannamalai. Mi primera idea era ir allí directamente, pero cuando uno de los pasajeros me informó de que el *shankarâcharya* acamparía cerca de una de las ciudades por las que pasaba el tren, decidí ir a verle para obtener su bendición. Me bajé en Tirukoilur (a 25 kilómetros al sur de Tiruvannamalai) y me dirigí hacia Pudupalayam, el pueblo donde se encontraba el *shankarâcharya*. Al encontrarlo, le hice un *namaskâram* y le dije que había obtenido su *darshan* en Vepur.

Un namaskâram es ya sea una prosternación o ya sea un gesto de respeto en el que se unen las palmas de las manos apoyando los pulgares contra el esternón. Cada vez que aparece el término en este libro, se utiliza en relación con el primero de sus significados.

El *shankarâcharya* me miró fijamente durante algunos segundos.

Después, con una sonrisa de reconocimiento, me dijo: «Sí, me acuerdo de usted».

«Voy de camino a ver a Râmana Bhagavan», le dije. «Deme su bendición, se lo ruego».

El *shankarâcharya* pareció muy contento al oír la noticia. «¡Muy bien!», exclamó. Se giró hacia uno de sus sirvientes y le pidió que me diera comida. Cuando hube terminado de comer, el *shankarâcharya* puso la *vibhûti* en una bandeja y colocó su mano encima para bendecirla. A continuación, colocó medio coco y once monedas de plata en la bandeja y me las ofreció. Tomé el dinero, la *vibhûti* y el coco, y le devolví la bandeja. Como sentí que había obtenido la tan buscada bendición, me postré ante él, abandoné el pueblo y continué mi viaje.

A mi llegada a Tiruvannamalai, me dijeron que allí se hallaba otro gran santo llamado Swâmî Seshadri y que sería de muy buen augurio que yo pudiera obtener su *darshan* antes de presentarme en el Shrî Râmanasramama, el *ashram* donde vivía Râmana Maharshi.

Swâmî Seshadri, como Râmana Maharshi, fue a Arunâchala en su juventud y vivió allí hasta su muerte. Durante sus deambulaciones por de las calles de Tiruvannamalai, en general se comportaba de manera tan excéntrica que mucha gente pensaba que estaba loco. Se redimía a ojos de la población local exhibiendo una asombrosa profusión de poderes sobrenaturales. A pesar de que utilizó algunos de sus poderes de forma tradicional, por ejemplo, realizando curaciones milagrosas, solía tender más a ejercerlos de forma extraña e imprevisible. Por ejemplo, a veces le daba por saquear las tiendas de Tiruvannamalai a modo de bendición. Los propietarios de las tiendas se alegraban de su comportamiento destructor, porque sabían por experiencia que les reembolsarían muy bien los daños en las semanas posteriores, ya sea con un gran aumento de las ganancias, ya sea por el pago de alguna deuda olvidada desde hacía mucho tiempo.

Cuando Râmana Maharshi fue a Tiruvannamalai en 1896, Swâmî Seshadri fue una de las primeras personas que reconoció su grandeza. Intentaba proteger a Bhagavan de las indeseables perturbaciones y, a veces, hablaba de él como si fuera su hermano pequeño.

Bhagavan sentía una gran estima por Swâmî Seshadri. Una vez que Swâmî Annamalai le habló de su encuentro con Swâmî Seshadri (des-

crito en los párrafos siguientes del relato), Bhagavan hizo el siguiente comentario: «No existe un solo lugar en esta ciudad que Swâmî Seshadri no haya visitado, pero nunca ha sido el juguete de mâyâ (la ilusión)».

Swâmî Seshadri falleció en enero de 1929, algunos meses después de la llegada de Swâmî Annamalai a Tiruvannamalai. Su samâdhi, que todavía hoy atrae a grandes multitudes, se encuentra a unos 400 metros de Shrî Râmanasramam.

En su relato, Swâmî Annamalai precisa que ha conocido a Swâmî Seshadri en un mandapam. *Un* mandapam *es una estructura arquitectónica hindú, habitualmente un vestíbulo soportado por pilares de piedra. Un* mandapam *siempre cuenta con un techo, pero los laterales están generalmente abiertos.*

Swâmî Seshadri no vivía en un lugar determinado, pero pronto conseguí dar con él en un *mandapam* que se encontraba cerca del templo principal. Fue fácil encontrarle, porque delante del *mandapam* había entre 40 y 50 personas que esperaban su salida. Parece que se había encerrado allí. Eché un vistazo al interior a través de una de las ventanas y le vi girando continuamente alrededor de uno de los pilares. Tras haber dado la vuelta al pilar una decena de veces, salió, se sentó en una roca y cruzó las piernas. Yo había traído un *laddu* (un gran dulce redondo) que quería darle, pero no sabía demasiado bien qué hacer con él. Swâmî Seshadri debió percibir mi indecisión puesto que me miró fijamente y me hizo señal de que pusiera el *laddu* en el suelo, frente a él.

Manifiestamente Swâmî Seshadri llevaba un buen rato mascando nuez de betel.

La nuez de betel es una nuez dura de color rojo oscuro. Parece que su jugo ayuda a la digestión. Normalmente se come con una hoja verde aderezada con lima. Esta mezcla se conoce con el nombre de «pân».

De su boca salía una mezcla de jugo rojo y de saliva, empapándole la barba y goteando hasta el suelo. Swâmî Seshadri tomó mi *laddu*, lo embadurnó con el jugo de saliva y de betel que ensuciaba su barba y lo tiró a la carretera. El *laddu* se rompió al caer al suelo: la gente se precipitó para recoger los trozos a modo de *prasâd*. Yo conseguí recuperar uno para comérmelo.

Todo don hecho a un dios o a un hombre santo se convierte en prasâd *cuando se ofrece en retorno a quien ha realizado dicho don, o bien si es distribuido en público. La comida es la forma más común de* prasâd.

Parecía que un grupo de lugareños estaba enfadado con Swâmî Seshadri. Este los silenció lanzando piedras en su dirección. Las piedras, en lugar de seguir la trayectoria normal, se balanceaban y bailaban alrededor de sus cabezas como mariposas. Los hombres a quienes había lanzado las piedras se asustaron y huyeron corriendo. Evidentemente, no querían enfrentarse a un hombre que poseía tales poderes sobrenaturales.

Cuando me encontré frente a Swâmî Seshadri, empezó a gritarme de manera verdaderamente insultante.

«¡Este imbécil ha venido a Tiruvannamalai! ¡Qué idiota! ¿Qué ha venido a hacer aquí?».

Continuó bastante rato en la misma línea, dando entender que yo estaba perdiendo mi tiempo al venir a Tiruvannamalai. Me dije que yo debía haber cometido un grave pecado para que un gran santo me insultara de aquella forma. Me puse a llorar porque pensé que me habían maldecido.

Finalmente, un hombre llamado Swâmî Manikka, que era sirviente de Swâmî Seshadri, se me acercó y me consoló diciendo: «Su viaje a Tiruvannamalai estará colmado de éxitos. Obtendrá todo aquello por lo que ha venido aquí. Swâmî Seshadri le ha bendecido a su manera. De hecho, cuando insulta a la gente de esa forma, les está bendiciendo».

A continuación, Swâmî Manikka me llevó al hotel administrado por un devoto de Swâmî Seshadri.

Le dijo al propietario: «Swâmî Seshadri acaba de bendecir con sus gracias a este hombre. Te lo ruego, ofrécele comida».

Yo no tenía especialmente hambre, pero como el propietario insistía, tomé asiento y comí una parte de su comida. Cuando hube comido lo suficiente como para satisfacerle, me levanté e hice, a pie, el resto del camino hasta Râmanasramam.

Llegué sobre la una de la tarde. A medida que me acercaba al *Hall*, una parte del sueño que había tenido en mi pueblo se repitió en la vida real. Vi a Bhagavan descender de la montaña, atravesar el *ashram* y detenerse delante del *Hall* el tiempo que le tomó lavarse los pies con el agua de su *kamandalu* (recipiente de agua). A continuación, entró. Yo me rocié la cara con esa agua, bebí un poco y luego entré a verle. Bhagavan se encontraba sentado en su diván. Un sirviente, Swâmî Madhava, le secaba los pies con un lienzo. Unos minutos más tarde, Swâmî Madhava salió y nos dejó solos, a Bhagavan y a mí, en el *Hall*. Yo había comprado un pequeño paquete de pasas y de azúcar cande para dárselo. Lo coloqué encima de una mesita cerca del sofá y me postré ante él. Cuando me reincorporé, vi que Bhagavan estaba probando mi ofrenda. Mientras le veía tragar, me vino el pensamiento de que mi ofrenda estaba yendo directamente al estómago del Shiva.

Tomé asiento. Silenciosamente, Bhagavan fijó la mirada sobre mí. Me miró de esa forma durante unos diez o quince minutos. Mientras me miraba, experimenté un gran sentimiento de alivio y de relajación física. Sentí como un frescor maravilloso se dispersaba por mi cuerpo. Era como sumergirse en un estanque de agua fresca tras haber estado en el exterior bajo el sol ardiente.

Pedí permiso para quedarme y me lo dieron de buena gana. Pusieron una pequeña cabaña a mi disposición, donde viví durante una semana como huésped del *ashram*. Durante aquellos primeros días, yo recolectaba flores para los *pûjâs* o simplemente me sentaba cerca de Bhagavan en el *Hall*.

Con el paso de los días, me convencí cada vez más de que Bhagavan era mi gurú. Impulsado por un deseo imperioso de instalarme en el *ashram*, le pedí a Chinnaswâmî, el hermano menor de Bhagavan, si podía trabajar allí. Chinnaswâmî respondió favorablemente a mi petición y me ofreció trabajar como sirviente de Bhagavan. En aquel tiempo, solo Swâmî Madhava asumía esa función.

Chinnaswâmî me dijo: «Swâmî Madhava en este momento es su único sirviente. Cada vez que abandone el *Hall* o que vaya a descansar, le corresponde a usted quedarse con Bhagavan y velar por sus necesidades».

Unos diez días después de mi llegada, le pregunté a Bhagavan: «¿Cómo se evita el sufrimiento?».

Aquella fue la primera pregunta espiritual que le hice.

Bhagavan me respondió: «Descubra el Sí y aférrese siempre a él. No le preste atención ni al cuerpo ni a la mente. Identificarse con ellos equivale a sufrimiento. ¡Sumérjase profundamente en el Corazón, la fuente del ser y de la paz, y quédese ahí!».

A continuación, le pregunté cómo podía yo alcanzar la realización del Sí y él me dio una respuesta similar: «Si deja de identificarse con el cuerpo y medita sobre el Sí, que usted ya es, puede alcanzar la realización del Sí».

Mientras yo reflexionaba sobre aquellas palabras, Bhagavan me sorprendió diciendo: «Le estaba esperando. Me preguntaba cuándo vendría».

Como recién llegado, todavía tenía demasiado miedo de Bhagavan como para osar preguntarle cómo lo sabía y cuánto tiempo había estado esperando. No obstante, estaba encantado de escucharle hablar así, porque eso parecía indicar que mi destino era permanecer junto a él.

Algunos días más tarde, le hice otra pregunta: «Los científicos han inventado y construido un avión que puede viajar a gran velocidad por el cielo. ¿Por qué no nos fabrica usted un avión espiritual en el que podamos rápida y fácilmente atravesar el océano del *samsâra*?».

El samsâra es el ciclo aparentemente sin fin de nacimientos y muertes a través de las diferentes encarnaciones. Samsâra también puede significar la ilusión del mundo o los enredos en los asuntos mundanos.

«La vía de la búsqueda del Sí, respondió Bhagavan, es el avión que usted necesita. Es rápida, directa y fácil de utilizar. Usted ya está viajando a gran velocidad hacia la realización. Únicamente a causa de su mente, parece que no haya movimiento. Antaño, cuando la gente tomaba el tren por primera vez, algunas personas creían que los árboles y el paisaje se desplazaban y que el tren permanecía inmóvil. Lo mismo le está pasando a usted ahora: su mente le hace creer que no se encamina hacia la realización del Sí».

Filosóficamente, las enseñanzas de Bhagavan pertenecen a una escuela de pensamiento indio: la Advaita Vedanta. (No obstante, el mismo Bhagavan decía que sus enseñanzas provenían de su propia experiencia más que de algo que había leído o escuchado). Bhagavan y el resto de instructores de la Advaita enseñan que el Sí (Âtman) o Brahman es la única realidad y que todos los fenómenos son indivisibles manifestaciones o apariencias en su seno. El objetivo último de la vida, según Bhagavan y los otros maestros de la Advaita, es el de trascender la ilusión de que somos una persona individual que funciona por medio de un cuerpo y de una mente en un mundo de objetos separados en interacción. Si lo conseguimos, nos volvemos conscientes de lo que somos realmente: consciencia inmanente y sin forma. Según Bhagavan, el estado último de consciencia (la realización del Sí) se puede obtener a través de la práctica de una técnica que él denominaba "búsqueda del Sí".

Swâmî Annamalai menciona varias veces dicha técnica en su relato, pero es conveniente explicarlo un poco más en detalle. La explicación que sigue resume a la vez la práctica y la teoría en la que esta se basa. Está extraída de No Mind – I am the Self *[No Mente, Yo Soy el Ser], pp. 14-15.*

La tesis de base de Shrî Râmana es que el sí individual no es nada más que un pensamiento o una idea. Para él, dicho pensamiento, que ha denominado «Yo», se sitúa en un lugar llamado el Centro-Corazón, que se ubica en el lado derecho del pecho en el cuerpo humano. De ahí, el pensamiento «Yo» se eleva hacia el cerebro y se identifica con el cuerpo: «Yo soy ese cuerpo». A continuación, dicho pensamiento crea la ilusión de que existe una mente o un sí individual que habita el cuerpo y que controla todos sus actos y pensamientos. El pensamiento «Yo» lo lleva a cabo identificándose con todos los pensamientos y percepciones que se producen en el cuerpo. Por ejemplo: «Yo» (es decir el pensamiento «Yo») hago esto, «Yo» pienso lo otro, «Yo» me siento feliz, etc. De este modo, la idea de que somos una persona individual está producida y sostenida por el pensamiento «Yo» y su hábito de apegarse constantemente a todos los pensamientos que aparecen. Shrî Râmana afirma que podemos invertir ese proceso privando al pensamiento «Yo» de todos los pensamientos y percepciones con los que normalmente se identifica. Shrî Râmana enseña que ese pensamiento «Yo» es, de hecho, una entidad irreal y que solo parece existir cuando uno se identifica con el resto de pensamientos. Dice que, si conseguimos cortar el vínculo entre el pensamiento «Yo» y los pensamientos con los que este se identifica, entonces el pensamiento «Yo» comenzará él mismo a debilitarse y acabará por desaparecer. Shrî Râmana sugiere hacerlo aferrándose al pensamiento «Yo», es decir, al sentimiento interior «Yo» o «Yo soy», y excluyendo al resto de pensamientos. Él recomienda, a modo de ayuda para mantener nuestra atención en el sentimiento interior «Yo», que nos planteemos constantemente la pregunta: «¿Quién soy yo?» o «¿De dónde proviene ese "Yo"?». Afirma que si conseguimos mantener la atención en el sentimiento interior «Yo» y excluir el resto de pensamientos, el pensamiento «Yo» comienza a reabsorberse en el Centro-Corazón.

Según Shrî Râmana, esto es todo lo que el devoto puede hacer por sí mismo. Cuando el devoto ha liberado su mente de todo pensamiento a excepción del pensamiento «Yo», el poder del Sí retira el pensamiento «Yo» en el Centro-Corazón y lo destruye finalmente por completo, hasta el punto de que no vuelve a aparecer nunca más. Ese es el momento de la realización del Sí. Cuando esto ocurre, la mente y el Sí individual (que Shrî Râmana equipara ambos dos al pensamiento «Yo»), son destruidos para siempre. En ese momento, solo permanece el Âtman o el Sí.

El consejo práctico que sigue fue escrito por el propio Bhagavan en los años 1920. Extraído de Sois ce que tu es [Se lo que tú eres] (1er ed., 1988, p. 78-79), resume sus enseñanzas de base acerca del tema. Se animaba a todos los nuevos visitantes a leer el ensayo (titulado Qui suis-je? [¿Quién soy yo?]) del que se ha extraído este fragmento. Fue publicado en forma de folleto y Bhagavan animó al director del ashram a venderlo a bajo precio en numerosos idiomas de manera que los nuevos adeptos pudieran conseguir, a un precio asequible, un resumen de sus enseñanzas prácticas que les sirviera de autorizada referencia.

La única forma de silenciar la mente es la pesquisa «¿Quién soy yo?». El pensamiento «¿Quién soy yo?», que destruye al resto de pensamientos, finalmente también será eliminado, al igual que ocurre con el palo utilizado para atizar la pira funeraria. Si surgen otros pensamientos, deberíamos investigarlos sin intentar completarlos: «¿A quién le han aparecido?» «¿Qué importa cuántos pensamientos surjan?». Si, en el mismo instante en el que surge cada pensamiento, investigamos vigilantes: «¿A quién le ha aparecido?», sabremos que es «A mí». Entonces, si investigamos «¿Quién soy yo?», la mente regresa a su fuente y el pensamiento que había aparecido también se atenúa. Llevando a cabo de manera repetida dicha práctica, aumenta el poder de la mente para permanecer en su fuente.

Los años siguientes, tuve muchas más entrevistas espirituales con Bhagavan, pero su instrucción de base nunca cambió. Siempre era: «Practicad la búsqueda del Sí, cesad de identificaros con el cuerpo e intentad ser conscientes del Sí, que es vuestra naturaleza real».

Antes de aquellas primeras conversaciones, pasaba muchas horas al día intentando realizar sofisticados *pûjâs* y *anushthânas*.

Cuando le pregunté a Bhagavan si debía continuar con esas prácticas, me respondió: «Usted no necesita realizar ninguno de esos *pûjâs*. Basta con que practique la búsqueda del Sí».

Mis tareas como sirviente eran bastante simples y aprendí rápido lo que debía hacer. Cuando los devotos traían ofrendas, yo debía devolverles una parte a modo de *prasâd*. También debía supervisar que los hombres se sentaran a un lado del *Hall* y las mujeres al otro. Cuando Bhagavan salía, uno de los sirvientes le acompañaba mientras que el otro permanecía en el lugar para limpiar el *Hall*. También nos correspondía mantener limpias las sábanas de su sofá y lavar su ropa. Por la mañana temprano, debíamos calentar agua para su baño y si salía a pasear durante el día, uno de nosotros siempre le acompañaba.

La vestimenta de Bhagavan consistía en kaupînas *y* dhôtis. *La mayor parte del tiempo solo vestía una* kaupîna, *una banda de tela que cubre los genitales y la parte central entre las nalgas, que se sujeta a otra banda de tela atada alrededor de la cintura. Ocasionalmente, cuando hacía frío, envolvía un* dhôti *alrededor de su cuerpo. Los* dhôtis *son bandas de tela que se suelen llevar como si fueran faldas. Bhagavan prefería vestir el suyo de modo que le cubriera desde las axilas hasta los muslos.*

Cuando Bhagavan llegó en 1896 a Tiruvannamalai, se deshizo de todos sus efectos personales, incluyendo su ropa. Nunca más llevó vestimenta común.

Bhagavan tenía la costumbre de dar un paseo corto unas tres veces al día. A veces, iba a Palakottu, un espacio contiguo al Shrî Râmanasramam, donde vivían algunos de sus devotos, y otras paseaba por las cuestas poco inclinadas de Arunâchala. Había dejado de practicar el *giri pradakshina* en 1926, pero a veces podía dar algún largo paseo.

El Pradakshina *consiste girar alrededor de una persona u objeto en el sentido de las agujas del reloj, a modo de culto o en signo de veneración.* Giri *significa colina o montaña. En este contexto,* giri pradakshina *significa dar la vuelta a la montaña de Arunâchala a pie. Existe una carretera de 14 kilómetros que bordea la base de la montaña. Miles de devotos utilizan dicha carretera regularmente para hacer* giri pradakshina.

Recuerdo haber estado dos veces en el lago Samudram con él, a un kilómetro y medio aproximadamente al sudoeste del *ashram*. La primera vez rebosaba; la segunda, la vecina estación de bombeo estaba en marcha. Un día, también le acompañé al bosque cerca del Kattu Shiva Ashram, situado a unos 3 kilómetros del *ashram*. Ganapati Muni vino con nosotros. Bhagavan quería enseñarle un árbol especial que allí crecía. Para aquella excursión tan inhabitual, nos escapamos furtivamente del *ashram* mientras todo el mundo dormía la siesta. Si nos hubieran visto, todas las personas del *ashram* habrían intentado acompañarnos. Bhagavan siempre apreciaba sus paseos. Decía que, si no hacía al menos un paseo al día por la montaña, sus piernas le dolían y se ponían rígidas.

Bhagavan no dormía más que cuatro o cinco horas al día. Para los sirvientes, eso significaba largas horas de trabajo porque debíamos servirle durante todo el tiempo que permanecía despierto. Nunca dormía después del almuerzo, mientras que la mayoría de sus devotos sí lo hacían. Con frecuencia aprovechaba ese momento tranquilo del día para alimentar a los animales del *ashram* o para dar una vuelta e inspeccionar los trabajos de construcción en marcha.

En general, Bhagavan se dormía sobre las diez de la noche, pero se despertaba alrededor de la una de la madrugada para salir a orinar. Cuando regresaba, a menudo permanecía sentado entre media hora y una hora antes de volver a dormirse. Después, entre las tres y las cuatro de la mañana, se despertaba e iba a la cocina a cortar verduras.

Aquellas excursiones nocturnas al baño se convirtieron en una especie de ritual, tanto para Bhagavan como para sus sirvientes. Cuando se despertaba, los sirvientes tenían que tomar su *kamandalu*, llenarlo de agua caliente y dárselo. Calentaban el agua sobre un *kumutti* (brasero de carbón vegetal) que se encontraba permanentemente cerca del diván de Bhagavan. A continuación, el sirviente debía acercarle su bastón y su linterna eléctrica, abrirle la puerta y seguirle al exterior a oscuras. A menudo, Bhagavan acudía al lugar donde ahora se encuentra el *samâdhi* (tumba) de Muruganar porque, en aquella época, no contábamos con verdaderos cuartos de aseo. Una vez que regresaba, el sirviente le limpiaba los pies con un paño.

Bhagavan nunca despertaba a sus sirvientes. Era su deber permanecer despiertos y estar preparados a la una de la madrugada. Una mañana, no cumplí con mi deber porque había tenido un sueño en el que me despertaba a la una de la madrugada para cumplir con todas las tareas que acabo de describir. Al final de mi sueño, volví a dormirme, contento de haber hecho mi trabajo. Bhagavan, que regresaba solo por el *Hall*, me despertó un momento más tarde. Me disculpé con él por haberme dormido y le conté mi sueño.

Bhagavan se echó a reír y dijo: «Los servicios que usted ha rendido al *swâmî* de su sueño son solo para mí».

En la época en la que yo llegué al *ashram*, aún había leopardos en la región. Entraban raramente al *ashram*, pero por la noche acudían a menudo al lugar al que Bhagavan iba a orinar. Recuerdo el encuentro que tuvo con uno de ellos en una de sus excursiones nocturnas. No se asustó lo más mínimo; miró al leopardo y dijo: «¡*Pôdâ!*» (¡Vete!), y el leopardo se marchó.

Poco después de mi llegada, Bhagavan me dio un nuevo nombre. Mi nombre de origen era Sellaperumal. Un día, Bhagavan advirtió que yo le recordaba a alguien llamado Swâmî Annamalai, que había sido su sirviente en Skandashram. Empezó a utilizar ese nombre para llamarme. Cuando los devotos lo escucharon, hicieron lo mismo y en unos días, mi nueva identidad se estableció por completo.

Bhagavan vivió en Skandashram, en las laderas del este de Arunâchala, desde 1916 hasta 1922. El precedente Swâmî Annamalai falleció a comienzos de la epidemia de peste en 1922.

Yo llevaba ejerciendo de sirviente unas dos semanas cuando el recaudador de Vellore (el funcionario de más alto rango de la administración central del distrito) vino para obtener el *darshan* de Bhagavan. Se llamaba Ranganathan y trajo consigo una gran bandeja de dulces a modo de ofrenda para Bhagavan. Este último me pidió que los distribuyera a todas las personas del *ashram*, incluyendo a las que no se encontraban en el *Hall*. Mientras los distribuía en el exterior del *Hall*, me dirigí a un lugar donde nadie pudiera verme y, a escondidas, me comí una ración doble. Una vez que terminé con la distribución, regresé al *Hall* y coloqué la bandeja sobre el sofá de Bhagavan.

Este me miró y dijo: «¿Ha tomado dos veces más que el resto?».

Me sorprendí: estaba seguro de que nadie me había visto.

«Lo hice en un momento en el que nadie podía verme. ¿Cómo lo sabía Bhagavan?».

Bhagavan no respondió nada. Aquel incidente me hizo comprender que era imposible ocultarle algo. Desde entonces, sin mayor reflexión, estuve seguro de que Bhagavan siempre sabía lo que yo estaba haciendo. Aquella toma de consciencia hizo que tuviera más cuidado y que pusiera más atención a mi trabajo, porque no quería seguir cometiendo semejante error.

Los sirvientes también debían proteger a Bhagavan de los devotos excéntricos o imprudentes. Recuerdo clarísimamente un incidente de ese tipo. Un chico de alrededor de veinte años apareció en el *Hall* vestido únicamente con un pareo. Tras haber anunciado al corrillo de gente que él también era un *jnâni*, se sentó en el sofá al lado de Bhagavan. Este no hizo comentario alguno, pero no tardó en levantarse y abandonar el *Hall*. Yo aproveché su ausencia para expulsar a aquel impostor. Todos en el *Hall* estábamos furiosos por su arrogancia y su presunción, y debo reconocer que fui un poco rudo con él al echarle fuera. Además, le prohibí regresar al *Hall*. Una vez que se hubo restablecido el orden, Bhagavan regresó al *Hall* y tomó asiento en su lugar habitual del sofá.

Yo estaba muy contento de haber encontrado a un gurú de la talla de Bhagavan. Desde que le vi, sentí que miraba al mismo Dios. No obstante, al principio, ni el *ashram* ni los devotos que se habían reunido a su alrededor me impresionaban demasiado. Me parecía que la dirección era muy despótica y que la mayoría de devotos no tenía mucho interés por la vida espiritual. Por lo que yo veía, estaban especialmente interesados en parlotear. Aquellas primeras impresiones me perturbaban.

Yo me decía: «Innegablemente, Bhagavan es un ser excepcional. Pero si vivo en compañía de estas personas, corro el riesgo de que mi devoción se resienta».

Concluí que, espiritualmente, no obtendría ningún beneficio al frecuentar a personas que no parecían tener ningún tipo de devoción. Ahora sé que se trataba de una actitud arrogante, pero eso fue lo que sentí en aquel momento. Aquellos pensamientos me perturbaban a tal punto que, durante tres o cuatro noches, no pude dormir. Finalmente, decidí conservar como gurú a Bhagavan pero irme a vivir a otro lugar.

Recuerdo que pensé: «Iré a practicar la meditación sobre el Sí a otra parte. Iré a un lugar desconocido donde no me distraiga la compañía de otros seres humanos y meditaré acerca de Dios. Practicaré la *bhikshâ* (acción de mendigar la comida) y llevaré una vida solitaria».

Alrededor de tres semanas después de mi llegada al *ashram*, me marché para embarcarme en mi nueva vida. No informé a nadie de mi decisión, ni siquiera a Bhagavan. Partí a la una de la madrugada, una noche de luna llena y caminé en dirección a la ciudad. Atravesé la ciudad, pasé por Easanya Math (una institución monástica de la parte noroeste de Tiruvannamalai) y tomé rumbo a Polur. No tenía ningún destino particular en mente. Simplemente quería alejarme del *ashram*. Caminé toda la noche y llegué a Polur (a 30 kilómetros al norte de Tiruvannamalai) poco después del alba. Tras aquella larga caminata, estaba hambriento. Por eso, decidí ir a la ciudad para hacer *bhikshâ*. No tuve gran éxito. Mendigué en unas quinientas puertas diferentes, pero nadie me dio nada de comer. Un hombre me dijo que regresara a Tiruvannamalai mientras que otro, que estaba sirviendo la comida, me gritó que me marchara. Finalmente, renuncié y me dirigí a los suburbios de la ciudad. Encontré un pozo en un campo y pasé allí media hora de pie, con el agua hasta el cuello, con la esperanza de que el frescor del agua acabara con mis retortijones estomacales. Aquello no funcionó. Entonces, me dirigí hacia el *samâdhi* (tumba) de Vitthoba y me senté allí un momento.

Vitthoba fue un santo excéntrico, un poco del tipo de Swâmî Seshadri, que vivió en Polur durante las primeras décadas de este siglo. Falleció algunos años antes del pasaje de Swâmî Annamalai.

Por fin recibí algo de comer cuando una anciana vino a hacer un *pûjâ*.

Me miró y dijo: «Parece tener mucha hambre, sus ojos empiezan a hundirse en sus órbitas. Yo no tengo mucho, pero puedo darle un poco de gachas de *ragi* (mijo)».

Ella me dio más o menos un pequeño cuenco y medio de gachas de *ragi*. Aquella pequeña cantidad de comida no tuvo un gran efecto sobre mis retortijones estomacales pero, no obstante, me puse muy contento de recibirla.

La larga caminata y la falta de comida me habían cansado mucho. Mientras estaba sentado, empecé a preguntarme si era realmente inteligente abandonar a Bhagavan. Claramente, las cosas no habían salido como yo esperaba. Vi en ello la señal de que quizás mi decisión no era correcta. Concebí un plan que me permitiera probar la validez de mi decisión. Tomé un gran puñado de flores, las coloqué sobre el *samâdhi* de Vittoha y empecé a quitarlas de dos en dos. Anteriormente, había decidido que, si había un número impar de flores, volvería cerca de Bhagavan. Si había un número par, continuaría con mi proyecto inicial. Cuando el resultado mostró que debía regresar con Bhagavan, acepté en el acto la decisión y me puse en marcha hacia Tiruvannamalai.

Una vez que hube aceptado que mi *prârabdha* era permanecer con Bhagavan, mi suerte comenzó a cambiar. Cuando entré en la ciudad, el propietario de un hotel me invitó a pasar y me ofreció comida y dinero. Incluso se postró ante mí. Yo había decidido volver en tren a Tiruvannamalai, porque quería estar de vuelta cerca de Bhagavan lo antes posible. Pero, antes de que hubiera llegado a la estación, otras personas me invitaron a sus casas y me ofrecieron alimentos. Comí un poco y, a continuación, me disculpé arguyendo que me levantaba de la mesa. Había decidido intentar viajar sin billete, pensando erróneamente que el dinero que me había dado no bastaba para el trayecto. Mi buena fortuna se confirmó en el tren. A medio camino, un revisor vino a verificar los billetes. Todo ocurrió como si yo fuera invisible para él: fui la única persona del vagón a quien no le pidió el billete.

Al final del viaje, ocurrió algo semejante. Cuando me encontré frente a otro revisor, en el andén de la estación, me dijo: «Usted ya ha enseñado su billete. ¡Avance! ¡Está bloqueando el paso!». De esa forma, por la gracia de Bhagavan, yo me salvé por poco en dos ocasiones.

Hice a pie el resto del camino hasta el *ashram*. A mi llegada, fui inmediatamente a ver a Bhagavan, me postré ante él y le conté todo lo que había pasado. Bhagavan confirmó entonces que mi destino era permanecer en Râmanasramam.

Mirándome me dijo: «Tiene trabajo que hacer aquí. Si intenta irse sin cumplir con el trabajo que le está destinado, ¿a dónde podría ir realmente?».

Tras decir aquello, Bhagavan me miró intensamente durante unos quince minutos.

Mientras me miraba, escuché un versículo que se repetía en mi cabeza. Sonaba tan alto y tan claro que tenía la impresión de que me habían implantado una radio. Nunca antes me había había topado con aquel versículo. Más tarde descubrí que era uno de los versículos del *Ulladu Nârpadu Anubandham* (uno de los poemas filosóficos de Bhagavan que trata sobre la naturaleza de la realidad).

Dicho versículo dice:

«El estado supremo, objeto de elogio, que podremos alcanzar aquí mismo, en esta vida, por la clara búsqueda del Sí que se eleva en el Corazón cuando nos beneficiamos de la compañía de un *sâdhu*, no podría ser alcanzado ni escuchando a predicadores, ni por el estudio y el conocimiento de las Escrituras, ni por virtuosas acciones ni por cualquier otro medio».

A pesar de que la palabra «sâdhu» designa generalmente a alguien que recorre un camino espiritual a tiempo completo, en este contexto, significa alguien que ha realizado el Sí.

El significado estaba muy claro: permanecer cerca de Bhagavan sería más beneficioso para mí que ir a otro lugar para realizar mi *sâdhâna* yo solo.

Al cabo de quince minutos, hice *namaskâram* a Bhagavan y dije: «Llevaré a cabo todo trabajo que usted me ordene hacer, pero se lo ruego, concédame también la *moksha* (liberación). No quiero convertirme en el esclavo de *mâyâ* (la ilusión)».

Bhagavan no respondió nada, pero su silencio no me perturbó. El mero hecho de haberle hecho la pregunta me había tranquilizado. Bhagavan me dijo entonces que fuera a comer algo. Respondí que no tenía hambre porque acababa de comer.

Añadí: «Lo que yo quiero no es comida. Lo único que quiero es la *moksha*, la liberación del sufrimiento».

Aquella vez, Bhagavan me miró, asintió con la cabeza en señal de aprobación y dijo: «Sí, sí».

Este versículo de Ulladu Nârpadu Anubandham acerca de la importancia de la compañía de seres que han realizado el Sí, es uno de los cinco versículos sobre el tema que Bhagavan ha incorporado en el poema. Descubrió los versículos sánscritos originales en un trozo de papel que había sido utilizado para envolver dulces. Le gustaron tanto las ideas que vehiculaban que las tradujo él mismo al tamil y las incluyó al principio de Ulladu Nârpadu Anubandham. He aquí los otros cuatro versículos:

A través del satsang (el contacto consciente con la realidad o, más comúnmente, la compañía de seres que se han realizado) se deshace el vínculo con los objetos del mundo. Una vez que dicho vínculo se deshace, los apegos o tendencias de la mente son destruidos. Aquellos cuya mente está desprovista de apegos se aniquilan en aquello que está inmóvil. Así, estos alcanzan la jîvanmukti (liberación mientras se encuentran vivos en el cuerpo). Apreciad su compañía.

Si nos beneficiamos de la compañía de los sâdhus, ¿de qué sirven las observancias religiosas? Cuando sopla una excelente brisa fresca del sur, ¿de qué sirve un buen abanico?

El calor es disipado por el frescor de la luna, la pobreza por el árbol celeste que colma nuestros deseos y el pecado por el Ganges. Pero, debes saber que los tres, comenzando por el calor, se disipan solo por el hecho de poseer el darshan de los incomparables sâdhus.

Los lugares de baño sagrados, constituidos de agua, y las imágenes de dioses, hechas de tierra y piedra, no soportan la comparación con las grandes almas (mahâtmâs). ¡Ah! ¡Qué prodigio! Los lugares de baño y las divinidades solo otorgan la pureza mental tras innumerables días, mientras que se concede tal pureza a las gentes en el mismo instante en el que los sâdhus las ven con sus propios ojos.

Varios años después de aquel incidente, Swâmî Annamalai le preguntó a Bhagavan sobre uno de esos versículos:

«Sabemos donde se encuentra la luna, sabemos donde se halla el Ganges pero, ¿dónde está el árbol que colma los anhelos?».

«Si le digo dónde se encuentra, respondió Bhagavan, ¿sería usted capaz de abandonarlo?».

Aquella singular respuesta me intrigó, pero no continué con mi búsqueda. Algunos minutos más tarde, abrí un ejemplar de *Yoga Vâsishtha* que se hallaba cerca del sofá de Bhagavan. En la primera página que ojeé, encontré un versículo que decía: «El *jnâni* es el árbol que colma los anhelos». Inmediatamente comprendí la extraña respuesta de Bhagavan a mi pregunta. Antes de que tuviera la ocasión de decírselo, él me miró y sonrió. Parecía saber que yo había dado con la respuesta correcta. Le hablé del verso, pero él no hizo ningún comentario. Simplemente continuó sonriéndome.

Un jefe de obra poco común

Mi trabajo como sirviente duró en total alrededor de un mes. Al final de aquel periodo, Bhagavan decidió que sería más productivo que yo dirigiera los trabajos de construcción en el *ashram*.

Yo me ocupaba de mis tareas habituales en el *Hall* cuando él me dijo por primera vez que tenía ese proyecto preparado para mí.

Súbitamente, Bhagavan se giró hacia mí y dijo: «Alguien está construyendo una pared cerca del depósito de agua. Vaya a ver qué está haciendo».

La orden parecía poco clara, pero la ejecuté lo mejor que pude. Observé al albañil durante algunos minutos y después le pregunté qué estaba haciendo.

Este respondió: «Râmaswâmî Pillai me ha dicho que construya aquí una pared y yo la estoy construyendo».

Regresé al *Hall*, informé a Bhagavan de las palabras del albañil y le resumí brevemente la evolución del trabajo.

Algunos minutos más tarde, Bhagavan me miró y repitió su orden inicial: «Vaya a ver qué está haciendo».

Algo perplejo, salí y volví a preguntarle al albañil qué estaba haciendo.

El albañil respondió: «Ya se lo he dicho, estoy construyendo una pared».

Como yo no tenía nada que objetar con respecto a la pared o a la manera en la que el albañil la construía, no comprendía por qué Bhagavan me presionaba con tanta insistencia para que investigara sus actividades. Regresé junto a Bhagavan y volví a informarle sobre la progresión de los trabajos.

Algunos minutos más tarde, Bhagavan repitió su instrucción por tercera vez: «Vaya a ver qué está haciendo».

El albañil se irritó un poco, no sin razón, cuando le pregunté por tercera vez qué estaba haciendo.

«¿Está usted loco?», me dijo. «Ya le he dicho que estoy construyendo una pared. ¿Acaso no ve lo que hago?».

No me habría sorprendido saber que él pensaba que yo estaba realmente loco: era obvio, saltaba a la vista de cualquiera que pasara, que el albañil construía una pared y que lo hacía competentemente y de manera correcta. Nada justificaba mis recurrentes preguntas. Únicamente me sentía obligado a hacerlas porque Bhagavan quería saber qué estaba pasando. Por tercera vez, regresé al *Hall* e informé a Bhagavan acerca de las palabras del albañil.

Tras permanecer en silencio durante algunos minutos, Bhagavan se giró hacia mí y dijo: «A partir de ahora, otra persona puede ocuparse de su trabajo en el *Hall*. Vaya a supervisar al albañil. Vigile que haga correctamente su trabajo».

Mi primera reacción a la nueva asignación fue: «¿Por qué Bhagavan no me ha dado esta orden al principio? ¿Por qué me ha hecho ir y volver tres veces antes de revelarme cuál era su verdadera intención?».

Más tarde comprendí que Bhagavan me estaba familiarizando con sus propios métodos de dirección. Aunque a veces me daba instrucciones detalladas, me confiaba tareas contentándose con decirme algo muy breve al respecto. A continuación, yo debía determinar lo que él quería realmente y realizar el trabajo en consecuencia.

Aquella primera tarea me tomó poco tiempo. Cuando la terminé, Bhagavan me dijo que dirigiera la construcción de una gran pared en la parte norte del *ashram*.

Durante los primeros años de existencia del Râmanasramam, el arroyo que corre ahora tras la pared norte pasaba por el medio del *ashram*. Bhagavan me pidió que construyera aquella pared para impedir que el riachuelo penetrara en el *ashram*, y para proteger a este último de los torrentes de agua que descendían rápidamente de la montaña durante la estación de lluvias. Ya había un pequeño montículo de tierra que protegía la parte norte del *ashram*, pero parecía que Bhagavan pensaba que no sería suficiente para contener una gran crecida. Mientras esbozaba el trabajo, Bhagavan evocó algunos problemas que había tenido el *ashram* en el pasado. «Durante nuestros primeros años aquí, dijo, tras una fuerte lluvia, un torrente de agua de uno a dos metros de profundidad circuló por el canal que atraviesa el *ashram*».

Si tuviéramos que situar este canal con respecto a las construcciones

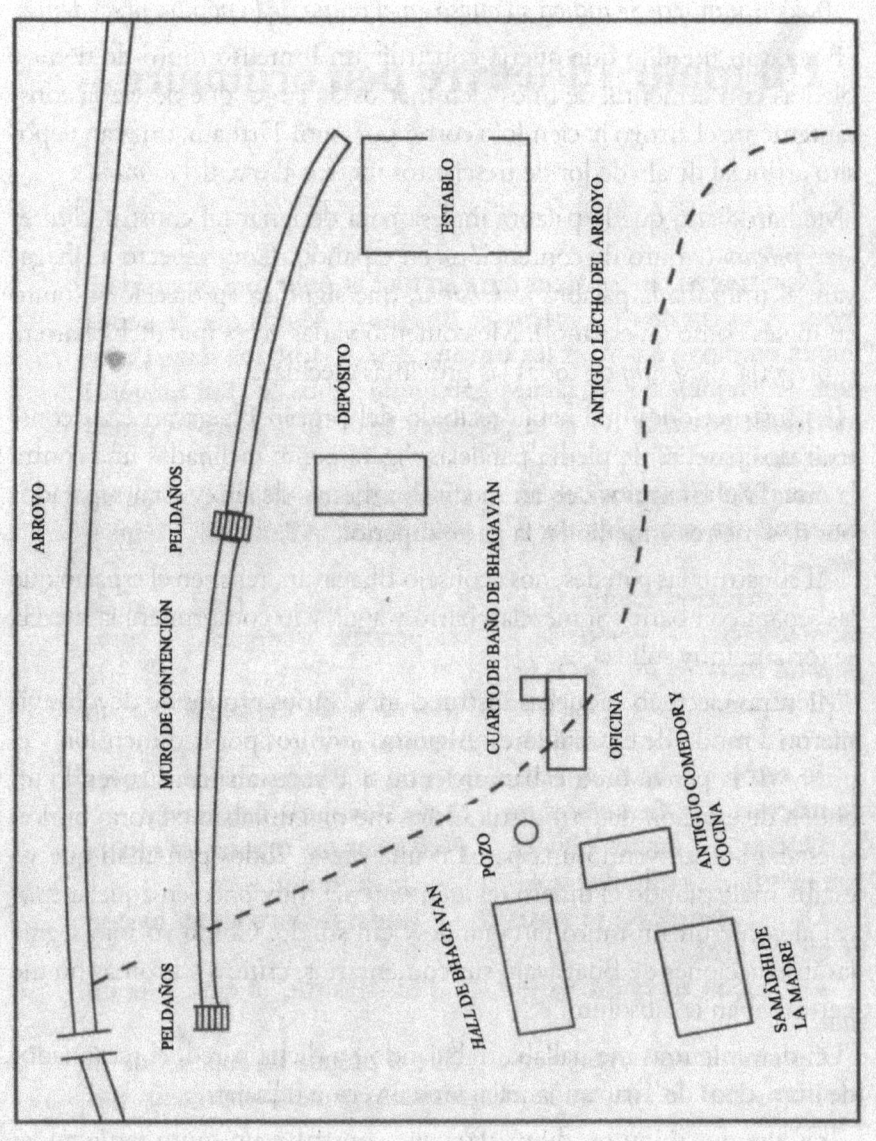

Sri Rāmanasramam : Edificios principales y sus características 1928-1935.

que existen actualmente en el ashram, diríamos que pasaba por la parte oeste del comedor y que, a continuación, viraba hacia el este para fluir a través de la parte delantera del actual samâdhi Hall. Abandonaba el ashram cerca del puente que se encuentra próximo al templo de Dakshinamûrti. Se indica su curso en el mapa de la página precedente.

Bhagavan me dijo que quería construir un inmenso muro de tierra y piedras con cemento, de unos cien metros de largo, que desviaría constantemente el arroyo haciéndolo correr por Agni Tîrtham, un gran depósito artificial de alrededor de trescientos metros al este del *ashram*.

Me han dicho que la palabra inglesa para designar tal construcción es «*revetment*» («muro de contención» en español). Con respecto a Bhagavan, él utilizaba la palabra *raskshanai*, que significa «protección» (tanto en inglés como en español). Me comentó varias veces que dicha barrera protegería al *ashram* de todas las próximas crecidas.

Las instrucciones que había recibido del propio Bhagavan eran construir dos paredes de piedra paralelas, ligeramente inclinadas una contra la otra. Dichos muros debían medir dos metros de alto y estar separados por dos metros y medio en la parte superior.

«Al construir las paredes, nos aconsejó Bhagavan, rellenen el espacio que las separa con barro. Si mezclan barro y agua y lo comprimen, la mezcla se tornará muy sólida».

Mientras ejecutaba aquellas instrucciones, varios grupos de devotos vinieron a modo de espectadores. Algunos, atónitos por la dimensión y el grosor de la pared, bromeaban diciendo que yo estaba construyendo un andén de estación de ferrocarril. Otros me preguntaban en tono burlón si estaba construyendo una pared o una presa. Todos pensaban que yo estaba malgastando el dinero (el *ashram* tenía muy poco en aquella época) al construir un muro tan grande y tan sólido. Como yo solo seguía las instrucciones de Bhagavan, sus comentarios, críticas y bromas no me perturbaban en absoluto.

Un día, mientras me hallaba trabajando en dicha pared, el recaudador de impuestos de Tiruvannamalai vino a verme trabajar.

Tras algunos minutos, dijo: «¿Por qué construye un muro tan grande? ¿Quién es el loco que le ha dado ese proyecto?». Como no aprecié en absoluto escuchar cómo insultaba a Bhagavan de aquel modo, me enfadé y, sin miramientos, le dije: «Vaya a tomar un café a la oficina de Chinnaswâmî. No venga aquí a entrometerse en mi trabajo. Si vuelve a hacer ese tipo de comentarios, le voy a echar a patadas».

Hablé así porque había leído en alguna parte una declaración de Râmakrishna Paramahamsa que decía: «Si alguien insulta a su gurú, deberían pegarle».

El recaudador de impuestos fue a quejarse a Chinnaswâmî diciendo que yo le había amenazado. Chinnaswâmî vino a verme junto con el recaudador y me preguntó por qué le había hablado de aquella manera.

Yo le dije: «Este hombre ha venido hacia mí y me ha dicho: "¿Quién es el loco que le ha dado ese proyecto?". Yo sigo las instrucciones de Bhagavan. ¿Quién se cree él que es para insultar a mi gurú?».

Parece que Chinnaswâmî aceptó mi explicación; se fue con el recaudador y no volvió a mencionar el incidente. Para justificar mi singular comportamiento, debo decir que, en aquella época, yo era más bien impetuoso y estaba presto a proteger el honor y la buena reputación de Bhagavan.

Cuando el trabajo llegaba a su fin, instalé dos juegos de peldaños de piedra, uno en la parte oeste y el otro en el centro, de manera que Bhagavan y los devotos pudieran franquear la pared fácilmente cuando iban a la montaña.

La idea y la previsión de Bhagavan resultaron estar finalmente justificadas. Durante el monzón que siguió a la finalización de la construcción de la pared, el arroyo de detrás del *ashram* se desbordó. La crecida alcanzó las tres cuartas partes de la pared. Afortunadamente, esta era lo suficientemente sólida como para resistir la presión y desviar toda el agua lejos el *ashram*.

Una vez terminado el muro, Râmaswâmî Pillai cubrió el antiguo lecho del arroyo. En aquella época, él realizó muchos trabajos de nivelación y de excavación en el terreno del *ashram*. Al principio, cuando Bhagavan llegó a Râmanasramama para instalarse en 1922, el terreno estaba lleno de socavones y de cráteres que habían sido excavados, en su mayoría, por gente de la región que tomaban la tierra con el fin de hacer barro para sus casas. En unos años, Râmaswâmî Pillai rellenó todos los cráteres y niveló el terreno. Él estaba tan contento de hacerlo que trabajaba incluso de noche.

Una vez que se construyó la pared, Bhagavan me pidió que dirigiera la construcción del depósito que se encuentra, actualmente, frente a la puerta de la cocina. Antes de relatar cómo esta y otras construcciones vieron la luz del día, es conveniente narrar con precisión cómo se perfilaba el *ashram* en aquel tiempo.

Cuando yo llegué al *ashram* en 1928, Bhagavan vivía en el antiguo *Hall*. Aquel edificio acababa de construirse. En otro tiempo, Bhagavan había vivido durante cinco o seis años en una pequeña habitación que pertenecía al edificio que recubría el *samâdhi* de la Madre.

Shrî Râmanasramam se desarrolló alrededor del samâdhi de la madre de Râmana Maharshi. Una vez que ella hubo realizado el Sí en el momento de su muerte en 1922, su cuerpo fue enterrado en el lado sur de Arunâchala. Algunos meses más tarde, Bhagavan se marchó de Skandashram al edificio que había sido construido encima de su tumba.

Chinnaswâmî había querido que él viviera en esa habitación porque sentía que el *samâdhi* de la Madre debía continuar siendo el centro del *ashram*. Los otros devotos querían que Bhagavan contara con su propio *Hall*. Para conseguir su objetivo, eludieron la oposición de Chinnaswâmî. Tras haber anunciado que iban a construir un comedor y una cocina, se pusieron manos a la obra y construyeron el antiguo *Hall*. Con el fin de que su pretexto fuera convincente, construyeron sobre el tejado una gran chimenea unida a un fogón situado debajo. Una vez terminada la construcción, los devotos persuadieron a Bhagavan para que se mudara a vivir allí.

Chinnaswâmî solo pudo encajar aquel golpe y aceptar la voluntad de la mayoría. La chimenea coronó el *Hall* durante varios años. Fue desmontada a finales de los años treinta.

Chinnaswâmî tomó la dirección del ashram a finales del año 1928. Fue a vivir junto a Bhagavan, en la época en la que este último se encontraba en Skandashram. Se convirtió en sannyâsin y adoptó el nombre de Swâmî Niranjanânanda. Como era el hermano menor de Bhagavan, mucha gente le llamaba por su apodo, Chinnaswâmî, que significa «pequeño swâmî» o «swâmî menor».

A propósito de los comienzos de la vida en el antiguo *Hall*, otra historia merece ser relatada. Al principio, no había un sofá en el *Hall*. Bhagavan se sentaba en un banco de madera en una esquina de la sala. Más tarde, un día, un hombre cuyo nombre era Rangaswâmî Gounder trajo un sofá y le pidió a Bhagavan que tomara asiento. Bhagavan lo rechazó: Rangaswâmî rompió a llorar. Pasó tres días en el *Hall*, llorando e implorándole a Bhagavan que aceptara su regalo. Finalmente, la noche del tercer día, Bhagavan se levantó de su banco y fue a dormir al sofá. Desde entonces, tanto de día como de noche, pasó la mayor parte de su tiempo sentado o acostado en aquel sofá.

Hay otra historia poco conocida en relación a la construcción que recubría el *samâdhi* de la Madre. Inicialmente, se había recubierto el *lingam* con una pequeña cabaña hecha a partir de hojas de cocotero.

> Un lingam *es un cilindro de piedra vertical cuya extremidad superior es redondeada. Es un símbolo de Shiva no manifestado y un objeto de culto en todos los templos de ese dios. Suele ocurrir que se instalen* lingams *sobre las tumbas (*samâdhis*) de santos shivaítas.*

Una vez, a mitad de los años 1920, unos ladrilleros intentaron cocer ladrillos cerca del *ashram*; la cocción fracasó: los fabricantes dejaron los ladrillos en el lugar. Bhagavan, poco inclinado a dejar que algo útil se perdiera, decidió utilizar aquellos ladrillos para construir una pared alrededor del *samâdhi* de la Madre. Algunos días más tarde, en medio de la noche, Bhagavan y todos los devotos residentes formaron una cadena humana entre el horno para cocer ladrillos y el *samâdhi*. Se pasaron los ladrillos a lo largo de la cadena y consiguieron transportarlos todos al interior del *ashram* durante la noche. Al día siguiente, se construyó un muro alrededor del *samâdhi*. El mismo Bhagavan realizó todo el trabajo de la cara interna del muro mientras que un albañil profesional trabajaba al exterior. Un techo de paja completó la construcción.

Entre dicha construcción y el antiguo *Hall* existía, en el lugar en el que se halla actualmente el *samâdhi Hall* de Bhagavan, una larga construcción recubierta de tejas donde se encontraban la cocina y el comedor. Antes de poseer su propio cuarto de baño, Bhagavan tomaba su baño matinal en una esquina de dicha construcción.

En 1928, el año de mi llegada, aquellos tres edificios, el *samâdhi* de la Madre, el antiguo refectorio y el antiguo *Hall*, eran las únicas estructuras principales ya construidas. Además de esos edificios, existían algunas cabañas hechas con hojas de cocotero donde se alojaban los devotos residentes y algunos cuartos de aperos revestidos de paja.

Tal era el estado del *ashram* cuando Bhagavan me pidió que dirigiera la construcción del depósito. Rangaswâmî Gounder, el hombre que había regalado el sofá, hizo un donativo al *ashram* y pidió que lo utilizáramos para construir un establo. También prometió dar algunas vacas una vez que se terminara aquel establo. Chinnaswâmî pensaba que un depósito sería más útil para el *ashram*. Sin dudarlo, construyó un edificio en forma de establo únicamente con el objetivo de contentar a Rangaswâmî pero, desde que terminaron de construirlo, lo convirtió en depósito. La conversión solo fue parcial. Todavía hoy cuelgan de las paredes interiores las anillas de hierro a las que hubiéramos tenido que atar las vacas. Como era de esperar, aquel cambio de planes irritó a Rangaswâmî. Insultó severamente a Chinnaswâmî, acusándole de malgastar su dinero. Chinnaswâmî soportó los reproches sin perder la calma.

El depósito fue mi primer gran trabajo de construcción. Me daba un poco de miedo comenzarlo, puesto que yo no tenía ninguna experiencia en la construcción de edificios. Mi padre era un eminente constructor, pero no me había enseñado ninguna de sus técnicas. Bhagavan, sabiendo que yo estaba nervioso debido a mi falta de experiencia, me ayudó a realizar el trabajo. Los obreros sospechaban que al principio yo no tenía ni la más mínima idea en materia de construcción, pero fueron lo suficientemente diplomáticos como para mantenerse en silencio. No obstante, una vez que hube adquirido algunos conocimientos con la ayuda de Bhagavan, me armé de valor y dibujé algunos planos simples para ellos. Estos no debieron de carecer de mérito: una vez que me puse a explicárselos a los obreros, comenzaron a tener una mejor opinión sobre mí.

Durante el trabajo, los albañiles y las trabajadoras no dejaban de parlotear sobre cuestiones profanas y vulgares. El jefe de obras parecía animar su comportamiento bromeando muy groseramente con ellos. Hasta el momento, yo había vivido una vida bastante protegida y me pareció que su comportamiento era más bien chocante.

Finalmente, fui a decirle a Bhagavan: «Debo permanecer cerca de los albañiles y de las trabajadoras para dirigirlos, pero no paran de hablar muy vulgarmente acerca de cuestiones profanas. Todos sus parloteos me perturban un poco».

Bhagavan asintió con la cabeza, pero no respondió nada. Un poco más tarde, tuve el placer de descubrir que el jefe de obras había sido reemplazado por un tal Kuppuswâmî. De trato mucho más agradable que su predecesor, había leído y estudiado el *Kaivalya Navanîtam* y el *Ribhu Gîtâ* (textos tamiles sobre la filosofía de la *Advaita*) y había asistido a cursos de *Vedanta* en el Easanya Math. Los dos nos entendimos muy bien.

Parecía que Bhagavan tenía una aptitud natural para los trabajos de construcción que compensaba ampliamente su falta de experiencia: parecía que siempre tomaba directamente la buena decisión en el momento oportuno. Por ejemplo, en el depósito había tres bóvedas muy grandes; los albañiles que las habían construido habían hecho un mal trabajo y habían aparecido algunas fisuras en las paredes, en la parte superior de cada bóveda. Bhagavan me dio instrucciones detalladas sobre cómo reparar las fisuras e insertar las claves de arco para reforzarlas. Desconozco cómo él sabía esas cosas. Estoy seguro de que no había construido nunca una bóveda de mampostería. Aquellas claves de bóveda aún se pueden ver: sobrepasan alrededor de cinco centímetros de cada lado de la pared.

Durante la construcción del depósito fue cuando tuvo lugar mi primero conflicto con el Chinnaswâmî. Él tenía sus propias ideas sobre la construcción y seguía insistiendo en que yo las llevara a cabo. Como había recibido órdenes de Bhagavan que contradecían las suyas, no me quedaba más remedio que rechazarlas. Nunca pude hacerle comprender que las órdenes de Bhagavan primaban sobre las suyas. Tuvimos bastantes disputas al respecto porque jamás, ni una sola vez, acepté seguir sus instrucciones en contra de la opinión de Bhagavan. Mi intransigencia le exasperó: pensaba que yo cuestionaba deliberadamente su autoridad. Yo no tuve en cuenta en absoluto su desaprobación y me aferré a mi posicionamiento porque sabía que era incorrecto actuar contra la voluntad de Bhagavan. En aquel momento no lo sabía, pero estábamos destinados a mantener disputas semejantes en cada uno de los edificios que yo construí.

Durante aquel periodo de aprendizaje, a veces me sentía muy frustrado. Había muchos problemas difíciles de resolver. Además, estábamos a mitad del verano, no había sombra y el calor era, a menudo, insoportable.

Varias veces me vino el pensamiento: «¿Por qué Bhagavan me causa todas esas molestias haciéndome trabajar así a pleno sol en mitad del verano?».

Una vez, cuando me pasaban pensamientos de ese tipo por la cabeza, Bhagavan vino a ver por dónde iba mi trabajo.

Al darse cuenta de mi estado de ánimo en aquel momento, dijo: «Pensaba que, si le pedía que hiciera un trabajo, usted estaría preparado y dispuesto a hacerlo. Suponía que usted sería capaz de hacerlo. Si no lo es, o si le parece demasiado difícil, simplemente no lo haga».

Bhagavan me estaba dando la oportunidad de darme por vencido, pero yo rehusé hacerlo. Durante los minutos que precedieron a su llegada, pensé en rebelarme. Pero, al escuchar sus palabras, surgió en mí una gran determinación.

Pensé: «Incluso si mi cuerpo se destruye completamente al servicio de Bhagavan, acataré sus órdenes y haré todo lo que me pida». Le dije a Bhagavan que deseaba continuar.

Cuando se terminó el depósito, Bhagavan me pidió que hiciera un bajorrelieve de Arunâchala encima de la entrada. Lo quería de yeso de cal. Él ya me había enseñado a trabajar la cal correctamente, pero yo no sabía en absoluto cómo esculpirla en un cuadro de tres dimensiones.

«No sé cómo acometer tal obra, le dije a Bhagavan. ¿Qué debo hacer?».

Bhagavan tomó un trozo de papel y dibujó Arunâchala en él. Aparte de la cima, había tres picos más abajo cuya silueta sobresalía en el cielo. Cuando terminó el dibujo, me dijo que la cumbre principal representaba a Shiva, mientras que las otras tres representaban a Ambal, Vinayaka y Subramania. Después, me dio el dibujo y me dijo que hiciera una réplica en cal.

Ambal es otro nombre de Pârvatî, la esposa de Shiva; Vinayaka (también conocido con el nombre de Ganapati) y Subramania son los hijos de Shiva. El monte Arunâchala es considerado tradicionalmente como una manifestación de Shiva.

«Pero Bhagavan, dije, yo no tengo ni idea de cómo moldear formas de ese tipo con cal. ¿Cómo se supone que voy a hacerlo?». En aquella ocasión, Bhagavan rechazó darme el más mínimo consejo.

«He aquí Annamalai, dijo. Usted también es Annamalai. Debería saber cómo realizarlo sin que yo se lo diga».

Annamalai es uno de los nombres tamiles de Arunâchala. Significa «montaña inalcanzable o inaccesible».

Acepté la orden, me puse manos a la obra e intenté ejecutarla. Tenía serias dudas acerca de mi capacidad para hacerlo correctamente, pero como Bhagavan me había encargado hacerlo, yo no podía rechazar el trabajo. Levanté un andamio para poder sentarme frente a la pared. Durante tres días, me senté allí, jugando con la cal e intentando hacer algo que se pareciera a Arunâchala. Todas mis tentativas fracasaron.

Desgraciadamente, mi determinación de conseguirlo no era suficiente como para compensar mi falta de competencias y de experiencia. A mitad del tercer día, Bhagavan, al ver que yo no hacía ningún progreso, subió la escalerilla y se sentó a mi lado. Me explicó cómo hacer el trabajo, mostrándome la técnica correcta con algunos pedazos de cal. Una vez que le hube escuchado y visto trabajar durante unos minutos, de repente comprendí cómo debía realizarlo. Tras asegurarse de que yo había asimilado la técnica, Bhagavan me dejó terminar solo el trabajo. Terminé la obra antes del tercer día. Al día siguiente, siguiendo sus instrucciones, elaboré otro bajorrelieve idéntico encima de la cara interior de la puerta principal. Me han dicho que hoy en día están pintados de azul para que contrasten con las paredes blancas adyacentes.

Me sorprendió la facilidad con la que adquirí todas las aptitudes necesarias para dirigir el trabajo de construcción. La mayoría de devotos residentes también se sorprendieron. Un día, Tenamma Patti, una de las cocineras del *ashram*, le preguntó a Bhagavan al respecto.

«Swâmî Annamalai siente una gran devoción por Bhagavan, dijo. Es fácil de comprender. Pero se ha vuelto todo un experto en la construcción de edificios, y eso, aparentemente, sin estudios ni preparación. ¿Cómo es esto posible?».

Bhagavan le sorprendió diciéndole: «En su última vida fue ingeniero».

Por los diversos consejos y comentarios que insinuaba, era evidente que Bhagavan conocía las vidas anteriores de, al menos, una parte de sus devotos. Habitualmente, se reservaba esa información para él. Era muy inusual que hiciera, como ocurrió en aquella ocasión, una declaración explícita indicando con precisión lo que había sido un devoto en su vida anterior.

Mi nueva asignación importante fue la de dirigir la construcción del establo. Chinnaswâmî había acordado con un albañil de la región que construyera un pequeño establo que no costara más de 500 Rs.. Como Lakshmi era la única vaca del *ashram* en aquel momento, pensó que bastaba con un pequeño establo. Bhagavan lo quería más grande pero, por alguna razón, decidió no decírselo a Chinnaswâmî.

Una mañana sobre las seis, antes de que empezara la construcción, Chinnaswâmî organizó una pequeña *muhûrtam* (ceremonia de inauguración) en el lugar previsto para el pequeño establo. Una vez que todo el mundo se marchó, Bhagavan me llamó aparte y me dijo que había que modificar el proyecto.

«Van a venir muchas vacas aquí en los próximos años, dijo. Aunque

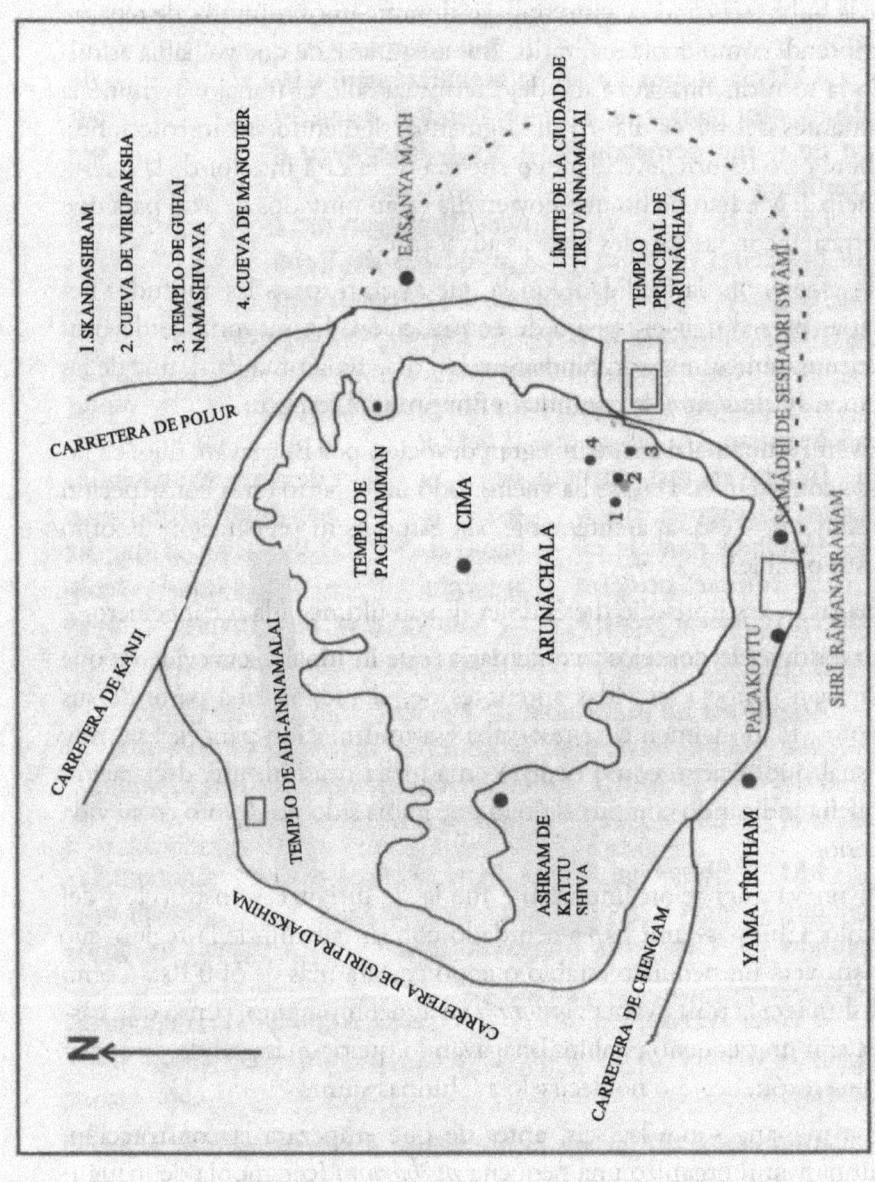

Arunâchala, la carretera del *giri pradakshina* y los lugares principales mencionados en el texto.

construyamos un gran establo, habrá tantas vacas que algunas tendrán que quedarse en el exterior. Debemos construir un establo más grande y, más que ese albañil, es usted quien debe dirigir su construcción».

Me condujo a una esquina del *ashram*, al lugar donde se encuentra ahora el establo y me mostró dónde debía construirlo, trazando líneas en el suelo. No medimos la longitud de las líneas, pero Bhagavan me dijo que quería que cada una de las cuatro paredes tuviera dieciséis metros de largo.

Cuando se aseguró de que yo había comprendido lo que tenía que hacer, añadió una singular precisión:

«Si Chinnaswâmî viene a discutir con usted sobre este proyecto, no le diga que yo le he pedido que proceda de esta manera. Finja que lo hace siguiendo su propia autoridad».

Nunca le he preguntado a Bhagavan por qué quería que su intervención en este asunto permaneciera en secreto. A día de hoy, aún sigue siendo un completo misterio para mí.

Inmediatamente contraté a obreros para excavar los cimientos. Como Chinnaswâmî había regresado a su oficina, pudimos poner en marcha el nuevo proyecto sin que él lo supiera. Sobre la una del mediodía, cuando el trabajo ya había avanzado bastante, decidió venir a ver cómo lo llevábamos.

Al principio permaneció atónito sin moverse, mudo de asombro, pero, una vez que comprendió las implicaciones de lo que yo estaba haciendo, se giró hacia mí y me dijo con sarcasmo: «¡Oh! ¡Ha cambiado los planos! Ahora es un gran proyecto. ¿Quién le ha autorizado a hacerlo?».

Yo le respondí que lo hacía por autoridad propia. Chinnaswâmî me ordenó que volviera al proyecto inicial, pero yo lo rechacé. Le dije que era necesario un establo más grande y que tenía la intención de proseguir con mi proyecto.

Como era de esperar, Chinnaswâmî se enfureció cuando rechacé obedecerle.

«¿Por qué ha modificado usted el proyecto sin consultarme?» preguntó. «Yo soy el *saryâdhikârî* (director general) de este *ashram*».

Como rehusé ceder, me ofendió e injurió, pero ninguna de sus amenazas consiguió convencerme de que me doblegara a sus órdenes. Pronunció sus últimas palabras más por frustración que por enfado.

«Comienzo a expandir el *ashram*. ¿Cómo puedo lograrlo si usted no obedece mis instrucciones? Conviértase usted mismo en el *savâdhikârî*. Yo por mi parte, me marcho a otro lugar».

Cuando finalmente se dio cuenta de que yo no iba a cambiar de parecer, se fue y se sentó sobre una roca frente a la puerta del *ashram*. Para él, aquella era una situación molesta. Nunca antes hasta el momento los obreros le habían desobedecido de manera tan flagrante. Algunos devotos vinieron a decirme que había permanecido largo rato frente a la puerta preso de cólera. Regresé a supervisar el trabajo, así que mi relato de lo que sucedió después está basado en lo que me contaron los devotos que presenciaron la escena.

Chinnaswâmî permaneció varias horas delante de la puerta, descargando críticas sobre mi persona a todo aquel que quisiera escucharle.

«Voy a abandonar el *ashram*, continuaba quejándose, porque este hombre se opone a todos mis proyectos. Que se ocupe él del *ashram*. Yo me voy a ir a vivir a Chengam (una ciudad a 24 kilómetros de distancia) o a otra parte».

Tres devotos. T. K. Sundaresa Iyer, Râmakrishnaswâmî y Munagala Venkataramiah fueron a ver a Chinnaswâmî para comprender qué le había enfadado de tal manera.

Chinnaswâmî les dijo: «Swâmi Annamalai se opone a todos mis proyectos. Voy a abandonar el *ashram*. Ya solo me queda marcharme. Solo regresaré si Swâmî Annamalai es expulsado». Los tres devotos visitaron a Bhagavan y le dijeron: «Chinnaswâmî está muy enfadado. Quiere abandonar el *ashram*. Dice que solo regresará si Swâmî Annamalai es expulsado».

Normalmente, Bhagavan no intervenía nunca cuando Chinnaswâmî echaba a algún obrero o pedía a uno de sus devotos que abandonase el *ashram*, pero en aquel caso me apoyó diciendo: «Si Swâmî Annamalai se va, yo también lo haré».

Chinnaswâmî retiró su amenaza de abandonar el *ashram* y aceptó el hecho de que yo debía quedarme allí, pero continuó oponiéndose a «mi» proyecto del establo. Aquella noche, trajo a todos sus devotos residentes al *Hall* y entabló una conversación sobre los méritos relativos de su proyecto y del mío. Bhagavan no participó en aquella conversación. Simplemente escuchaba sentado. Todos los devotos que tomaron la palabra se pronunciaron a favor del pequeño establo. Yo era el único que defendía el grande, pero no intervine. Cuando cada uno se hubo expresado, Chinnaswâmî finalizó la discusión.

«Ahora, votemos todos, dijo. ¿Es preferible llevar a cabo mi proyecto o el de Swâmî Annamalai?».

Todo el mundo votó por el proyecto de Chinnaswâmî, yo creo que, sobre todo, por el miedo que le tenían. Yo no voté.

Bhagavan se dio cuenta de mi abstención y preguntó: «¿Cuál es su opinión?».

Yo le dije: «Creo que deberíamos construir un gran establo sobre los cimientos que yo he comenzado esta mañana».

Bhagavan no dejó traslucir en lo más mínimo de que lado estaba. Cuando, durante el debate, uno de los devotos había sugerido que yo estaba ejecutando, quizás, un plan que Bhagavan me había dado en secreto, Bhagavan ni confirmó ni desmintió la idea. Permaneció neutral hasta el final.

Una vez que hube dado mi opinión acerca de la cuestión, Bhagavan hizo el siguiente comentario: «Ahora, me parece que las personas aquí presentes se dividen en dos bandos. Veamos cuál de los dos proyectos va a materializarse finalmente».

Aquella fue su última palabra sobre la cuestión. Tras terminar de hablar, se puso en pie y abandonó el *Hall*.

Aunque el debate no había llegado a ninguna conclusión, Bhagavan me había dado un pequeño margen de maniobra. Al no permitir que Chinnaswâmî me echara, y al negarse a apoyar su proyecto, me pareció que tácitamente había aprobado el establo grande. Continué excavando los cimientos apoyándome en la base de aquella hipótesis. Chinnaswâmî no intentó detenerme, pero me sometió a un torrente continuo de quejas, sobre todo por el coste del proyecto.

Para Chinnaswâmî se trataba de una situación muy inusual. Estaba acostumbrado a ejercer un poder absoluto, así que la intervención de Bhagavan en mi favor fue algo totalmente extraordinario. Las implicaciones de aquella inusual reacción no le pasaron desapercibidas a Chinnaswâmî. Con razón, llegó a la conclusión de que debía haber un acuerdo secreto entre Bhagavan y yo sobre el proyecto del establo. Era la única explicación posible para aquellos dos inusuales acontecimientos: mi insubordinación y la intervención de Bhagavan a mi favor.

Chinnaswâmî no pudo asegurar la validez de su teoría. Tenía mucho miedo de acercarse directamente a Bhagavan, quien solía despedirle con un seco «*¡Pôdâ!*» (¡Vete!) cuando comenzaba a quejarse en el *Hall*. Tampoco pudo obtener de mí la más mínima confirmación. Yo respetaba las órdenes de Bhagavan y afirmaba a todo aquel que me preguntaba que yo era el solo y único instigador del proyecto.

La noche del tercer día, fui a ver a Chinnaswâmî para recibir el salario de los obreros. Normalmente, le entregaba una lista donde estaba inscrita la cantidad que cada obrero debía recibir.

Aquella noche, antes de que existiera la más mínima oportunidad de entregarle la lista, se enfureció conmigo y gritó: «¡No hemos recibido dinero! ¡Hoy no podemos pagar a los obreros porque usted ha modificado el proyecto! ¿Cómo podríamos pagar un edificio de esas dimensiones?».

A continuación, sin siquiera molestarse en controlar la lista, tiró en mi dirección la bolsa llena de monedas para los trabajadores. Puso mucha violencia y mucha rabia en aquel gesto final. Afortunadamente para mí, no apuntó bien. La bolsa casi me dio en la cabeza.

Aquella fue la gota que colmó mi vaso. Inmediatamente, fui a ver a Bhagavan y le conté que Chinnaswâmî me había tirado aquel saco de monedas. Bhagavan escuchó mi relato, después permaneció en silencio un momento. El hecho de que yo hubiera seguido sus instrucciones no cambiaba nada: él desaprobaba que los devotos acudieran a verle para quejarse. Finalmente, me habló. Enumeró una serie de cosas, incluyendo algunos alimentos, que consideraba que no necesitaba. Sin decirlo abiertamente, me dio a entender que, si no hubiéramos malgastado dinero en cosas inútiles, el *ashram* contaría con el dinero suficiente como para construir el establo. Algunos minutos más tarde, Swâmî Madhava intentó aplicar *jambak* (bálsamo contra el dolor) en las piernas de Bhagavan.

Bhagavan reaccionó con rabia: «No necesito cosas como el *jambak*. Esos son gastos inútiles. Yo no quiero ni necesito cosas de ese tipo». Poco después, Bhagavan rechazó la nuez de betel por la misma razón.

Los devotos presentes en el *Hall* asistieron a todos nuestros intercambios. Cuando comprendieron que el *ashram* no contaba con el dinero suficiente para pagar a los obreros contratados aquel día, todos dieron dinero para cubrir el déficit. La cantidad conseguida resultó suficiente para pagarle la jornada a los obreros y para contratarlos dos días más.

Algunos días más tarde, mientras nos estábamos quedando sin dinero, aparecieron en circunstancias casi milagrosas fondos para el establo de Bhagavan. Algunas semanas antes, el redactor jefe del *Sunday Times*, un periódico de Madrás, había venido para obtener el *darshan* de Bhagavan. Este último le había impresionado tanto que escribió y publicó un largo artículo elogiándole. Dicho artículo atrajo la atención de un príncipe del norte de la India. Bhagavan también le impresionó, pero dicha impresión no tuvo consecuencias inmediatas por su parte. Algunas semanas más tarde, el príncipe decidió ir de cacería en busca de algún tigre en uno de sus bosques. Consiguió localizar a uno, pero cuando levantó su carabina para dispararle, una repentina e inesperada oleada de terror le paralizó. Era totalmente consciente de que, si no le disparaba, el tigre se le echaría encima y le mataría, pero sus músculos paralizados eran incapaces de realizar la más mínima acción.

De pronto, se acordó del artículo sobre Bhagavan y comenzó a pronunciar una plegaria dirigida a él: «Si tengo éxito en esta cacería, no solo le enviaré un giro de 1.000 Rs., sino que también le haré llegar la cabeza y la piel del tigre».

Rs. es la abreviatura de rupia, la moneda india. La tasa de cambio actual (1996) es la de unas siete rupias por un franco francés[1]*. El poder de compra de la rupia era, por supuesto, mucho más elevado en la época de esta historia. En aquel tiempo, los trabajadores no cualificados recibían alrededor de un cuarto de rupia al día, lo que bastaba para satisfacer sus necesidades básicas.*

Tan pronto como la plegaria fue pronunciada, la parálisis desapareció y mató al tigre del primer disparo.

El príncipe cumplió su promesa. Dos días después de las disputas relacionadas con el establo, el cartero llegó con 1.000 Rs.. Por un extraño efecto del destino, me entregó el dinero a mí y no a Chinnaswâmî. Yo se lo llevé a Bhagavan, que dijo con desenvoltura: «Sí, estaba esperando este giro. Llévaselo a Chinnaswâmî a su oficina».

Cuando le entregué el dinero a Chinnaswâmî, olvidó nuestra disputa de inmediato, sonriéndome ampliamente. La piel de tigre prometida llegó alrededor de una semana más tarde. Bhagavan se sentó encima durante algunos minutos, mientras que un fotógrafo local sacaba fotos.

1. El franco francés fue la moneda de curso legal en Francia hasta la entrada en circulación del euro en enero de 1991. Un franco francés equivaldría, a día de hoy, a unos 0,15EUR.

Aquella milagrosa donación disipó temporalmente la hostilidad de Chinnaswâmî. Este vino a verme y dijo: «Bhagavan es quien le ha dicho que lleve a cabo este proyecto, de ahí su valentía. En estos momentos, Bhagavan no me informa de sus proyectos; usted tampoco parece dispuesto a decirme cuáles son. Esa es la única dificultad que tengo con usted. En tales circunstancias, las pequeñas disputas y discusiones son inevitables. Simplemente intento hacer mi trabajo. Por ello, se lo ruego, no se enfade conmigo».

Utilicé el dinero para comprar cemento, madera y hierro para el establo. Cuatro días después, cuando se hubo gastado todo el dinero, Chinnaswâmî volvió a empezar a quejarse conmigo acerca del elevado coste de la construcción. Un devoto visitante que nos escuchó quiso saber cuál era la causa de nuestra disputa. Le dije que Chinnaswâmî me estaba criticando porque yo había comenzado la construcción de un gran establo a pesar de que no había dinero para pagarlo.

El devoto, que había venido de Madrás a ver a Bhagavan, dijo: «¿Qué más necesitan? Quizás yo pueda ayudarles».

Le dije que nuestra necesidad más urgente era la de cuatro o cinco toneladas de madera de teca. Yo sabía que costaba mucho dinero, pero aquello no desalentó al devoto.

«No hay problema, dijo, puedo hacerles llegar fácilmente dicha cantidad desde Madrás». Chinnaswâmî estaba encantado de escuchar aquello porque sabía que esa madera encarecería mucho la factura final. Le dijo al devoto que necesitábamos dicha madera lo antes posible y le pidió que fuera inmediatamente a Madrás para hacer lo que fuera necesario. El devoto se sorprendió por la urgencia de Chinnaswâmî; se dirigió al *Hall*, obtuvo el *darshan* de Bhagavan y después regresó a Madrás para ocuparse de nuestro asunto.

La madera llegó algunos días después en un vagón de ferrocarril. Una inesperada factura de 3.000 Rs. le acompañaba. Cuando el devoto había ofrecido enviar la madera, nosotros habíamos dado por hecho que tenía intención de hacer una donación para el *ashram*. Cuando Chinnaswâmî vio la factura, casi explota: la cantidad excedía mucho del dinero que poseíamos en aquel momento. Por suerte, algunos de los devotos más ricos tuvieron conocimiento de la situación crítica en la que nos encontrábamos. Se reunieron, juntaron el dinero y pagaron la factura. Si la teca y la factura no hubieran llegado al *ashram*, no se les hubiera ocurrido hacer ese donativo.

Mientras construíamos los grandes edificios del *ashram* nuestra economía siempre fue precaria. Afortunadamente, como los edificios estaban bien construidos bajo las órdenes de Bhagavan, no conocimos nunca verdaderos desastres financieros. Mientras duraban los trabajos de construcción, llegaban suficientes donaciones como para cubrir los gastos. Si no había ningún trabajo de construcción en marcha, tampoco llegaba donativo alguno. Durante todos aquellos años en los que yo dirigí la construcción de los edificios proyectados por Bhagavan, nunca, ni tan solo un día, tuvimos que dejar de trabajar por falta de dinero. Chinnaswâmî acabó por darse cuenta de que, si un proyecto contaba con la bendición de Bhagavan, no había razón para preocuparse por el dinero.

Una vez que el establo estaba casi terminado, vino a verme y dijo: «Gracias al plan de Bhagavan, este edificio será un éxito. Únicamente por su gracia hemos podido financiarlo. Ahora, le creo».

Bhagavan venía a menudo al establo para dar instrucciones y ver cómo progresaba el trabajo. Visitaba la obra incluso durante la noche.

Una vez, mientras dirigíamos el trabajo juntos, Bhagavan me dijo: «Si usted construye este establo para Lakshmi, nosotros conseguiremos todo el *punya* (mérito acumulado por la realización de acciones virtuosas) necesario para construir una biblioteca, un comedor y un templo para la Madre. Todo llegará a su tiempo. Este lugar acabará siendo una ciudad».

La propia Lakshmi venia frecuentemente a ver cómo nos iba con su nueva casa. Si Bhagavan se encontraba allí, le acaricia la cabeza y le decía: «Tienes que esperar algunos días más. El trabajo todavía no ha terminado».

En aquella época, Lakshmi podía pasear por donde ella quisiera. A veces, alguien la llevaba a pastar cerca del lago Samudram, pero la mayor parte del tiempo se quedaba en el *ashram*.

Durante una de las últimas fases de la construcción, Bhagavan vino a decirme que sería una buena idea instalar un pilón y un mortero de piedra para que pudiéramos preparar una pasta de semillas de algodón para las vacas. Incluso me dijo dónde instalarlo. Cuando informé a Chinnaswâmî de que proyectaba instalar dicha piedra, él insistió con un aire algo irritado en que cambiara su emplazamiento y la pusiera en otro rincón del establo. En cuanto se marchó, ignoré sus órdenes y coloqué la piedra en el lugar que Bhagavan había indicado. Bhagavan me ahorró otra querella inútil siguiendo a Chinnaswâmî al establo durante la siguiente visita.

Râmanasramam a finales de los años 1920: el edificio con un tejado de tejas en la parte derecha es el *Hall* de Bhagavan. Los dos edificios de paja al centro, paralelos y formando un ángulo de noventa grados con el *Hall*, son el comedor y la cocina, A la izda., en paralelo al *Hall*, se halla el edificio de paja que cubre el *samâdhi* de la madre de Bhagavan.

El *ashram* visto desde Pali Tîrtham. A la izda., se encuentra el *Hall* de Bhagavan; en el centro, la cocina; y a la dcha., el *samâdhi* de la Madre.

El interior del establo: una fotografía reciente. En los años 1930, había muchas más vacas que actualmente.

Swâmî Annamalai de pie y de brazos cruzados, detrás de Bhagavan.

A su regreso de un paseo por la colina, Bhagavan se acerca al muro de contención construido por Swâmî Annamalai.

El bajorrelieve de Arunâchala encima de la entrada al depósito. El arco en primer plano es el que Bhagavan y Swâmî Annamalai habían reparado.

Arriba: el establo.
Abajo: la oficina y la biblioteca.
Las dos fotos fueron tomadas más o menos casi al final de las obras.

Antes de que Chinnaswâmî tuviera la ocasión de quejarse, Bhagavan apareció y dijo: «Pregúntele a Chinnaswâmî qué plan es mejor, si el suyo o el de usted».

Bhagavan no había dicho que se trataba de su idea, pero Chinnaswâmî interpretó correctamente aquel comentario poco equívoco como señal de que había sido el mismo Bhagavan quien me había encomendado aquel trabajo. Chinnaswâmî captó la alusión y aceptó que era necesario conservar mi idea.

Bhagavan sabía que Chinnaswâmî me causaba muchas molestias, pero me disuadió de quejarme. Aparte del incidente de la bolsa de monedas para los salarios, no me quejé sobre el comportamiento de Chinnaswâmî ante él más que dos veces. En ambas ocasiones, Bhagavan me culpó por hacerle partícipe de mis quejas. En uno de los dos incidentes, Chinnaswâmî me pidió que lanzara piedras a un perro y que lo echara del *ashram*.

Yo no quería castigar a un inofensivo perro, por lo que fui a ver a Bhagavan y le dije:

«Chinnaswâmî me pide que lance piedras a aquel inocente perro».

Bhagavan me sorprendió dándole la razón a su hermano: «Si usted prepara la comida, la guarda en su casa y un perro se acerca, ¿acaso no tiene usted derecho de echarlo antes de que se lleve la comida?».

Bhagavan siempre era muy amable con los animales. Si hubiera visto a un devoto lanzar piedras a un perro inofensivo, probablemente le habría regañado. Me dio aquella respuesta con el único objetivo de manifestar su reprobación: los devotos no debían acudir a él para quejarse.

Cuando algún devoto iba a quejarse a él, este se lo reprochaba. Aquello no significaba que aprobara el acto de quien había provocado la queja; aquello quería simplemente decir que desaprobaba que los devotos se quejaran de otras personas.

No consigo acordarme de cuál fue mi tercera y última queja, pero sí recuerdo su respuesta; esta ilustra claramente su actitud hacia las quejas y hacia los que las hacen.

Comenzó diciendo: «En cuestiones prácticas, es inevitable que surjan diferencias. No deje que le perturben».

A continuación, me preguntó: «¿Por qué ha venido usted a este *ashram*?».

«He leído, respondí, en un comentario sobre la *Bhagavad Gîtâ* que, si la mente es pura, se convierte en el Sí. Yo quiero conservar mi mente limpia, para poder realizar el Sí, Si he venido aquí es únicamente por esa razón».

«¿Acaso ver los defectos del otro no nutre la mente?», preguntó Bhagavan.

Acepté su crítica y le dije que, en el futuro, intentaría no ver los defectos del otro.

A modo de acto de contrición final, me postré frente a él y le dije: «A partir de este instante, no me quejaré más de nadie».

Mantuve mi palabra: durante los años siguientes, no me quejé de ningún otro devoto ni una sola vez ante Bhagavan.

Aunque, en general, a Bhagavan no le gustaba escuchar las quejas, recuerdo un incidente durante el cual hizo gala de un sorprendente grado de tolerancia hacia un visitante que se quejaba. Tuvo lugar varios años después. Bhagavan y yo caminábamos en dirección a la puerta trasera del *ashram*. El almuerzo acababa de terminar y nosotros nos estábamos preparando para ir a pasear a Palakottu. Un *sâdhu* errante recién llegado se acercó a Bhagavan y le compartió sus quejas sobre el *ashram*.

«Vuestros *shishyas* (discípulos) son como su gurú. Yo he venido a su *ashram* y he pedido comida, pero nadie ha querido dármela. Swâmî Vivekânanda ha hablado mucho del *anna dâna* (donaciones de comida a los viajeros o peregrinos) y también lo elogia. Él ha hablado mucho de *Vedanta* y de *Siddhânta* (filosofía), pero también ha insistido mucho acerca de la importancia del *anna dâna*».

Mientras escuchaba todas aquellas quejas sobre Bhagavan y el *ashram*, sentía como la ira aumentaba dentro de mí.

Finalmente, le interrumpí y le dije: «¿Por qué molesta a Bhagavan de ese modo? ¡Márchese!».

Bhagavan me silenció con una mirada furibunda y autorizó al *sâdhu* a que continuara quejándose. Este, dándose cuenta de que no iba a ser interrumpido ni expulsado, sermoneó a Bhagavan durante casi media hora acerca de los defectos del *ashram* y de la gente que allí trabajaba. Cuando finalmente se detuvo, sin más quejas, Bhagavan le preguntó muy calmada y educadamente si había algo más que deseara decirle. El *sâdhu* no dijo nada.

Entonces Bhagavan dijo: «La comida que yo recibo aquí no es un regalo. Cada día, corto verduras, cuido a las vacas, otorgo el *darshan* a los devotos y respondo a sus dudas y preguntas. Por esa razón me dan de comer».

A continuación, pareció que Bhagavan reflexionaba un poco. Se giró hacia mí y dijo: «¿Qué se puede hacer? Llévele a la cocina y dele algo de comer».

El *sâdhû* comió, abandonó el *ashram* y no volvió nunca más.

El estilo directivo de Chinnaswâmî alejaba a muchos devotos pero, por norma, Bhagavan le apoyaba en casi todos los casos de conflicto. Recuerdo un incidente que ilustra muy bien este hecho. Un día, una mujer vino a por el *darshan* de Bhagavan. Como era muy tímida y no le gustaba comer en compañía de hombres, comió sola en una cabaña aparte, cerca del comedor. En lugar de que Sampurnammal u otro devoto le sirviera, Chinnaswâmî decidió llevarle él mismo la comida y servirle.

Cuando Bhagavan se dio cuenta de lo que estaba ocurriendo, le regañó públicamente: «¿Por qué no envías a una mujer para servirle? ¿Por qué le llevas tú la comida? Ella es muy tímida. No está acostumbrada a relacionarse con hombres que no conoce».

Varios devotos que habían sido testigos de aquella escena comenzaron a decirse: «Si Bhagavan trata a Chinnaswâmî de esa forma, ¿por qué deberíamos nosotros tratarle con respeto?».

Los días siguientes, aquellos devotos empezaron a tratar Chinnaswâmî con poco respeto. Bhagavan observó en silencio durante algunos días.

Cuando vio que los devotos descontentos no cambiarían de actitud si él no intervenía, restauró el *statu quo* diciéndoles: «¿Acaso piensan que Chinnaswâmî es un *killukkîrai* (una pequeña planta que podemos arrancar fácilmente de la tierra con las uñas y tirarla)? Aquí, Chinnaswâmî es el *sarvâdhikârî*. Deberían respetar su cargo y seguir sus instrucciones».

Una vez terminado el establo, Chinnaswâmî escribió a Rangaswâmî Gounder, el hombre que había dado dinero para el establo transformado en almacén.

«Hemos terminado un gran establo. Puede venir usted mismo a verlo. Por favor, ¡no se enfade con nosotros!».

Rangaswâmî aceptó la invitación y estuvo encantado de ver el gran establo que habíamos construido. Cumplió con su promesa inicial e hizo una donación de varias vacas al *ashram*. Mientras le hacíamos visitar el establo, hizo el siguiente comentario: «Cuando vi que Chinnaswâmî había gastado mi donativo anterior en un almacén en lugar de un establo, naturalmente me enfadé con él. Pensaba que había malgastado mi dinero. Ahora que se ha construido este nuevo establo, mucho más grande de lo que yo había imaginado, me siento contento y satisfecho. Bien está lo que bien acaba».

Chinnaswâmî también estaba contento. Las donaciones llegaron al *ashram* durante las últimas etapas del trabajo hasta tal punto que, cuando este terminó, quedaba mucho dinero. Aquello alegró mucho a Chinnaswâmî; estaba de un humor mucho más exuberante que de costumbre.

«Cada vez que trabaje para el *ashram* en el futuro, me dijo, haga el trabajo sin tener en cuenta los gastos. Bhagavan proveerá todo lo necesario».

Como en ese momento el *ashram* disponía de dinero líquido, Chinnaswâmî, con permiso de Bhagavan, decidió comenzar varias construcciones más.

Vino a verme y me dijo: «Voy a ir a Burma algunas semanas para comprar madera de teca suficiente como para construir aquí un gran comedor y una cocina. Durante mi ausencia, debería empezar a construir un cuarto de baño para Bhagavan, una oficina y una biblioteca. Confío en usted. Sé, la experiencia me lo ha demostrado, que usted respetará los planes de Bhagavan y que llevará a cabo un buen trabajo».

Pude emprender aquel trabajo casi sin retraso puesto que el marajá de Mysore había realizado un donativo para el cuarto de baño de Bhagavan.

La construcción de todos aquellos edificios se desarrolló sin problema y pude terminarlos sin tener que lamentar el más mínimo incidente desafortunado. Debo decir, a aquellos que han visitado el *ashram*, que el edificio donde se encuentran ahora la oficina y la biblioteca se construyó tras el fallecimiento de Bhagavan. La antigua oficina y la biblioteca, que se utilizaron cuando Bhagavan aún estaba vivo, se encontraban en los edificios que están hoy acoplados a la parte noreste del *samâdhi Hall* de Bhagavan. Ahora sirven como almacén y para enviar las publicaciones del *ashram*. El cuarto de baño de Bhagavan es la pequeña habitación unida al lado norte de la antigua oficina (ver el plano de la última página de este capítulo). Esta tiene una pequeña puerta que mira a la montaña.

Mientras Chinnaswâmî se encontraba en Burma, yo me encargué de pagar los salarios de los trabajadores. Había aprendido a leer por mí mismo con el fin de estudiar las Escrituras, pero no me había molestado en aprender las bases de la aritmética. Por esa razón, era incapaz de llevar las cuentas correctamente: a menudo cometía errores al transcribirlas. Tras algunos días, decidí que aquel trabajo no era de mi competencia.

Fui a decirle a Bhagavan: «Me resulta fácil dar instrucciones a los albañiles y a los trabajadores. Pero me cuesta enormemente llevar las cuentas y pagar correctamente los salarios. No siento que sea capaz de realizar correctamente ese trabajo puesto que comento muchos errores. No nos bañamos en oro y el hecho de cometer errores me perturba mucho».

Bhagavan no respondió nada, pero un devoto llamado Raghavendra Rao, que estaba sentado en el *Hall* en aquel momento, propuso llevar las cuentas por mí. Aquel Raghavendra Rao era un ingeniero jubilado que pasaba la mayor parte de su tiempo libre leyendo y estudiando el *Bhagavad Gîtâ*. Además de llevar las cuentas, también propuso ayudarme a dirigir los trabajos de construcción. Como ingeniero debía saber mucho más que yo en materia de edificios, pero nunca cuestionó ninguno de mis planes. Como sabía que yo solo ejecutaba las instrucciones de Bhagavan, se contentaba con trabajar como mi asistente.

Si Bhagavan confiaba trabajos a los albañiles del *ashram*, siempre esperaba que estuvieran bien hechos. No toleraba negligencia alguna. Si, para él, los residentes del *ashram* no conseguían terminar una tarea de forma satisfactoria, o les pedía que abandonaran la tarea o insistía para que la volvieran a hacer. A veces, en tales circunstancias, Bhagavan intervenía personalmente y hacía él mismo el trabajo.

Aunque imponía normas exigentes para el trabajo que los albañiles del *ashram* realizaban, no solía intervenir en el trabajo que realizaba la gente del exterior. Si alguna vez algún no residente llevaba a cabo mal su tarea, pedía a uno de los residentes que reparara el daño o que rehiciera el trabajo. Durante mis años en el *ashram*, se me confiaron varios trabajos de ese tipo. Una vez, necesitábamos unas tenazas para extraer el carbón vegetal del *kumutti* (brasero) de Bhagavan. Confiamos su fabricación a un forjador. Este hizo un buen par de tenazas, pero la superficie de los mangos de metal era demasiado rugosa y desigual. Bhagavan las aceptó sin quejarse, pero cuando el herrero se marchó, se giró hacia mí y me pidió que terminara el trabajo alisando los mangos con una lija y una lima.

La primera vez que el forjador volvió al *ashram*, Bhagavan le entregó las tenazas recién pulidas y dijo: «Mire bien a ver si este es el instrumento que usted forjó».

El herrero aceptó la indirecta con una sonrisa y nos felicitó por la bonita manera en la que habíamos mejorado su obra.

A veces, algunos pequeños trozos de carbón vegetal del brasero explotaban y saltaban fuera del fuego. En aquella ocasión, Bhagavan, que no perdía nunca una ocasión para ofrecernos una lección espiritual, aprovechó ese fenómeno natural para explicar la relación entre la mente y el Sí.

«Es así como la mente abandona el Sí, como una chispa que salta fuera del fuego. De la misma forma que ese trozo de carbón vegetal se verá desprovisto de calor si permanece apartado del fuego, la mente no posee ni poder ni energía por ella misma mientras se crea separada del Sí».

A continuación, recogiendo el carbón vegetal con el par de tenazas, lo volvió a colocar en el fuego diciendo: «Este es el *jîva* (sí individual). Hay que volver a recolocarlo en Shiva, el Sí».

También tuve que reparar el muro situado alrededor del pozo del *ashram*. Los trabajadores externos que lo habían construido, hicieron un estropicio. Lo habían hecho tan deprisa y con tan poco cuidado que algunas piedras sobresalían de la superficie plana del muro, mientras que otras se hundían demasiado. Ni siquiera se habían molestado en rellenar con cemento los huecos entre las piedras. Cuando Bhagavan vio el muro, me dijo que allanara la superficie y que rellenara todos los huecos. No pude alisar completamente el muro, pero hice todo lo posible colocando piedrecitas y cemento en los grandes huecos, y cemento en los más pequeños y en las fisuras. Cuando los albañiles que habían hecho aquel mal trabajo volvieron al *ashram*, Bhagavan adoptó la misma técnica que había adoptado con el forjador.

Sin pronunciar ninguna crítica directa, les enseñó el muro y dijo: «Miren como Swâmî Annamalai ha mejorado este muro que ustedes habían construido».

Bastantes años más tarde, Bhagavan me pidió que reparara de la misma forma el templo de la Madre. Durante una de sus rondas de inspección, Bhagavan se dio cuenta de que, aquí y allá, había huecos entre las losas alrededor del *garbhagriha* (templo interior). Algunos tenían hasta 2 centímetros de ancho. También me mostró algunos espacios entre ciertas piedras del muro y me pidió que los rellenara. Aquel trabajo, que realicé en los años 1940, fue uno de los primeros trabajos de albañilería que llevé a cabo para el *ashram*.

Al principio, cuando empecé a dirigir los proyectos de construcción del *ashram*, pensaba:

«Este trabajo está llegando a su fin. Cuando se termine, podré regresar al *Hall* y sentarme con Bhagavan».

Bhagavan no me había dicho nunca: «A partir de ahora, usted deberá dedicarse a tiempo completo a estos trabajos de construcción». Por lo tanto, yo había supuesto que, en los momentos en los que no hubiera trabajo, podría regresar al *Hall* y sentarme con él. El propio Bhagavan me quitó aquella idea de la cabeza. Tan pronto como había terminado un trabajo, él encontraba invariablemente alguna cosa que yo pudiera hacer. Durante todos aquellos años en los que trabajé para él, apenas hubo un día donde pude sentarme junto a él en el *Hall*, durante las horas de trabajo.

No sentía demasiado fuerte aquella carencia, porque se me compensaba con numerosos pequeños privilegios. Por la mañana temprano, antes de que comenzara el trabajo de construcción, Swâmî Madhava y yo ayudábamos a Bhagavan con su baño. Antes de que tomara su baño, ambos le masajeábamos la espalda y las piernas con aceite. Entre las ocho y las ocho y media de la tarde, yo estaba autorizado a masajearle los pies con aceite. Mientras le masajeaba los pies, o le hablaba de cuestiones espirituales o conversaba con él acerca de proyectos de construcción. Por la noche, cuando había terminado el masaje, Bhagavan permitía que yo reposara mi cabeza sobre sus pies durante algunos minutos.

Antes de continuar con otras historias, debo ofrecer una breve explicación de la razón por la que prácticamente todos los hombres de Râmanasramam eran llamados «swâmî». Propiamente hablando, el título «swâmî» debería ser utilizado únicamente para aquellos que han sido formalmente iniciados en una de las órdenes tradicionales de *sannyâsa*. Ningún «swâmî» del *ashram* había sido formalmente iniciado. La mayoría de ellos adquirieron el título simplemente porque Bhagavan había comenzado a dirigirse a ellos de esta manera. Él siempre hablaba a la gente de forma muy respetuosa. Cuando quería llamar a uno de los *sâdhus* del *ashram*, a menudo decía su nombre y añadía el sufijo «swâmî» en señal de respeto. Lo hacía tan frecuentemente que los *sâdhus* del *ashram* terminaron incorporando la palabra «swâmî» a sus nombres. Normalmente, cuando alguien se convierte en *sannyâsin*, recibe un nuevo nombre precedido del título «swâmî», como un prefijo. La mayoría de los *sâdhus* del *ashram* conservaron sus nombres y simplemente añadieron la palabra «swâmî» como un sufijo.

Muchos devotos querían que Bhagavan les iniciara y les otorgara el *sannyâsa* formal, pero, por lo que yo sé, él nunca accedió a ninguna de esas peticiones. Algunos devotos obstinados traían el *kâshâyam* (la túnica naranja que visten los *sannyâsins*) al *Hall* y le pedían a Bhagavan que se las pusieran o que simplemente las tocara en señal de bendición; pero Bhagavan ni siquiera les concedía esa limitada consagración.

Sâdhu Natanânanda, el recopilador del *Upadesa Manjari* (publicado en francés con el título de *Instructions Spirituelles* dans *Œuvres Réunies de Râmana Maharshi* [*Instrucciones Espirituales en las Obras Recopiladas de Râmana Maharshi*]) fue uno de los devotos que intentaron que Bhagavan les vistiera con el *kâshâyam*.

Bhagavan rehusó diciendo: «No acostumbro a ponerle el *kâshâyam* a nadie».

Entonces, Natanânanda colocó el *kâshâyam* sobre la silla que se hallaba frente al sofá de Bhagavan y que se utilizaba para las ofrendas de los devotos. Bhagavan rechazó tocar el hábito. Tras algunos minutos, Natanânanda lo tomó de nuevo.

Sâdhu Natanânanda no se quedó allí y se convirtió en *sannyâsin*, pero pronto dejó de gustarle aquel modo de vida. Algunos meses después, regresó al *ashram*, se deshizo de su vestimenta naranja y volvió a llevar vestimenta ordinaria.

Cada noche, yo debía informar a Bhagavan acerca del estado de las construcciones. Le decía lo que se había hecho y lo quedaba por hacer. A veces, Bhagavan me daba instrucciones para el día siguiente. Otras veces, yo le hacía partícipe de mis propios planes y obtenía su aprobación. Así, cada noche me encontraba en la envidiable posición de tener una entrevista privada muy larga con Bhagavan. Algunos devotos que tenían miedo de hablar con Bhagavan porque se sentían intimidados por Su Majestad y por su grandeza, me usaban de intermediario. Como sabían que cada día yo hablaba libremente con él, compartían conmigo sus problemas y me rogaban que le pidiera a Bhagavan una solución para los mismos.

Existía un pequeño privilegio al que yo otorgaba un gran valor. Había dos servicios para el almuerzo y uno para la cena. Bhagavan siempre comía en el primer servicio, mientras que yo comía la mayor parte de las veces en el segundo. Habitualmente, Bhagavan terminaba de comer cuando yo entraba en el comedor. Si, cuando yo llegaba, él aún estaba comiendo, yo me sentaba frente a él y permanecía a la expectativa. Con frecuencia, mi paciencia se veía recompensada. En numerosas ocasiones, Bhagavan empujaba su hoja[1] hacia mí, queriendo decir que podía pedir que me sirvieran la comida. Las sirvientas comprendían el significado de su gesto, colocaban la hoja ante mí y me servían mi comida.

La pequeña cantidad de alimentos que quedaba pegada a la hoja, era considerada como el prasâd del gurú. Por esta razón, a menudo se producía una feroz competición para obtener la hoja de Bhagavan.

Un día enfermé a causa de mi intenso deseo de comer los restos de Bhagavan. Mi acto se inspiraba en una historia relacionada con el gurú Namashivaya, un yogui que vivió en Arunâchala hace varios siglos. Un día, el gurú de dicho yogui vomitó y le pidió que limpiara la suciedad. Este le dijo a su discípulo: «Pon esto donde no podamos pisarlo o donde no pueda tocarnos los pies».

El gurú Namashivaya se comió el vómito, considerándolo como el *prasâd* de su gurú. Aquel se alegró y le felicitó por su devoción.

Recordé aquella historia un día en el que a Bhagavan le dolían mucho los dientes. Para aliviar su dolor, se colocó un trozo de tabaco entre los dientes durante algunos minutos, y después lo escupió. Yo decidí, más bien tontamente, mostrarle mi devoción imitando al gurú Namashivaya. Me convencí de que el tabaco era el *prâsad* de Bhagavan, lo aplasté entre mis dientes y me lo tragué. Apenas lo había tragado cuando sentí violentos dolores de estómago y una fuerte sensación de náuseas. Estuve a punto de vomitar en varias ocasiones, pero conseguí retenerme bebiendo grandes cantidades de agua.

Un gran número de los compuestos químicos del tabaco son altamente tóxicos. Cuando se fuma, varios de esos componentes se queman y se filtran por los pulmones. Si comemos el tabaco, todos los venenos penetran en el cuerpo.

Mientras dirigía el trabajo de construcción, Bhagavan me decía a menudo: «Usted trabaja muy duro bajo el sol. Puede comer todo lo que quiera».

Las sirvientas, conscientes de la atención que Bhagavan me dedicaba,

---

[1]. N. del T.: la hoja sobre la que se le había servido la comida. De hecho, en el sur de la India, se utilizan frecuentemente hojas de platanera a modo de platos.

me servían siempre grandes cantidades de yogur y de mantequilla clarificada para contrarrestar el calor. Yo también contaba con mi propio remedio. Durante el verano, cuando el calor era apenas soportable, descubrí que mezclar una cebolla cruda picada con mi comida me ayudaba a mantener el cuerpo fresco. Un verano, comí tal cantidad de cebolla cruda que varias personas comenzaron a llamarme «Swâmî Cebolla».

Al principio, antes de que la gente empezara a llegar en masa al *ashram*, a menudo resultaba posible hablar con Bhagavan mientras comía en el comedor. Una mañana, yo me encontraba sentado cerca de Bhagavan mientras este comía sus *iddlies*.

Un idli es un pequeño pastelito cocinado al vapor, hecho de pasta de arroz y garbanzo fermentados. Los iddlies *son los alimentos más frecuentes en los desayunos en el ashram.*

Yo le hacía preguntas espirituales, pero antes de que pudiera terminar su respuesta, Chinnaswâmî nos interrumpió diciendo: «¿Por qué hace usted preguntas a Bhagavan mientras él esta comiendo? Haga sus preguntas en un momento más adecuado».

Antes de continuar con su respuesta, Bhagavan se giró hacia Chinnaswâmî y dijo: «El *jnâna* es mucho más importante que comer *iddlies*. Este momento no volverá a producirse nunca. Si dejamos de hablar ahora, puede ser que nunca más se nos presente tal oportunidad».

Había tantas personas que querían comer sobre la hoja de Bhagavan, que acabamos estableciendo un sistema de turnos. En la época en la que aún utilizábamos el antiguo comedor, no existía un sistema formal. Como yo entraba deliberadamente en el comedor y me sentaba cerca de Bhagavan mientras él estaba casi terminando su comida, era raro que no me encontrara con la hoja frente a mí. A veces, algún que otro devoto me trasladaba sus quejas a causa de mi casi-monopolio.

«Usted toma la hoja de Bhagavan casi cada día. Acumula una gran cantidad de *punya*. Usted cuenta con muchas oportunidades de recibir la hoja de Bhagavan. Se lo ruego, déjeme comer sobre esta hoja, aunque sea una sola vez».

Si alguien se quejaba de esa manera, yo le ofrecía la hoja. Una vez que se terminó el nuevo comedor, casi nunca conseguí obtenerla. Los últimos años, Bhagavan cesó de ofrecerla. Cuando constató que la gente le perseguía al final de cada comida únicamente para conseguir su hoja, puso fin a esa práctica anunciando que, a partir de aquel momento, nadie estaría autorizado a utilizarla después de él.

Existían otras formas posibles de *prâsad* en el comedor. Al final de cada comida, Bhagavan se lavaba las manos en un pequeño recipiente que conservaba cerca de su hoja. Yo me bebía esa agua casi cada día. Además, también bebía el agua que se había servido a Bhagavan. Las sirvientas siempre colocaban una taza de agua caliente cerca del plato de Bhagavan. Habitualmente, él bebía la mitad y dejaba la otra en el vaso. Cada vez que lo hacía, yo me bebía el agua que sobraba. Los últimos años, cuando vivía en Palakottu y cocinaba mi propia comida, de vez en cuando tuve la ocasión de beber aquella agua. Como Patti Mudaliar[1], una de las mujeres que servía a diario la comida a Bhagavan, sabía cuánto valoraba yo dicha agua, la tomaba del comedor y me la traía.

Bhagavan me hacía trabajar muy duro, pero a la vez, siempre era muy amable y se prodigaba en atenciones hacia mí. Un incidente que se produjo en el comedor ilustra esto muy bien. Había pasado toda la mañana dirigiendo a los albañiles para que colocaran escalones cerca del dispensario. Si yo no hubiera estado presente, es muy probable que hubieran descuidado levantar el suficiente terraplén sobre las piedras o no hubieran colocado estas últimas en el lugar correcto. El trabajo duró tanto tiempo que yo me retrasé mucho en ir a cenar. Cuando llegué al comedor, constaté que la comida servida en mi plato se había enfriado y estaba llena de avispas. Una de las sirvientas me reprochó el retraso.

«Puede que usted trabaje, dijo, pero nosotras también lo hacemos. No debería llegar tan tarde, tendría que ser puntual».

Bhagavan, que se encontraba allí en aquel momento lavándose los dientes, escuchó lo que esta me decía.

Él declaró en voz alta: «Swâmî Annamalai no está de brazos cruzados. Si hubiera llegado antes, el trabajo que está dirigiendo no se hubiera realizado correctamente. Si usted necesita descansar, puede hacerlo. Yo mismo vendré a servir a Swâmî Annamalai».

Aquella intervención conmocionó tanto a aquellas mujeres que se llevaron mi plato y me sirvieron otro bien caliente.

---

1. *Mudaliar*: en este contexto, el término se refiere a un apellido propio de la zona de Tamil Nadu y Sri Lanka. En el resto de capítulos de este libro, dicho término hace referencia al responsable de un área determinada de trabajo y, más concretamente, al título utilizado por personas pertenecientes a varias castas tamiles. Alguien que pertenecía al primer rango de la sociedad feudal como por ejemplo un oficial burocrático de alto nivel o un comandante del ejército, recibía el título de *mudaliar*.

Recuerdo otros dos incidentes que ilustran el tipo de atención que Bhagavan me dedicaba. El primero tuvo lugar después de que yo me hiciera daño cuando una gran piedra de granito cayó sobre uno de mis dedos del pie. Me dolía mucho.; no podía caminar. Entonces, decidí pasar el resto del día en mi habitación. Varias personas del *ashram* sabían que me había hecho daño, pero nadie pensó en traerme comida o alguna cosa para curarme. Bhagavan se dio cuenta de mi ausencia durante el almuerzo y preguntó por mí. Cuando descubrió que me habían dejado languidecer en mi habitación sin comida ni cuidado alguno, se enfureció contra todos los allí presentes.

«Ustedes obtienen mucho del trabajo de este hombre, dijo Bhagavan. Todos ustedes dicen lo maravilloso que será cuando todos estos nuevos edificios estén terminados. Pero ahora que está enfermo, nadie se preocupa de cuidarle». Aparentemente Bhagavan continuó hablando así durante un buen rato. Por eso, después del desayuno, me sorprendió una delegación de devotos que venía a verme; traían un aire algo avergonzado, me ofrecieron comida y medicamentos, se disculparon por su negligencia y me explicaron cómo había reaccionado Bhagavan.

El segundo incidente se produjo poco después de la celebración de un *jayanti*.

«Jayanti» significa «victoria». A lo largo de este libro, la palabra jayanti designa el día en que se celebra el aniversario del nacimiento de Bhagavan.

Se había regalado una gran cantidad de verduras al *ashram*. Estaba claro que, a menos que encontrásemos una forma de conservarlas, la mayoría de ellas se pudrirían antes de que las pudiéramos consumir. Bhagavan decidió que lo mejor que se podía hacer era cortarlas y secarlas al sol: así podríamos conservarlas durante varias semanas. Teníamos un gran trabajo que hacer. Para ello, Bhagavan le pidió a Chinnaswâmî que llamara a todos los devotos para que ayudaran a cortar las verduras. Yo abandoné mi trabajo de construcción y me uní a los demás.

Cuando Bhagavan vio que yo me presentaba allí para aquella tarea, dijo: «Esta norma no va dirigida a usted, únicamente a los demás. Usted ya trabaja todo el día sin descanso alguno».

Bhagavan no siempre me instaba a descansar cuando estaba enfermo o herido. Un día, me dolía mucho un pie; sentía lo mismo que si alguien me pegara repetidamente con una punta de hierro. Nada visible provocaba aquel dolor, por lo que no había nada que yo pudiera hacer para remediarlo. Aquel día, Bhagavan me encomendó varias tareas. Renqueante, yo recorrí el *ashram* e hice todas las que pude, pero, por falta de tiempo, omití una de ellas. Cuando hube terminado todo el trabajo excepto aquella tarea, fui a ver a Bhagavan y le dije que me dolía mucho un pie. Bhagavan no tuvo en cuenta mi comentario y me preguntó si había terminado la tarea que había omitido. Le dije que, como me dolía el pie, no había podido hacerlo. Bhagavan me dijo: «Vaya a hacer este último trabajo y el dolor se marchará. Desaparecerá mientras usted esté realizándolo».

Como siempre, la predicción de Bhagavan resultó ser cierta.

Yo no puedo decir que siempre apreciaba trabajar tan duro. Me hubiera gustado disfrutar de un día libre de vez en cuando. Un día, intenté darme un breve respiro, pero las consecuencias fueron tan desastrosas que no lo volví a intentar nunca más. Aquello ocurrió cuando yo me sentía muy fatigado tras un largo periodo de trabajo sin descanso. Fui a pedirle a Bhagavan si podía concederme una tregua en mis funciones para hacer *giri pradakshina* (caminar alrededor de la montaña). Le comenté que sentía el deseo de hacerlo desde hacía bastante tiempo. Como Bhagavan sabía que yo tenía mucho trabajo en curso, comenzó rechazando darme su permiso. De hecho, no dijo «no», sino que se contentó con permanecer en silencio. Yo tendría que haber aceptado su silencio como una respuesta pero, con bastante estupidez, persistí en mi petición.

Finalmente, Bhagavan me dio una respuesta positiva: «Usted dice con frecuencia que quiere tiempo libre para poder meditar. Haga *giri pradakshina* y medite mientras camina».

Di la vuelta a la colina, pero mi mental estaba demasiado agitado como para meditar. Me sentía culpable de haber abandonado mi trabajo a pesar de la reticencia con la que Bhagavan me había autorizado a hacerlo. Mis sentimientos de culpabilidad se intensificaron enormemente cuando regresé al *ashram*. Fui recibido por un grupo de varios devotos y todos querían saber a dónde había ido. Me dijeron que en el momento en el que yo salí del *ashram*, Bhagavan había abandonado su sofá y había comenzado a dirigir el trabajo que yo había decidido descuidar. Permaneció en el exterior, a pleno sol, dirigiendo el trabajo durante todas las horas que yo me había ausentado. Nadie había conseguido hacerle regresar al *Hall*. Los devotos que habían venido a por su *darshan* se habían visto obligados a hacer sus *namaskâram* en el barro y la cal que rodeaban sus pies. Chinnaswâmî y el resto de devotos estaban enfadados conmigo, y no sin razón: me reprochaban haberle causado aquella molestia a Bhagavan. Este no dijo nada, pero yo comprendí fácilmente su silenciosa lección: finalizar el trabajo que asigna Bhagavan es más importante que reservar un tiempo para la meditación o para el *giri pradakshina*.

Bhagavan era más condescendiente cuando no había ninguna obra que dirigir en el *ashram*. Durante uno de aquellos periodos de calma, decidí ir a pasear a la cima de la montaña. Pedí y obtuve el permiso de Bhagavan para hacerlo y también le pedí que me indicara el camino más rápido para llegar a la cima. Bhagavan me llevó a la parte trasera del *ashram* y me mostró el espolón ondulante que se extiende casi desde la cima hasta el *ashram*.

«En aquel espolón, existen tres picos», dijo señalándomelo. «Los verá conforme vaya subiendo. No pierda de vista esos picos y camine siempre en su dirección. Cuando haya alcanzado la cima del tercer pico, constatará que no puede continuar recto hacia la cima. Camine un poco por uno de los lados y, a continuación, escale directamente hasta la cumbre principal».

Râmaswâmiî Pillai escuchaba aquellas instrucciones. Cuando Bhagavan terminó de hablar, este comentó: «Los cuatro picos son como los picos del *karma, yoga bkakti* y *jnâna*. Hay que superarlos uno después del otro».

Seguí las indicaciones de Bhagavan y alcancé muy fácilmente la cima. Como temía un poco tener hambre durante la ascensión y perder toda mi energía, tomé una bolsa que contenía *iddilies*, cacahuetes, lentejas, plátanos, coco y agua. Comí un pequeño tentempié a intervalos regulares y no sentí ni hambre ni falta de energía.

A mi regreso, anuncié con orgullo a Bhagavan: «En ningún momento del día me vi afectado por el hambre».

Bhagavan se echó a reír y se burló de mí diciendo: «¿Cómo hubiera usted podido tener hambre? Ha estado comiendo todo el día». El mismo Bhagavan cesó de ir a la cima a mediados de los años 1920. Le encantaba pasear por la montaña, pero sabía que, si comenzaba a subir a la cima, todas las personas del *ashram* intentarían seguirle.

En 1938, un devoto de Salem llamado Rajagopala Iyer preguntó a Bhagavan acerca de los diferentes caminos que conducían a la cima de la montaña.

Bhagavan describió las mejores rutas y después, comentó: «Si se asciende lentamente, nadie encontrará dificultades».

Subramaniam Iyer, que escuchó a Bhagavan decir aquello, intentó reclutar a Bhagavan en el grupo con el cual se disponía a escalar la montaña diciendo: «Si Bhagavan nos acompaña, ninguno de nosotros tendrá problemas».

Bhagavan respondió bromeando: «Si yo voy, todas las personas del *ashram* querrán unirse a nosotros. ¡Incluso los edificios nos acompañarán!».

Una señora que escuchaba nuestra conversación le preguntó a Bhagavan: «¿Bhagavan aún puede realizar el ascenso de esta montaña?».

Bhagavan se echó a reír y respondió: «¡Todavía puedo ascender esta y cualquier otra montaña!».

Arunâchala se eleva a unos 900 metros. En el momento de aquel incidente, Bhagavan tenía alrededor de cincuenta y ocho años. Durante su juventud, solía ir y volver de Skandashram, situado a una altura de unos 200 metros, hasta la cima en poco más de una hora. Normalmente a un adulto sano le hace falta al menos el doble de tiempo para cubrir la misma distancia. Las facultades de escalada de Bhagavan son tanto más notables si se considera que nunca llevaba zapatos ni sandalias.

Al principio, cuando Bhagavan vivía en la cueva de Virupaksha, subía frecuentemente solo a la cumbre, permanecía allí un momento y, a continuación, regresaba a la gruta. Él me contó que un día que había subido solo a la cima, un devoto llamado Swâmî Coutrallam le había seguido en secreto. Diez minutos después de que Bhagavan hubiera alcanzado la cima, Swâmî Coutrallam hizo su aparición con una vasija que contenía agua. Había seguido a Bhagavan hasta la cima, llevándola a la espalda, de forma que Bhagavan no padeciera sed tras su larga ascensión.

Swâmî Coutrallam, quien también era conocido por los nombres de Shivaya o Swâmî Mauni, finalmente abandonó a Bhagavan y se convirtió en un reputado personaje espiritual.

Se convirtió en el responsable de varios *maths*, tuvo muchos discípulos e incluso poseía un gran coche, algo muy raro en aquella época.

Algunas personas le consideraban como un hombre arrogante, pero un día, Bhagavan me habló de él en términos elogiosos: «Es un buen devoto, pero no muestra su devoción al exterior. Su devoción es interior. La esconde tan bien que la mayoría de las personas piensan que no es un buen devoto. Me gusta mucho ese tipo de devoción».

Con un poco de arroz y de atención...

Cuando Bhagavan se despertaba normalmente entre las tres y las cuatro de la madrugada, iba a la cocina a cortar las verduras que se cocinarían durante la mañana. Las otras personas que trabajaban en la cocina, dormían un rato más y se le unían un poco más tarde. Habitualmente, antes de ponerse en marcha, Bhagavan cortaba un trozo de jengibre en pequeños trozos, añadía un poco de sal y se lo comía todo. Era su remedio casero para sus problemas digestivos crónicos.

Aparentemente, Bhagavan era un jefe de cocina muy democrático: siempre comenzaba la jornada preguntando qué querían preparar como almuerzo a todos lo que trabajaban en la cocina. Se invitaba a cada uno a que compartiera sus ideas y proyectos y se discutían las diferentes posibilidades hasta que se llegaba a una especie de consenso. Entonces, se cortaban las verduras según la decisión tomada pero, con frecuencia, cuando empezaban a cocinar, Bhagavan cambiaba la receta sin consultarlo con nadie.

Al final de la mañana, cuando se estaba terminando de cocinar, Bhagavan decía muy inocentemente: «Habíamos planeado cocinar de cierta forma, pero me parece que ahora lo estamos haciendo de otra».

Aquellos que trabajábamos con él, teníamos la impresión de que la única razón de ser de aquellas discusiones matinales era animarnos a que nos interesáramos por el trabajo. Aquellos cambios a media mañana nunca eran fuente de descontento. Todos aceptábamos la autoridad absoluta de Bhagavan y siempre estábamos contentos de adaptarnos a los cambios y sugerencias que él aportaba.

Como Bhagavan llegaba habitualmente el primero a la cocina, le correspondía encender el fuego. Un tal Ranga Rao, que también era madrugador, intentaba a veces liberar a Bhagavan de esa tarea, pero raramente lo conseguía. Otros intentaban liberarle del trabajo de majado con algo menos de éxito. Cuando finalizaba de cortar las verduras, Bhagavan se enrollaba una tela alrededor de la cabeza y majaba el *chutney* en uno de los morteros de piedra. Ponía toda su fuerza y su energía en aquel trabajo, solo cedía su puesto si un devoto fuerte y experimentado proponía reemplazarle. Una vez que había terminado el chutney, se lavaba las manos y atendía el *pârâyana* (salmodia de obras escriturales) matinal.

Bhagavan seguía en contacto con el trabajo de cocina mientras permanecía sentado en el *Hall*. Sampurnammal, u otro de los cocineros, traía un poco de *sambar* o de verduras tan pronto como estaban preparados. Tras probarlos, Bhagavan daba su aprobación o nuevas indicaciones como: «Añadan sal». Si los cocineros olvidaban ir a verle, Bhagavan abandonaba el *Hall* a media mañana, se dirigía a la cocina y comprobaba por sí mismo si se había preparado la comida correctamente o no.

Normalmente, todo el mundo estaba contento siguiendo sus instrucciones, pero algunas veces tuvo que ejercer su autoridad. Recuerdo particularmente la vez en la que enseñó a los cocineros cómo hacer correctamente el *aviyal*. El *aviyal* es un plato especiado que contiene varias verduras diferentes, coco y yogur. Bhagavan había pedido con insistencia y en varias ocasiones que los pimientos y el resto de especias fueran majados hasta hacer una pasta antes de ser añadidos a las verduras que se estaban cociendo a fuego lento. Como se trataba de un trabajo cansado que requería mucho tiempo, un día, los cocineros decidieron añadir especias en polvo en lugar de la pasta machacada a mano. Bhagavan se dio cuenta: la primera vez que volvieron a preparar el *aviyal*, vino a la cocina y majó él mismo las especias. Casualmente, entré en la cocina mientras él lo estaba haciendo.

Al constatar que era el único que trabajaba y que todas las mujeres le rodeaban y miraban cómo lo hacía, dije: «Son muchas trabajando en la cocina. ¿Por qué solo Bhagavan hace el trabajo?».

Bhagavan explicó lo que pasaba: «Yo les dije que hicieran una pasta con los pimientos, pero ellas no han seguido mis indicaciones. Por esa razón, para asegurarme de que se realice el trabajo correctamente, lo hago yo mismo. Para mí, no es una tarea difícil. Es un buen ejercicio para las manos y los brazos».

Me giré hacia las mujeres y les regañé un poco: «Hay tanta gente aquí y dejan que Bhagavan haga el trabajo arduo. ¿Por qué están sin hacer nada?».

Bhagavan no hizo comentario alguno; simplemente continuó machacando los pimientos. Las mujeres creyeron comprender que este estaba dispuesto a dejar su puesto para que otro continuara con el trabajo. Todas empezaron a decir: «Déjeme hacerlo», «Yo lo hago», «Déjeme tomar el relevo».

Bhagavan se echó a reír y dijo: «Solo ahora me lo piden. ¿Por qué no lo hicieron antes?». Terminó el trabajo y no dejó que nadie hiciera la tarea. A continuación, tras haber añadido la pasta al *aviyal* y haber removido con una cuchara, limpió él mismo la maza y el mortero. Aquella fue una gran lección para todos: nunca más se añadieron especias en polvo al *aviyal*.

Recuerdo otra ocasión en la que Bhagavan nos dio una lección haciendo él mismo un trabajo. Cerca de la cocina había una habitación que raramente se limpiaba. Estaba sucia y llena de polvo. El suelo casi siempre estaba cubierto de hojas viejas de platanera y de trozos de verduras cortadas. Mucha gente pasaba por esa habitación, pero nadie se tomó la molestia de limpiarla. Un buen día, el propio Bhagavan tomó una escoba y limpió todo el cuarto. Mientras Bhagavan hacía el trabajo, varios devotos intentaron frenarle diciendo: «Por favor, Bhagavan, déjeme hacer ese trabajo. Yo voy a limpiar la habitación». Bhagavan rehusó entregar la escoba.

Dio la misma respuesta a todos los voluntarios: «Hasta ahora ustedes no le han prestado atención. ¿No han visto la suciedad antes?».

Bhagavan recogió los desechos con un gran trozo de papel, los llevó fuera y los tiró. Tras aquel día, se limpió regularmente la habitación.

Al relatar cómo se había implicado Bhagavan en las actividades de construcción del *ashram*, he mencionado que, a veces, él iniciaba construcciones para las que no contábamos con dinero disponible para realizarlas. Una vez, yo le había visto adoptar una estrategia similar en la cocina. Una mañana, cuando no había prácticamente comida en el *ashram*, lo vi tomar la poca comida de la que disponíamos y comenzar a preparar la comida. Contaba con la fe suficiente como para empezar a cocinar esperando que Dios enviara más comida antes de que terminara su preparación. Eran alrededor de las cinco y media de la madrugada cuando Bhagavan se puso a limpiar un puñado de arroz triturado. Lo lavó en un bote, quitó todas las piedras y después empezó a cocinarlo sobre un *kumutti* (brasero de carbón vegetal). Aquellas actividades me dejaban bastante perplejo. «Ese arroz, me dije, no es suficiente ni para mí. ¿Qué van a comer todas esas personas?».

Cuando el arroz comenzaba a hervir, un devoto apareció con dos litros de leche. Una vez el arroz estaba cocido, Bhagavan colocó un recipiente más grande sobre el *kumutti* y coció el arroz junto con la leche. Algunos minutos más tarde, otro devoto llegó con una ofrenda de pasas y de azúcar cande. Bhagavan lavó las ofrendas y las colocó en la marmita. Hacia las seis y media, cuando la cocción estaba terminando, un grupo de devotos llegó desde Kumbakonam. Había traído con ellos un gran recipiente que contenía *iddlies, vadai, chutney,* una variedad especial de plátanos de montaña y tazas hechas con hojas de platanera. Aquellas tazas de hojas de platanera (*tonnai*) eran exactamente lo que necesitábamos para servir el *payassam* casero de Bhagavan.

El payassam *son unas gachas azucaradas y glutinosas, están compuestas de cereales, leche, azúcar y, en ocasiones, fruta.*

Hacia las siete de la mañana, tras el baño de Bhagavan, todos tomamos asiento para disfrutar de un copioso desayuno.

Varias personas han escrito a propósito de la repugnancia de Bhagavan a malgastar cualquier cosa útil. Aquella costumbre solía manifestarse a menudo en la cocina. Una vez, mientras se preparaba el almuerzo, cayeron algunos granos de mostaza al suelo. Las cocineras no prestaron atención alguna, pero Bhagavan los recogió uno a uno con sus uñas y las colocó en un bote pequeño.

Sama Iyer, uno de los brahmanes que trabajaba en la cocina, dijo: «Bhagavan recoge esos granos de mostaza y los guarda aparte. Bhagavan también es muy cuidadoso en materia de dinero. ¿Para quién guarda todo eso?».

«Dios ha creado todas estas cosas, respondió Bhagavan. no debemos malgastarlas, incluso las más pequeñas. Si pueden servirle a alguien, está bien conservarlas». Bhagavan fingía a menudo no darse cuenta de nuestras múltiples faltas, pero si veía a algún devoto en actitud despilfarradora, era raro que permaneciera impasible. En junio de 1939, cuando Bhagavan regresaba de uno de sus paseos por la montaña, le vi acercarse al hijo de Sundaresa Iyer y sermonearlo severamente. «Su padre me ha dicho que usted compra muchas cosas inútiles, dijo Bhagavan. No gaste su salario de forma desconsiderada. Debe ser ahorrador. El fuego, las deudas, los objetos de los sentidos y el veneno: una ínfima cantidad de

El antiguo comedor. El edificio inicial de paja, cuya foto se encuentra en el primer cuaderno, ha sido reemplazado por una construcción de ladrillos y tejas. Es allí donde todo el mundo comía en 1938.

Patti Mudaliar, en un patio del templo de Arunâchaleswara.

Natesa Iyer

Echammal

Santammal, jefa de cocina durante la mayor parte de los años 1930 y 1940.

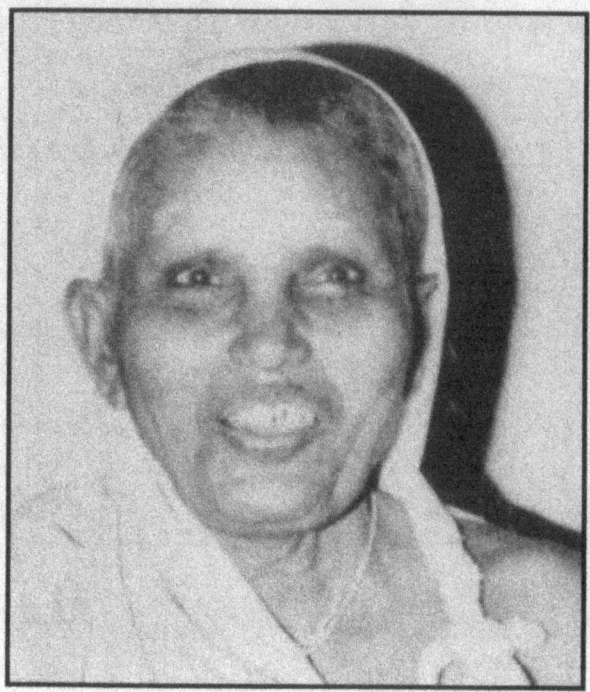

Sampurnammal

En esta foto, así como en todas las fotografías de grupo, se ha identificado únicamente a las personas mencionadas en el texto.
Última fila, de derecha a izquierda: 3º Tenamma, 4º Subbalakshmi Amma, 5º Santammal.
Fila del medio (de dcha. a izda.): 2º Subramaniam, 3º Swâmî Kunju, 4º Râmaswâmî Pillai, 6º brahmachari Râmanatha, 7º Swâmî Annamalai; 9º Samma Dada.
Sentados (de dcha. a izda.): 1º Swâmî Madhava, 2º T.K. Sundaresa Iyer, 3º Chinnaswâmî, 4º Bhagavan, 5º T.P. Râmachandra.

uno o de otro es suficiente para destruirle».

Bhagavan me reprendió una vez de la misma forma mientras dirigía la construcción del nuevo comedor. Me dio un clavo de cuatro centímetros oxidado y torcido y me pidió que lo limpiara, que lo enderezara y que lo utilizara para el comedor.

«Pero Bhagavan, protesté, acabamos de recibir varios kilos de flamantes clavos nuevos. No necesitamos utilizar clavos viejos como este».

Bhagavan no estuvo de acuerdo. Tras decirme que todo lo que es útil debería utilizarse, repitió sus instrucciones: el clavo debía ser reparado.

La insistencia de Bhagavan sobre la economía y su aversión al despilfarro le llevaron a fabricar varias herramientas y utensilios a partir de materiales allí disponibles. Una vez, cuando vivía en Skandashram, tomó una gran piedra de granito de unos dos metros cuadrados y pasó varios días alisando la superficie frotando arena y agua por encima. Al final, la superficie de dicha piedra se había tornado tan lisa que uno podía verse reflejado en ella. Se utilizó aquella piedra para enfriar el arroz tras la cocción. A final de los años 1930, cuatro o cinco devotos subieron a Skandashram a buscar la piedra porque sabían que Bhagavan la había moldeado. La transportaron hasta el pie de la montaña y la instalaron en la nueva cocina. Como Bhagavan, varios devotos pulieron nuevas piedras, unos diez metros cuadrados, y las utilizaron con el mismo fin.

Bhagavan estaba dispuesto a pasar varias horas al día asegurándose de que se preparara correctamente la comida del *ashram*, pero no le gustaban las comidas elaboradas compuestas de varios platos. De hecho, se contentaba con arroz, *sambar* y un plato de verduras. Un día, una señora de Kerala, acostumbrada a preparar varios platos diferentes en cada comida, vino para obtener el *darshan* y pidió insistentemente poder cocinar para todo el mundo. Con un gran gasto de tiempo y de energía, consiguió preparar y servir treinta y dos platos diferentes. Bhagavan le autorizó a servirlos por separado en su hoja de platanera, pero cuando finalizó el servicio, lo mezcló todo en una masa homogénea.

A modo de explicación, le dijo: «Usted ha gastado mucha energía preparando toda esta comida. El simple hecho de reunir todos los ingredientes ha debido tomarle mucho tiempo. Una sola verdura basta, ya que es suficiente para limpiar el estómago y para preservarnos del estreñimiento. ¿Todo esto para qué? Además, existe otro problema: si usted prepara treinta y dos platos, la mente siempre está pensando: "¿Comeré esto o aquello?" Así, la mente está distraída mientras comemos. Si solo hay un plato, no hay problemas. Podemos comer de manera muy simple. Asimismo, una comida como esta da mal ejemplo a la gente que no tiene qué comer. Los pobres van a ver que nosotros servimos comidas suntuosas y van a pensar: "Nosotros tenemos mucha hambre, pero esta gente que deberían ser simples *sâdhus* comen todos esos platos diferentes". Ese tipo de pensamientos va a suscitar celos inútilmente».

Más tarde añadió: «Si Bhagavan comiera un plato antes que el resto, la sirvienta pensaría: "¡Oh! A Bhagavan le gusta mucho esto". A continuación, vendría a servirme otra porción en mi plato. Por eso lo mezclo todo en una sola masa».

Durante sus primeros años en la colina, devotas como Patti Mudaliar y Echammal proveían la mayor parte de la comida de Bhagavan. Ellas preparaban la comida en su casa, y después la traían, ya sea a la cueva de Virupaksha o a Skandashram. Cuando el *ashram* empezó a preparar su propia comida, las dos mujeres continuaron trayéndola cada día. Patti Mudaliar traía la suficiente comida para unas cuatro personas; Echammal para dos. Ambas aportaban sus ofrendas en el almuerzo y las servían personalmente a Bhagavan y a sus devotos. Cuando las dos mujeres envejecieron y las instalaciones de la cocina del *ashram* se construyeron, Bhagavan intentó disuadirlas de traer comida, pero ni una ni otra estaban dispuestas a abandonar el privilegio, obtenido con gran esfuerzo, de servir personalmente a Bhagavan cada día.

Bhagavan pidió en varias ocasiones a Echammal que no trajera comida, pero nunca se mostró dispuesto a prohibírselo formalmente. Un día, por razones de salud de Bhagavan, Chinnaswâmî le prohibió a Echammal que le trajera comida. Aquel día, cuando sonó la campanilla que anunciaba el almuerzo, Bhagavan rechazó entrar en el comedor. Jamás dio una explicación, pero los devotos pronto adivinaron que estaba protestando contra la prohibición que se le había hecho a Echammal. Echammal ya había regresado a la ciudad cuando una delegación de devotos se apresuró para ir a buscarla. Al principio, como aún estaba enfadada con la dirección del ashram, no estaba dispuesta a regresar, pero cuando se le comentó que Bhagavan probablemente ayunaría a menos que ella volviera en persona, esta aceptó volver para sacarnos del atolladero. Cuando ella le pidió a Bhagavan que se dirigiera al comedor para cenar, este se levantó y fue a tomar su cena. Durante la hora precedente, nadie había conseguido convencerle de que abandonara el antiguo Hall. Tras aquel incidente, nunca más se cuestionaron los derechos de Echammal a servirle.

Cada vez que Bhagavan veía llegar a Patti Mudaliar, su rostro se iluminaba con una sonrisa. A menudo, una vez que ella le había servido, él le pedía más comida. Hasta la volvía a llamar cuando esta había terminado de servirle y se servía él mismo una parte de la comida que quedaba en su canasta. Era algo muy inusual. Bhagavan reprochaba a menudo a los sirvientes que ponían demasiada comida en su plato y, salvo cuando Patti Mudaliar se encontraba presente, rara vez pedía una segunda porción. Todos teníamos la sensación de que eran el amor y la devoción de Patti Mudaliar los que obtenían aquella amable respuesta de Bhagavan.

Como yo no era brahmán, no estaba autorizado a cocinar. De las pocas veces en las que ayudé en cocina, mi participación se limitaba a cortar verduras. Sin embargo, en una ocasión Bhagavan no respetó las reglas y me incluyó en la preparación de una comida. Era una mañana, al día siguiente de la celebración de un *jayanti*. Todos los cocineros dormían, totalmente agotados tras haber alimentado a miles de personas la noche anterior. Evidentemente, no iban a levantarse a tiempo para preparar el desayuno. Bhagavan llevó a Swâmî Madhava, a Râmakrishnaswâmî y a mí a la cocina para preparar una *uppuma*. Bajo su dirección, cortamos las verduras y los cocos e hicimos un gran plato de *rava uppuma*.

La uppuma son unas gachas espesas, hechas de trigo, que contienen algunas verduras fritas y especias. El rava, su principal ingrediente, se obtiene machacando granos de trigo en pequeñas partículas.

Cuando la *uppuma* estuvo lista, Bhagavan me dio a probar un poco. Al principio decliné la oferta porque como Bhagavan me había llevado directamente de mi habitación a la cocina, aquella mañana no había tenido tiempo de lavarme los dientes.

Bhagavan no quiso saber nada del estado de mi boca. «Tómeselo, dijo. Podemos lavarnos los dientes después».

Un poco más tarde, añadió: «No le diga a los demás que nosotros hemos cocinado este plato. Los brahmanes no comerían si se enteraran que ustedes han preparado su comida».

Este es un buen ejemplo de la actitud de Bhagavan hacia la ortodoxia brahmán. Hacía muchos esfuerzos para evitar herir los sentimientos de los brahmanes ortodoxos, sobre todo autorizándoles únicamente a ellos a cocinar la comida el *ashram*, pero no era estricto hasta el punto de no saltarse las normas de vez en cuando, si era por una buena razón. Su actitud estaba dictada más por el deseo de evitar las quejas y las disensiones que por el deseo de respetar al dedillo el *dharma* de las castas.

Otro incidente, no relacionado con la cocina, muestra también hasta qué punto tenía cuidado con no herir los sentimientos de los brahmanes del *ashram*. Mientras paseaba con Bhagavan por la zona del establo, nos dimos cuenta de que algunas mujeres limpiaban arroz cerca de una de las habitaciones para los huéspedes. Una de ellas acababa de escupir jugo de betel en el camino por el que nosotros paseábamos. Con ayuda de su pie descalzo, Bhagavan recubrió el jugo y lo enterró bajo un pequeño montículo de tierra.

Como no quería que los pies de Bhagavan entraran en contacto con la saliva, intenté detenerle diciendo: «¿Por qué Bhagavan hace eso? Yo lo haré».

Bhagavan rechazó mi oferta. «¿Cuál es la diferencia entre "usted" y "yo"?», preguntó. Varios brahmanes toman este camino para llegar al *pâthasâlâ*. Si se encontraran con esto en el camino, se enfadarían. Yo no hago más que enterrarlo para evitar ofenderles».

Ya he mencionado el hecho de que, como los trabajadores del *ashram* tenían miedo de hablar directamente con Bhagavan, me utilizaban algunas veces como intermediario. Santammal, jefe de cocina en aquella época, me pidió una vez que transmitiera un mensaje a Bhagavan.

Hasta finales de los años 1920, Chinnaswâmî era el jefe de cocina del ashram. Una vez que tomó el mando del ashram, un grupo de viudas brahmanes se encargó de la mayoría de la cocina: Santammal, Sampumammal, Tenamma Patti, Lokammal y Subbalakshmi Ammal.

Largas horas de trabajo en la cocina le había debilitado mucho.

«Usted siempre habla con Bhagavan, dijo ella. Por favor, dígale que me duele mucho el cuerpo a causa de todo el trabajo que hago. Por favor, pregúntele qué debo hacer».

Cuando le transmití el mensaje a Bhagavan, no se mostró demasiado compasivo.

«Ella trabaja en interés de su ego. Ella siente que "hago todo este trabajo. Soy la responsable de toda la cocina". Intenta demostrar a los demás que es ella quien hace todo el trabajo y así busca conseguir buena fama. Se queja para atraer la atención de la gente hacia el hecho de que trabaja duro. Dígale que trabaje menos. Dígale que se contente con dirigir a las otras señoras. Hay bastante gente en cocina para hacer todo el trabajo duro. No es necesario que se exhiba de esa forma. Si sigue mis instrucciones, los dolores desaparecerán».

Más tarde, antes de que yo tuviera tiempo de transmitir el mensaje, Bhagavan fue él mismo a la cocina y le dijo: «A partir de ahora, conténtese con dirigir al resto de mujeres. Deje que ellas hagan el trabajo duro».

Había un hombre que se llamaba Natesa Iyer, que trabajaba también en la cocina en aquella época. Era un hombre muy humilde, casi sin voluntad propia. Las cocineras se aprovechaban de ello y le hacían trabajar muy duro. Cualquiera que fuera el trabajo que le encomendaran, este lo realizaba de buena gana, sin quejarse, aunque frecuentemente se cansara mucho. Cuando las mujeres descubrieron que nunca se quejaba y hasta qué punto era flexible, descargaron sobre él el trabajo pesado.

Tras un tiempo, cuando su salud comenzó a resentirse, vino a verme y dijo: «Las mujeres me hacen trabajar mucho. Se lo ruego, hable con Bhagavan. Dígale que me duele mucho el cuerpo de hacer todo ese trabajo. Como usted habla a menudo con él, puede comentarle algo al respecto».

En aquella ocasión, Bhagavan no dio respuesta alguna. No sé por qué no intervino abiertamente en aquel asunto aligerando la carga de Natesa Iyer o hablando con él, pero algo que le caracterizaba era tratar dos casos muy similares de manera tan diferente. Bhagavan respondía siempre al estado de ánimo del devoto más que a las circunstancias en las que se encontraba. Si yo debía aventurar una hipótesis en este caso particular, diría que, valorando la humildad por encima de cualquier otra virtud, Bhagavan debe haber pensado que sería bueno para Natesa Iyer continuar reaccionando humildemente ante las constantes humillaciones de las cocineras.

Los días de *jayanti* (los días en los que se celebraba el cumpleaños de Bhagavan) miles de visitantes afluían al *ashram*. No era posible alimentarlos a todos al mismo tiempo. Se habían organizado varios turnos en el comedor. Bhagavan siempre comía en el primero. Una vez que había terminado su comida, iba a dar un pequeño paseo por la montaña, antes de regresar al antiguo *Hall* en el que permanecía solo desde las doce del mediodía hasta las dos y media de la tarde aproximadamente. Durante ese tiempo, las puertas del *Hall* estaban cerradas para que él no fuera asediado por todos los visitantes. En el *ashram* existía la costumbre de alimentar a cualquiera que se presentara el día del *jayanti*. Además, había que contener invariablemente a una gran muchedumbre indisciplinada. Muchos de los visitantes solo venían para recibir comida gratis. Una vez alimentados los visitantes y dispersada la muchedumbre, Bhagavan volvía a conceder el *darshan*.

Debido al gran número de personas que querían verle, no le resultaba posible conceder el *darshan* desde su lugar habitual en una esquina del antiguo *Hall*. En lugar de eso, los sirvientes colocaban su diván cerca de la puerta, justo debajo del umbral. Los visitantes venían delante del marco de la puerta, obtenían el *darshan* y se marchaban.

Un día de *jayanti*, Bhagavan escuchó a Chinnaswâmî gritar en voz alta: «¡Que no vengan *paradêsîs* (*sannyâsins*) al primer turno!».

Bhagavan, que se dirigía al comedor, retrocedió y regresó al antiguo *Hall*. Obviamente, él se consideraba un *paradêsî* y sentía que se le había prohibido la entrada al comedor. Aquello causó un gran problema porque, según la costumbre establecida desde hacía mucho tiempo, nadie debía comer antes de que Bhagavan hubiera empezado su comida. Chinnaswâmî fue al *Hall*, se disculpó por haber dado aquella orden tan discriminatoria y le pidió a Bhagavan que fuera a comer en el primer turno. Varios de los devotos más antiguos hicieron lo mismo. Bhagavan respondió que no comería a menos que todos los *paradêsîs* estuvieran autorizados a comer con él. Chinnaswâmî aceptó de buena gana esa condición porque todo el programa de alimentación, que implicaba a miles de personas, no podía inaugurarse antes de que Bhagavan se sentara en el comedor.

Cuando Bhagavan concedía el *darshan* en los días de *jayanti*, evitaba toda conversación ocasional con sus sirvientes y los devotos porque no quería que los numerosos nuevos visitantes creyeran que todos debían hablarle. Durante la mayor parte del día, permanecía en su diván, sentado como una estatua. Tenía los ojos abiertos, pero no miraba nada en particular. Estaba tan tranquilo que incluso su estómago y su pecho, que debían ascender y descender con su respiración, no mostraban ningún signo de movimiento. Varios devotos, incluyéndome a mí, sentían que, durante los días de *jayanti*, él irradiaba más fuerza y mayores gracias que de costumbre. Cuando Bhagavan permanecía petrificado en aquellos estados que semejaban al *samâdhi*, todos sentíamos intensamente aquella fuerza.

Los animales bajo la gracia de Bhagavan

Un día, unos devotos trajeron un pequeño cervatillo y lo dejaron en el *ashram*. Al principio, Bhagavan se mostró poco dispuesto a aceptarlo.

«¿Para qué querríamos tener una cierva en el *ashram*? ¿Quién se encargará de ella?», preguntó.

Hasta que su sirviente, Swâmî Madhava, no se ofreció a ocuparse de ella, Bhagavan no permitió que se quedara. La cierva, que se llamaba Valli, creció como una mascota del *ashram*. Bhagavan la alimentaba regularmente con arroz, *dhals* y anacardos, una mezcla que esta apreciaba mucho. Ocasionalmente, algunos devotos la alimentaban también con arroz inflado y *dhals*. El arroz inflado no interesaba a Valli. Ella escogía los *dhals* uno a uno y dejaba el resto.

A menudo, Valli iba al *Hall* y reposaba su cabeza sobre la planta de los pies de Bhagavan. A veces, cuando lo hacía, Bhagavan jugaba con ella empujando fuertemente sus pies contra su cabeza. Valli respondía dándole alegremente un cabezazo en sus pies. En otras ocasiones, cuando Valli bailaba sobre sus patas traseras, Bhagavan se colocaba de pie a su lado y ejecutaba pasos de baile mientras ondeaba sus brazos.

Un día, Valli fue a pastar con unas cabras. Cuando llegaron a Easanya Math, a unos tres kilómetros, alguien atacó a Valli y la hirió tan gravemente en una pata que no pudo regresar al *ashram*. Permaneció allí acostada, sin que nadie pudiera cuidarla, durante más de un día. Aquella noche, al constatar que Valli no había regresado al *ashram*, Bhagavan nos envió a Rangaswâmî y a mí a buscarla.

Alguien nos dio información falsa, diciéndonos que habían visto a la cierva en una de las calles musulmanas de la ciudad. Nosotros fuimos allí, temiendo que hubiera terminado en una olla, pero nadie recordaba haberla visto.

Un grupo de devotos que paseaban cerca de Easanya Math encontró a Valli al día siguiente. Vendaron su pata y la trajeron de vuelta al *ashram*. Un veterinario de la zona, que también era un devoto, la examinó y diagnosticó que tenía una pata rota. Se la vendó y nos explicó brevemente cómo cuidársela. La instalamos en una esquina del antiguo comedor, pero ella nunca se recuperó de la herida. Alrededor de un mes más tarde, Bhagavan, que presentía que estaba a punto de morir, se acercó a la cesta en la que se encontraba tumbada. Era muy temprano, sobre las cuatro de la mañana. Se sentó a su lado, colocó una mano sobre su cabeza y la otra sobre su Centro-Corazón.

A veces, Bhagavan aplicaba ese tratamiento a los devotos que estaban a punto de morir. Su objetivo era el de llevar la mente dentro el Corazón para que muriera allí. Cuando aquella técnica llegaba a buen término, el afortunado devoto conseguía la Realización del Sí. Él hizo una primera tentativa con Palaniswâmî, uno de sus primeros sirvientes, pero no tuvo éxito. Más adelante, consiguió provocar la Realización del Sí, tanto de su madre como de la vaca Lakshmi, tocándoles de esa forma mientras se estaban muriendo.

Bhagavan dejó sus manos en aquella posición durante más o menos una hora. Hubo un momento en el que Valli orinó sobre él, pero este no prestó atención a aquella acción. Permaneció a su lado, tocando su cabeza y su Centro-Corazón hasta que ella entregó su alma, sobre las cinco de la madrugada. Yo no creo que Bhagavan la hubiera llevado a la Realización del Sí, puesto que nunca habló del incidente. Si lo hubiera conseguido, estoy seguro de que nos habría hablado de ello.

He descubierto recientemente por casualidad otro ejemplo de un devoto al que Bhagavan ha tocado de aquella forma. Por lo que yo sé, nunca se ha informado por completo del incidente.

En 1939, alguien llamado Sathya Narayana Rao estaba a punto de fallecer en una de las habitaciones del ashram. Aparentemente, sufría mucho. Un devoto llegó al Hall con la noticia. Al principio, parecía que Bhagavan no se interesaba por aquella cuestión.

«¿Qué puedo hacer yo?, dijo. ¿Acaso soy médico?». No obstante, unos minutos más tarde, se levantó y, junto con Krishnaswâmî, se dirigió a la habitación donde el hombre se estaba muriendo. Sathya Narayana Rao se encontraba acostado en una cama en una pequeña habitación contigua al almacén. Bhagavan se sentó a su lado y colocó una mano

sobre la cabeza y otra sobre el Centro-Corazón. Hasta entonces, Sathya Narayana Rao daba vueltas en la cama para intentar aliviar su dolor pero, una vez que Bhagavan le hubo tocado de aquella forma durante algunos segundos, este se calmó, cerró los ojos y permaneció tranquilamente acostado en la cama.

Al cabo de una media hora, Bhagavan dijo: «Hemos terminado aquí. Podemos ir a comer».

Bhagavan había aplazado su cena porque había querido terminar el trabajo con Sathya Narayana Rao. Mientras comía, un devoto vino a informarle de que Sathya Narayana Rao había fallecido. Sin embargo, antes de morir, había abierto los ojos, había sonreído y había extendido el brazo para tocar a sus dos hermanas.

Cuando Bhagavan escuchó aquello, exclamó: «¡Ah! El muy bandido ha regresado. Pensaba que su mente se había reducido completamente. Sus vâsanas (costumbres y tendencias mentales) han resurgido. El apego hacia sus hermanas ha hecho que extendiera el brazo para tocarlas».

En el caso de Palaniswâmî, Bhagavan dijo que el pensamiento «Yo» se había escapado a través de sus ojos en el momento de su muerte y que había nacido de nuevo. Podemos suponer que, en aquel caso, se produjo algo similar.

Krishnaswâmî, testigo visual de todos los acontecimientos, me contó esa historia. También he descubierto que varios detalles circunstanciales habían sido corroborados por Narasimba Rao, el hermano de Sathya Narayana Rao, en un manuscrito no publicado.

Más tarde durante la mañana, Bhagavan me pidió que construyera un pequeño *samâdhi* (tumba) cerca de la puerta trasera del *ashram*.

«Deberíamos construir un *samâdhi* para Valli en el mismo *ashram*, dijo. No necesitamos albañiles, ¡podemos construirlo nosotros dos!».

Yo hice el trabajo de albañilería. Bhagavan me ayudó pasándome los ladrillos. Una vez que se terminó la estructura principal del *samâdhi*, Bhagavan me pidió que instalara un *lingam* y que hiciera una *pûjâ* ante él. Yo finalicé las dos tareas con Bhagavan situado de pie a mi lado. Todo aquello tomó varias horas. Durante la construcción del *samâdhi* y la celebración de las ceremonias funerarias, Bhagavan no acudió al *Hall*. Los devotos que vinieron para obtener el *darshan* tuvieron que venir al lugar donde nosotros trabajábamos.

Cerca del *samâdhi* de Valli, hay otros dos pequeños: el de Jackie el perro y el de un cuervo anónimo. Hay poco que contar sobre el cuervo. Swâmî Madhava lo encontró un día en estado inconsciente, echado en el suelo delante del *Hall*. Se lo entregó a Bhagavan, quien acarició su cabeza y lo masajeó suavemente durante un rato. Cuando alcanzó el *samâdhi* entre las manos de Bhagavan, este ordenó que se construyera una segunda tumba cerca de la de Valli.

La palabra samâdhi se utiliza a menudo como eufemismo de «muerte». La palabra posee otros significados comunes: 1) una tumba y 2) un estado similar al trance en el que se tiene una experiencia directa del Sí.

Aparte de todas las tumbas de animales de Râmanasramam, Bhagavan construyó dos samâdhis para los animales mientras vivía aún en la montaña. El primero, sobre el cadáver de un pavo real doméstico que vivía en Skandashram y el segundo sobre un loro.

Mientras subía la montaña, Echammal vio cómo el loro era atacado por un cuervo. Se lo llevó herido a Bhagavan, quien vivía en Skandarshram en aquel entonces. Este lo cuidó durante cinco días hasta que murió.

Cuando lo enterró en la colina, dijo: «Aquí se va a levantar un edificio».

La predicción resultó cierta: poco después, apareció un edificio en el lugar del samâdhi. Posteriormente, la gruta vecina al edificio fue conocida como «Kili Guha», la gruta del loro.

Por lo que yo sé, la historia del samâdhi del loro no se ha publicado hasta la fecha. He encontrado esta versión en un relato no publicado de la vida de Echammal escrito por Krishna Bhikshu.

Jackie el perro, que fue enterrado más tarde al lado de la cierva y del cuervo, fue traído al *ashram* cuando era muy pequeño. Nunca se juntaba con otros perros y no jugaba demasiado. En lugar de eso, vivía una vida de *sâdhu*. Se sentaba frente a Bhagavan, sobre una tela naranja que un devoto había ofrecido, y le miraba fijamente a los ojos. Como Bhagavan le quería mucho y siempre se comportaba de manera tan ejemplar, le cuidaban muy bien. En especial, Râmaswâmî Pillai: lo bañaba cada día con agua y jabón y le quitaba los insectos que se le habían pegado al cuerpo. Cada vez que se distribuía un *prasâd*, Jackie no comía hasta que Bhagavan había empezado a hacerlo. En aquellas ocasiones, miraba intensamente el rostro de Bhagavan. Tan pronto como Bhagavan se echaba algo a la boca, Jackie comenzaba a comer. Recuerdo un incidente relacionado con Jackie. Tuvo lugar un día en el que Bhagavan estaba sentado cerca del pozo, rodeado de devotos. Jackie estaba sentado con los devotos, mirando intensamente a Bhagavan, cuando un perro errante entró en el *ashram* por la puerta trasera. Jackie, que se distrajo con el recién llegado, comenzó a ladrar.

Bhagavan le regañó suavemente diciendo: «¡Solo tienes que cerrar los ojos! ¡Solo tienes que cerrar los ojos! ¡Solo tienes que cerrar los ojos! Si lo haces, no podrás ver al perro».

Jackie obedeció al instante, pero algunos de nosotros continuamos mirando al perro errante.

Cuando vi lo que ocurría, me reí y dije: «Es una buena lección. No es únicamente para Jackie, es para todo el mundo».

Jackie vivió en el *ashram* durante varios años, pero yo no recuerdo cómo murió.

Aquello debió tener lugar durante los años 1930, mientras yo dirigía los trabajos de construcción porque recuerdo haber construido el pequeño *samâdhi* que se encuentra sobre su cuerpo.

He encontrado el siguiente relato sobre la muerte de Jackie en un texto de Narasimha Rao no publicado.

«Las primeras veces que íbamos al ashram (a principios de los años 1930), había allí un perro cuyo nombre era Jack. En aquel entonces, estaba muy enfermo. Bhagavan le había preparado una cama mullida y se ocupaba muy afectuosamente de él, satisfaciendo sus necesidades Tras algunos días, se debilitó más y comenzó a oler mal. Aquello no cambió la atención que Bhagavan le prestaba. Lo tomaba entre sus brazos, lo mantenía contra su cuerpo y lo acariciaba con amor. Finalmente, expiró en sus brazos. En ningún momento, el perro manifestó el menor signo de sufrimiento: vivió todo aquel proceso valientemente. Fue enterrado en el recinto del ashram y se erigió un monumento sobre su cadáver».

Los *samâdhis* de Valli la cierva, del cuervo anónimo y de Jackie el perro están alineados uno al lado del otro. La fila se completa con el *samâdhi* de Lakshmi. Su historia ha sido contada en varios libros y, por esa razón, no voy a repetirla aquí. Me contento con relatar uno o dos incidentes relacionados con ella que considero inéditos.

Cada vez que Lakshmi venía a por el *darshan*, caminaba muy rápido sin preocuparse de saber con quién se encontraba a su paso. A los devotos les correspondía decidir si querían dejarle pasar o ser aplastados por ella.

Cuando llegaba al diván de Bhagavan, a menudo se colocaba frente a él y posaba la cabeza sobre sus pies. Si se acercaba más, él le acariciaba suavemente la cabeza y el cuello. Con frecuencia, se encontraban tan cerca el uno del otro que la saliva de Lakshmi caía sobre el cuerpo de Bhagavan. Si se preparaba comida especial en el *ashram*, Bhagavan le servía a Lakshmi en el mismo *Hall*. Yo le he visto servirle *iddlies*, *payassams* y *vadais* en una hoja de platanera, como si de un ser humano se tratara. En ocasiones, él le llevaba directamente la comida al establo y se la servía.

Una vez, cuando no había demasiada hierba en el *ashram*, Bhagavan se dio cuenta de que Lakshmi no había comido lo suficiente. Aquel día, cuando vino al comedor, rehusó comerse la comida que le habían servido y pidió a las sirvientas que se la dieran a Lakshmi. Cuando llegó la noticia de aquel extraño comportamiento al establo, las personas que trabajaran allí comprendieron que Bhagavan estaba indirectamente protestando contra el maltrato infligido a Lakshmi. Se trajo forraje del mercado, lo que permitió que Bhagavan y Lakshmi retomaran sus comidas habituales.

Se ha informado ampliamente de que, a menudo, Lakshmi daba a luz a un ternero el día del cumpleaños de Bhagavan. Tuve la ocasión de ver a uno de ellos, era de color blanco muy puro, se encontraba en el *Hall*, sentado frente a Bhagavan. Por su color y su posición, se parecía a Nandi (la *vâhana* o la montura de Shiva). En aquel momento, Bhagavan estaba sentado sobre una piel de tigre, Valli la cierva se hallaba sentada cerca, el *kumutti* ardía frente al sofá y, muy cerca, había una cobra de plata que se utilizaba como soporte para el incienso. Con todos aquellos emblemas de Shiva presentes, se podría pensar que estábamos en el Monte Kailar (la montaña del Himalaya donde, según la tradición, reside Shiva).

Esto me recuerda otro pequeño incidente, sin relación alguna con los animales, que tuvo lugar en el *Hall*. Un devoto había traído un álbum de pinturas religiosas, todas ellas pintadas por el gran artista Ravi Varma. Bhagavan nos las enseñó, una a una. Cuando llegó a una pintura del Señor Shiva mendigando con los ojos cerrados, comenté que era muy bonita.

El único comentario que hizo Bhagavan fue: «¡Shiva! Si permaneces sentado así, con los ojos cerrados, ¿quién va a vigilar lo que ocurre en este mundo?».

Muchos devotos creían que Lakshmi era una reencarnación de Keeraipatti, una mujer que le preparaba y le traía comida a Bhagavan mientras él vivía en la montaña. Bhagavan nunca confirmó ni desmintió aquello. Varios devotos también creían que el pavo real blanco que vivía con Bhagavan en los años 1940 era una reencarnación de Swâmî Mahdava, quien había sido el sirviente de Bhagavan durante muchos años. En ese caso, Bhagavan parecía estar un poco más dispuesto a admitir que uno de sus devotos se hubiera reencarnado en el cuerpo de un animal.

Un día, mientras yo me encontraba en el *Hall*, alguien le preguntó a Bhagavan: «¿Cómo es posible que Swamî Madhava haya regresado en forma de un pavo real blanco?».

Bhagavan, que no se tomó la molestia de negar o de eludir la hipótesis, respondió: «Eso ocurre de la misma forma en la que se crean nuevos cuerpos en un sueño».

Swâmî Mahdava había sido el sirviente de Bhagavan durante varios años. Había comenzado a servirle a finales de los años 1920 y había continuado haciéndolo hasta principios de los años 1940.

Debido a su estatura, su corpulencia y su tez, se parecía mucho a mí. También contaba con dones telepáticos: si Bhagavan quería algo, Swâmî Madhava captaba el pensamiento y le entregaba lo que deseaba.

A pesar de permanecer constantemente en presencia de Bhagavan, su mente erraba mucho. Le parecía difícil meditar y sentía algo de amargura porque debía pasar todo su tiempo sirviendo a Bhagavan en el *Hall*. Este se imaginó que, en el *ashram*, podría pasar todo su tiempo en meditación. En lugar de eso, al igual que yo, una semana después de su llegada, se encontró trabajando a tiempo completo como sirviente de Bhagavan.

A Swâmî Madhava nunca le gustó su trabajo y siempre sintió celos hacia los devotos que podían meditar todo el día. Cuando yo mismo abandoné el *ashram*, con el permiso de Bhagavan, para consagrarme a la meditación a tiempo completo, Swâmî Madhava vino a verme y se quejó de su suerte.

«Yo estaba al servicio de Bhagavan antes que todos ustedes, dijo. Bhagavan le ha dado su libertad, pero yo, yo todavía tengo que trabajar. Como Bhagavan todavía no me ha concedido su gracia, debo continuar trabajando».

La mayoría de los devotos se hubieran sorprendido de escucharle hablar así. Como sirviente, tenía el privilegio de pasar todo el día cerca de Bhagavan, quien le hablaba frecuentemente de cuestiones espirituales, y él era una de las pocas personas autorizadas a tocar y masajear el cuerpo de Bhagavan.

Swâmî Madhava no obtenía satisfacción alguna.

En una ocasión me dijo: «Esos devotos que vienen al *Hall* de Bhagavan piensan que es un paraíso. Pero para mí, el *Hall* de Bhagavan es como el infierno».

Swâmî Madhava expresaba abiertamente su aversión a las mujeres, especialmente a las bonitas. Cuando venían para obtener el *darshan*, él decía en voz alta: «¿Por qué vienen estas mujeres a ver a Bhagavan?».

Cuando Swâmî Madhava se permitía hacer un comentario de ese tipo, Bhagavan le regañaba diciendo: «¿Por qué las mira usted como mujeres? Solo tiene que verlas como si estuviera viendo al Sí».

En sus últimos años de vida en el *ashram*, comenzó a rechazar a todos los visitantes, hombres y mujeres.

Una vez le dijo a Bhagavan: «Si ser *sâdhu* significa vivir en una gruta y practicar todo el tiempo la meditación, ¿por qué viene toda esta muchedumbre a ver a Bhagavan?». Él pensaba que todos tendrían que haberse quedado en sus casas, sentados en meditación.

Bhagavan le dijo: «¿Por qué los mira como "los otros"? ¿Por qué hace usted distinciones? Ocúpese de lo que tiene que hacer y observe su propio Sí. Vea a los demás como formas de Dios o como formas del Sí».

Durante sus primeros años cerca de Bhagavan, Swâmî Madhava estaba tranquilo y contento. Fue a finales de los años 1930 cuando su mente comenzó a perturbarle hasta tal punto que terminó hundiéndose poco a poco en la locura. Recuerdo que un día, al ver a los trabajadores del jardín excavar un agujero para el compost, se convenció de que la gente del *ashram* planeaba acabar con él y enterrarle en aquel agujero.

Cuando le dijimos que se trataba de un agujero para el compost, gritó: «¡No! ¡No! ¡Esta gente está cavando un agujero porque me quieren enterrar!».

Finalmente, Swâmî Madhava renunció a su trabajo de sirviente y abandonó el *ashram*. Regresó de visita ocasionalmente, pero pasó la mayor parte de su tiempo de peregrinaje, esperando encontrar un poco de paz mental. Nunca la encontró. Con el paso de los años, su agitación y su inestabilidad mental aumentaron. A mediados de los años 1940, el *ashram* recibió un mensaje que decía que Swâmî Madhava vivía en Kum-

Bhagavan con el pavo real blanco

Los *samâdhis* de los animales.
De derecha a izquierda: la cierva Valli,
el cuervo, el perro Jackie y la vaca Lakshmi.

Foto de grupo, tomada a finales de los años 1920, donde se puede ver al perro Jackie en primer plano.

La vaca Lakshmi, al lado de Bhagavan.

Skandashram: a la izquierda, se ve el camino de Râmanasram.

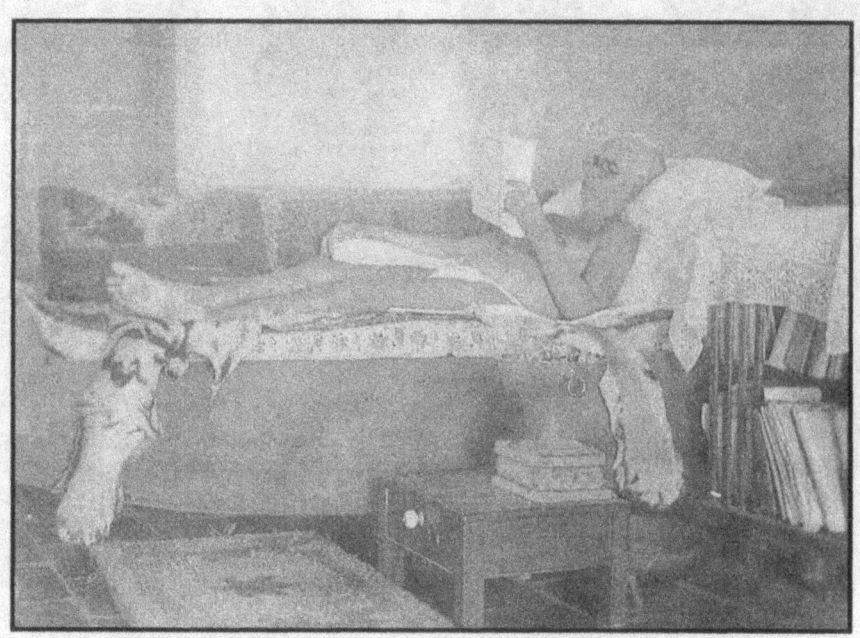
Bhagavan echado en su sofá, leyendo una publicación.

De pie, reunidos en la última fila, de derecha a izquierda: 1º Swâmî Madhava, 2º Swâmî Annamalai (de brazos cruzados), 6º Subramaniam, 7º Râmakrishna, 8º (con camisa y de brazos cruzados) Râmaswâmî Pillai, 10º Rangaswâmî. De pie en la fila central, de dcha. a izda.: 2º T.K. Sundaresa Iyer, 4º Ganapati Sastri. Sentados en el banco, de dcha. a izda.: 1º Grant Duff, 2º Bhagavan. Sentados en el suelo, de dcha. a izda.: 1º Narayana Iyer, 2º Munagala Venkataramiah, 3º Yogi Ramaiah, 4º Chinnaswâmî.

bakonam y que necesitaba ayuda.

Bhagavan envió a Swâmî Kunju para ver qué se podía hacer por él. Swâmî Kunju se sorprendió al ver hasta qué punto se había deteriorado su estado tanto mental como físicamente.

Le transmitió el mensaje que Bhagavan le había dado: «Usted ha servido a Bhagavan durante muchos años. Siempre se hallaba en su presencia. ¿Por qué ha venido aquí? ¿Por qué no regresa al *ashram*?».

Swâmî Madhava tenía mucho miedo de regresar y de ver a Bhagavan. Estaba convencido de que sus problemas mentales se agravarían en su presencia.

Le dijo a Swâmî Kunju: «La gloria y la gracia de Bhagavan son indescriptibles. Pero mi *karma* es demasiado pesado para mí. ¿Qué puedo hacer? Solo la gracia de Bhagavan me permite suportarlo. Es muy intenso. Sufrir así es mi suerte».

Algunos meses más tarde, se suicidó comiendo semillas venenosas. Swâmî Kunju, actuando bajo las órdenes de Bhagavan, fue a Kumbakonam y se encargó de todos los arreglos del funeral. Afortunadamente para Swâmî Madhava, aquel no fue el fin de la historia. Su devoción por Bhagavan le permitió renacer como el pavo real blanco de Bhagavan.

Algunos indicios convencieron a varias personas de que aquel pavo real era ciertamente la reencarnación de Swâmî Mahdava.

Cada vez que el pavo real entraba en el *Hall*, inspeccionaba todos los libros de las estanterías; una de las tareas cotidianas de Swâmî Madhava era ocuparse de la biblioteca que se encontraba allí. Otra de sus tareas consistía en reparar libros estropeados o volver a encuadernarlos. Cuando el pavo real hacía su ronda de inspección, a menudo daba picotazos a los libros que Swâmî Madhava había vuelto a encuadernar, y no tocaba el resto. Otro indicio se relacionaba con el hecho de que Swâmî Madhava era un poco misógino, hasta el punto de que, frecuentemente, hacía comentarios inadecuados cuando entraban mujeres al *Hall*. El pavo real conservó esa característica rehusando cualquier relación con las pavas reales que vivían en el *ashram*. Tengo una pequeña historia mía que añadir a todo esto. Cuando Swâmî Madhava me visitaba, siempre se sentaba en un banco de cemento cerca de la puerta. Más tarde, el pavón blanco también me visitaba de vez en cuando. Cada vez que venía, se instalaba en el banco en el mismo lugar que Swâmî Madhava.

Si hay alguna moraleja que obtener de esta historia, creo que se encuentra en un breve incidente del que yo fui testigo en el *ashram*. Bhagavan había intentado, en vano, que el pavón se instalara en un nido hecho especialmente para él.

Como el pavón rehusó colaborar, Bhagavan constató: «Casi siempre ignoras mis consejos».

Cuando alguien traía un animal nuevo al *ashram*, habitualmente Bhagavan rehusaba aceptarlo a menos que un devoto se prestara voluntario para cuidarlo. Al principio, Bhagavan no quería aceptar ni a Lakshmi ni al pavo real blanco. Hasta que unos devotos no le aseguraron que estarían bien cuidados, no aceptó permitir que se quedaran en el *ashram*. Aquellos animales que nadie acogió fueron devueltos a quienes los habían traído. Me acuerdo de un cachorro de tigre que pertenecía a esa categoría y que un devoto del norte de la India trajo a Bhagavan. Aunque pequeño, era muy feroz. Se enfadaba con todo aquel que se le acercaba, a excepción de Bhagavan. Este lo tomó sobre sus rodillas y les fotografiaron de aquella forma, pero nadie más podía dominarlo. Tras una semana, cuando se vio claramente que el tigre no se sosegaría, Bhagavan le dijo al propietario que se lo llevara.

Además de las mascotas del *ashram* y de las vacas, hubo un número de animales salvajes que vinieron a por el *darshan* de Bhagavan. Las historias de monos son bien conocidas, pero hay un incidente relacionado con dos gorriones que, según sé, nadie ha contado todavía.

Un día, dos gorriones vinieron y se posaron en el travesaño de las puertas dobles que entonces se encontraban en la parte sur del *Hall*. Cada uno de ellos se posó sobre una de las puertas y miró fijamente a Bhagavan durante todo un día. Ninguno de los dos mostró la más mínima señal de temor cuando devotos visitantes entraban o salían por la puerta. Normalmente, las puertas del *Hall* se cerraban por la noche, pero como los gorriones rehusaron marcharse, incluso cuando había caído la noche, Bhagavan dijo a sus servidores que las dejaran abiertas. Permanecieron toda la noche y se marcharon temprano a la mañana siguiente. Una vez que se marcharon, Bhagavan nos dijo que dos *siddhas purushas* (seres perfectos) habían venido en forma de gorriones para obtener su *darshan*.

En Tiruvannamalai, existe una tradición según la cual un cierto número de seres perfectos, denominados siddhas, *viven en Arunâchala dentro de cuerpos invisibles. Se han encontrado varios ejemplos de Bhagavan en los que decía que uno o varios de estos seres habían tomado la forma de un animal y le había visitado para obtener su darshan.*

En el vecindario había otros gorriones, menos nobles. Un día, uno de ellos intentó varias veces construir un nido encima del sofá de Bhagavan. Nunca consiguió hacerlo porque, cada vez que lo intentaba, Swâmî Madhava destruía el nido con un palo largo. Tras varios intentos condenados al fracaso, el gorrión se posó en el travesaño de las puertas de entrada, miró a Bhagavan y pio varias veces en su dirección. Para los presentes en el *Hall*, aquello sonaba como el canto ordinario de un pájaro, pero Bhagavan comprendió que se estaba quejando.

Este se giró hacia Swâmî Madhava y le preguntó: «¿Quién ha destruido su nido? Se está quejando de eso».

«Fui yo, respondió Swâmî Mahdava. Si construye su nido en cualquier otra viga, no tendrá problemas. Pero sí los tendrá si lo construye encima del sofá. Habrá siempre hierba cayendo sobre la cabeza de Bhagavan».

Bhagavan estuvo de acuerdo e hizo que se clavaran dos planchas de madera a las vigas de otro rincón del *Hall*.

Aunque no le gustara mucho, el gorrión se dejó convencer de que construyera su nido en aquellas planchas nuevas. No se le volvió a molestar; puso sus huevos y creó una familia. Como broche final de esta historia, debo mencionar que un día, una de las crías de gorrión cayó del nido. Bhagavan le dio leche y, a continuación, pidió a uno de sus devotos que lo volviera a poner en el nido. El gorrión permaneció allí dos meses. Un día, cuando las crías aprendieron a volar, este se marchó y no regresó nunca más.

Bhagavan siempre mostraba una gran consideración cuando un animal resultaba herido en su entorno o si, por una u otra razón, tenía algún problema. Un día, mientras paseaba por la montaña con Bhagavan, una paloma cayó frente a nosotros. Un pájaro más grande le había atacado y herido gravemente en la cabeza. Bhagavan me pidió que lo recogiera y lo llevara al *ashram*. Cuando regresamos al *Hall*, Bhagavan lo colocó sobre sus rodillas y le masajeó la herida con aceite de ricino. Además, de vez en cuando, le soplaba despacio sobre la herida. El pájaro, que estaba o en estado de shock o inconsciente, se dejaba hacer. Tras el tratamiento de Bhagavan, el ave se reestableció rápida y casi milagrosamente. Al día siguiente, la llevamos a la montaña y la dejamos libre. Esta voló sin manifestar la más mínima señal de la grave herida de la que acababa de ser víctima.

Bhagavan tenía la costumbre de alimentar a los animales del *ashram* más o menos una hora después del almuerzo, mientras la mayoría de devotos dormía. Como la mayor parte de ardillas vivían en el *Hall*, les alimentaba allí. Con respecto a los otros animales, les alimentaba habitualmente en el exterior.

Los monos, que eran todos bastante agresivos, siempre recibían su comida fuera. Como era sabido que su presencia molestaba mucho a los devotos, Bhagavan no quería que se acostumbraran a venir a buscar su comida al *Hall*.

Cada día, sobre la una de la tarde, Bhagavan alimentaba a las ardillas en el *Hall*. Las diez o quince ardillas que vivían dentro y alrededor del *Hall*, siempre aparecían más o menos a esa hora y esperaban a que Bhagavan les alimentara. También se dejaban ver en otros momentos del día, sobre todo si escuchaban a Bhagavan abriendo el bote de nueces que conservaba cerca de su sofá. Las ardillas nunca mostraban la menor señal de miedo o de aprensión cuando estaban con Bhagavan. Aunque se trataba de animales silvestres, corrían alegremente por sus piernas, brazos y cabeza esperando su comida. Una vez, aquella intrepidez causó una víctima: una ardilla que corrió bajo uno de los cojines de Bhagavan, fue asfixiada o aplastada cuando Bhagavan se apoyó sin darse cuenta sobre ella. Afortunadamente, rara vez ocurría un accidente de ese tipo.

La compasión de Bhagavan hacia los animales no abarcaba a todo el reino de insectos, puesto que no parecía desafortunado dejar de matar insectos si eran fuente de molestias.

Por ejemplo, una mañana poco antes del desayuno, Bhagavan se dio cuenta de que un gran número de hormigas negras entraban en el *Hall* por el agujero del desagüe.

Los suelos indios de tierra o de cemento se lavan regularmente con agua. En esas salas, existe un pequeño agujero de evacuación de unos dos centímetros de diámetro en la juntura de una de las paredes con el suelo. Bastantes suelos están ligeramente inclinados de manera que el agua corra naturalmente hacia dicho agujero.

Girándose hacia mí, Bhagavan dijo: «Encuentre de dónde vienen esas hormigas. Si hay un nido allí dentro, tapone la salida para que las hormigas no puedan entrar en el *Hall*. Debe hacer este trabajo rápidamente, porque todos los devotos van a regresar dentro de tres horas».

Yo arranqué la losa sobre la que se encontraba el agujero del desagüe.

Cuando retiré la piedra de la pared (que estaba encastrada algunos centímetros), vi una gran colonia de hormigas negras que vivían allí, en un agujero. Al ser descubiertas, reaccionaron propagándose por el *Hall*. Algunas de ellas incluso comenzaron a invadir el sofá de Bhagavan. Había tantas hormigas alrededor de mis pies que me resultaba imposible dar un paso sin matar a algunas de ellas. Bhagavan se dio cuenta de que me paralizaba el miedo a matarlas inútilmente.

«¿Por qué permanece de pie mirándolas?, preguntó Bhagavan. Debe obstruir el agujero antes de que regresen todos los devotos. Dígame que necesita para terminar correctamente el trabajo. Todo lo que usted necesite, barro, agua, ladrillos, dígamelo y se lo traeré».

Yo estaba demasiado preocupado por la idea de matar hormigas como para poder responder a Bhagavan. Entonces, este renovó su oferta: «Dígame que quiere y yo iré a buscarlo. ¿Debo traer ladrillos rotos y un poco de cemento?».

Aquella vez, conseguí explicar mi inactividad.

«Hay hormigas por todas partes, Bhagavan. No puedo moverme ni realizar el más mínimo trabajo sin matar a algunas de ellas».

Bhagavan descartó mi excusa. «¿Cuál es el problema?, preguntó Bhagavan. ¿Acaso es usted quién lo hace? Todo el mundo se beneficiará del trabajo que usted hace. Si olvida la idea: "Yo hago eso", entonces, no habrá problema. No es algo que usted haya decidido hacer. Usted lo hace porque yo se lo he pedido».

Intuitivamente, Bhagavan percibió que yo aún tenía reticencias a caminar sobre las hormigas e intentó planteándolo con otro enfoque.

«En el *Bhagava Gîtâ*, Krishna le pidió a Arjuna que matara a sus enemigos. Al ver que Arjuna dudaba, Krishna le explicó que había decidido que aquella gente debía morir. Arjuna no era más que una herramienta que ejecuta la voluntad divina. Del mismo modo, como yo le he dicho que haga esa tarea, no recaerá sobre usted ningún *pâpam* (las consecuencias kármicas que se derivan de la ejecución de actos inmorales)».

Cuando Bhagavan me hubo asegurado aquello, yo taponé el agujero con ladrillos y cemento. Durante la operación, se mataron muchas hormigas.

Más tarde descubrí que, generalmente, Bhagavan disuadía a los devotos de que mataran a insectos a menos que estos estuvieran hiriendo o haciendo sufrir a personas o animales o se encontraran a punto de hacerlo. Si causaban algún problema, él no tenía ningún escrúpulo en matarlos. Una vez vi a Bhagavan quitarle garrapatas a un perro del *ashram* y matarlas tirándolas a las brasas que ardían en su *kumutti*.

Un devoto que observaba preguntó: «¿Acaso no es pecado matar insectos de esa forma?».

Râmaswâmî Pillai, que tenía la costumbre de desparasitar a los perros y matar a esos insectos de la misma manera, justificó dicha actividad contando una historia relacionada con Râmakrishna Paramahamsa.

«Parece que uno de los devotos de Shrî Râmakrishna Paramahamsa se preguntaba si era pecado matar chinches. Fue a preguntarle a Râmakrishna sobre el tema. Cuando llegó, encontró a Râmakrishna matando a las chinches de su propia cama. El devoto tuvo así una demostración directa como respuesta a su pregunta».

Bhagavan no respondió al devoto pero, cuando Râmaswâmî Pillai hubo terminado su historia, asintió con la cabeza y dijo: «Sí».

En otra ocasión, mientras un visitante mantenía que no debíamos matar ningún tipo de insecto, Bhagavan replicó: «Si usted cocina y corta las verduras, no puede evitar matar algunos insectos. Si cree que matar gusanos es un pecado, entonces no puede comer verduras».

Si Bhagavan veía a la gente matar deliberadamente a inofensivos insectos, habitualmente manifestaba su desaprobación. Por ejemplo, un día, un pequeño niño brahmán vino al Hall y comenzó a atrapar y a matar moscas solo por diversión. Las aplastaba chocando las palmas de las manos una contra la otra.

Bhagavan le dijo: «No ataques a las moscas de esa forma. Es un pecado».

El chico, en absoluto perturbado, replicó con lo que él consideraba que era un contraargumento de peso: «Usted a matado a un tigre de dos metros de largo y está sentado sobre su piel. ¿Acaso no es eso también un pecado?».

Bhagavan se echó a reír y olvidó el asunto.

Otras personas le preguntaban a Bhagavan por qué elegía sentarse sobre una piel de tigre. La mayoría de ellas pensaban que, al sentarse sobre sus pieles, estaba aprobando tácitamente el hecho de matar a tigres. Habitualmente, Bhagavan respondía que las pieles eran regalos que llegaban al ashram sin haber sido solicitadas y que él no había pedido que se ma-

taran tigres para él.

Bhagavan se oponían al acto de matar toda forma superior de vida. Daba la orden de que incluso no se matara a serpientes y escorpiones en el ashram. La regla general parecía ser: los insectos se pueden matar si causan dolor o si son potencialmente dañinos, pero todas las formas superiores de vida, incluyendo a los animales peligrosos y a los venenosos, son sacrosantos.

Los mosquitos eran un continuo problema para la mayor parte de los devotos. Bhagavan no criticaba jamás a los devotos que los aplastaban cuando les picaban. En los años 1940, autorizó incluso la fumigación del establo con pesticidas, para que las vacas no se vieran incomodadas por los insectos. No obstante, si se le preguntaba sobre el aspecto moral del acto de matar mosquitos, habitualmente respondía que uno no debería identificarse con el cuerpo que es picado.

Un devoto que le preguntó sobre ese tema, recibió la siguiente respuesta: «Si usted denunciara a los mosquitos ante un tribunal, estos ganarían el pleito: su *dharma* (las reglas que deben regir sus vidas) consiste en picar; les enseñan que ustedes no son sus cuerpos. Se quejan de sus picaduras solo porque se identifican con el cuerpo».

Fragmentos

Reprimendas a los sirvientes y a los trabajadores

Los sirvientes de Bhagavan siempre eran elegidos y seleccionados por Chinnaswâmî. Por lo que sé, Bhagavan nunca le ha pedido a nadie que sea su sirviente ni tampoco ha intentado deshacerse de ninguno de ellos. De vez en cuando, alguien se ofrecía para realizar ese trabajo, pero no lo conseguía: los sirvientes de Bhagavan siempre debían ser hombres jóvenes y solteros; esa era la costumbre en el *ashram*.

Un día, una mujer, enfermera cualificada del norte de la India, se ofreció para prestar servicio a Bhagavan. Él le respondió diciendo: «Pregúntele a la gente del *Hall*».

Krishnaswâmî, el jefe de los sirvientes y otras personas que se encontraban en el *Hall* expresaron su desaprobación.

«¡No! ¡No! No podemos tener a mujeres al servicio de Bhagavan, ¡Eso no es posible!». Bhagavan se giró hacia la mujer y dijo: «Toda esta gente piensa así. ¿Qué puedo hacer yo?». Bhagavan era un jefe de obra severo. Siempre insistía en que las tareas que nos eran asignadas se ejecutaran puntual y correctamente. Por ello, los sirvientes, que trabajaban bajo su constante supervisión, a menudo eran objeto de sus cometarios críticos. Raramente se enfadaba con alguien pero, cuando lo hacía con uno de sus sirvientes, era porque no había realizado alguno de sus deberes.

Poco después de la llegada de Krishnaswâmî al *ashram*, Bhagavan se encolerizó con él porque este no quería expulsar a los monos del *Hall*. Los monos de los alrededores, sabiendo que mucha gente llegaba al *Hall* con ofrendas de fruta, se sentaban cerca e intentaban robar la fruta de los visitantes despistados. Bhagavan no animaba a los devotos a alimentar a los monos cerca del *Hall*, porque no quería que se acostumbraran a esperar comida allí. Aunque a veces se reía cuando los monos conseguían robar un plátano o un mango, Bhagavan también se enfadaba con los sirvientes cuando los monos conseguían entrar en el *Hall*. Frecuentemente, regañaba a Krishnaswâmî porque dejaba entrar a los monos en lugar de expulsarlos.

Finalmente, Bhagavan le dijo: «Me parece que no quiere entender lo que le digo. Usted no hace el trabajo correctamente a no ser que Chinnaswâmî venga a decirle lo que debe hacer».

Así, Bhagavan informó del asunto a Chinnaswâmî, que fue a sermonear a Krishnaswâmî recordándole la orden de cumplir con su deber correctamente. A continuación, Krishnaswâmî se convirtió en un diligente cazador de monos. Conservaba a mano una honda y echaba a los monos a la mínima provocación.

Otro sirviente, llamado Rangaswâmî, también atravesó un periodo de desatención. Tras haber servido en el *Hall* durante un tiempo, cesó de prestar atención a sus deberes y, en lugar de hacerlos, se puso a meditar. No se preocupaba ni de los monos. Cuando los visitantes colocaban las ofrendas de fruta cerca de Bhagavan, los monos podían robarla sin temer ser molestados porque Rangaswâmî, el hombre que se suponía que debía velar por la fruta, estaba sentado en el suelo con los ojos cerrados.

Bhagavan toleró aquel comportamiento durante unos días, pero terminó sacudiéndole y diciéndole: «Si usted quiere vivir aquí, debe cumplir con su deber como todo el mundo. La meditación se incluye en el servicio al gurú».

Rangaswâmî se dio cuenta de su error y retomó sus deberes.

En otra ocasión, Bhagavan se enfadó mucho con él porque le había mentido. Cuando Rangaswâmî sintonizaba la radio en el *Hall*, giró uno de los botones de tal forma que la radio cesó de funcionar.

En lugar de confesarle a Bhagavan que la había roto, le dijo: «Parece que alguien ha roto la radio».

Más tarde durante el día, Rangaswâmî me confesó que había roto la radio y mentido a Bhagavan sobre el tema. Me pareció obvio que había que contarle la verdad a Bhagavan; fui al *Hall* e informé a Bhagavan de lo que Rangaswâmî me había confiado.

Bhagavan reaccionó gritando con rabia: «¡Me miente incluso a mí! ¡No merece ni que le mire!».

Bhagavan ejecutó su amenaza ignorando al desafortunado Rangaswâmî durante el resto del día.

También ocurría que Bhagavan se enfadaba con sus sirvientes si se mostraban muy poco atentos. Vaikunta Vas, uno de los sirvientes de los últimos años, se ganó una vez las iras de Bhagavan al quemarle una pierna por descuido. Eran alrededor de las nueve de la noche: Vaikunta Vas estaba algo somnoliento porque había cenado demasiado. Colocó distraídamente una bolsa de agua caliente sobre las piernas de Bhagavan sin tomarse la molestia de controlar la temperatura. El agua estaba demasiado caliente. Bhagavan hizo una mueca de dolor, se enfadó con él y le ordenó abandonar el *Hall*. Vaikunta Vas estaba tan atormentado por su error que abandonó el *ashram* inmediatamente y regresó a su ciudad cerca de Pondichery, donde permaneció por un tiempo antes de regresar.

Bhagavan era riguroso y exigía una obediencia absoluta, pero solo por parte de los que trabajaban a tiempo completo en el *ashram*. Si algún visitante cometía un error, rara vez le regañaba. Un día, Sirinivasa Rao, un doctor de Madrás, recibió el permiso para masajear los pies y las piernas de Bhagavan. Habitualmente, solo los sirvientes y, a veces, algunos devotos antiguos estaban autorizados a hacerlo.

Bhagavan le dijo a aquel doctor: «Frote desde las rodillas hacia los tobillos y no en sentido inverso», pero el doctor no tuvo en cuenta sus instrucciones.

Creyendo que sus conocimientos médicos eran superiores a los de Bhagavan, se obstinó en masajear en sentido contrario. Bhagavan no emitió ninguna queja, pero tras algunos minutos, le dijo al doctor: «¡Ya es suficiente!».

Una vez que el médico abandonó el *Hall*, Bhagavan constató: «Como es doctor, no quiere escuchar mis consejos. Ni sus palabras ni su forma de masajear eran correctas».

Bhagavan permitió que aquel hombre continuara con el masaje porque no pertenecía al *ashram*. Si uno de sus sirvientes hubiera intentado comportarse de aquella forma, de una manera tan contraria a sus deseos, Bhagavan le hubiera regañado de inmediato.

También sucedía que Bhagavan se enfadaba con otros trabajadores del *ashram* si estos le desobedecían deliberadamente. Un tal Mauni Srinivasa Rao que trabajaba en la oficina, provocó el descontento de Bhagavan al intentar sobrepasar sus instrucciones. Al *ashram* llegaban numerosas preguntas espirituales por correo. Una de las tareas de Mauni Srinivasa Rao consistía en redactar el borrador de las respuestas a todas aquellas preguntas para, a continuación, enseñárselas a Bhagavan, quien las examinaba en profundidad y realizaba todas las correcciones necesarias. Un día, Mauni Srinivasa Rao rehusó considerar las correcciones de Bhagavan como definitivas. Las modificó y envió la carta al *Hall*. Bhagavan leyó la carta por segunda vez y tachó todas las correcciones que Mauni Srinivasa Rao había añadido. Cuando la carta fue reenviada a la oficina, Mauni Srinivasa Rao modificó nuevamente algunas de las correcciones de Bhagavan y volvió a llevar un nuevo borrador al *Hall*. Pero, cuando intentó que Bhagavan la leyera, este rehusó incluyo echarle un vistazo. En lugar de eso, le tiró la carta a Mauni Srinivasa Rao y le dijo con mucha cólera: «¡Haga usted lo que le plazca!».

A veces, Bhagavan manifestaba su descontento de forma más sutil. Una noche, después de la cena, hubo una gran discusión en el comedor, que terminó con Swâmî Subramaniam golpeándole en la cara a Krishnaswâmî. Krishnaswâmî fue inmediatamente a quejarse a Bhagavan, pero este último no pareció interesarse por el asunto.

Alguien había pagado una gran *bhikshâ* para el día siguiente, lo que significaba mucho trabajo para todos en la cocina. Generalmente, Bhagavan hubiera ido a la cocina alrededor de las tres de la madrugada para ayudar a Subramaniam a cortas las verduras pero, aquella mañana, permaneció en el *Hall* y dejó que Subramaniam hiciera solo todo el trabajo. Subramaniam pasó las dos primeras horas preguntándose por qué Bhagavan se estaba retrasando, pero terminó dándose cuenta de que era un castigo por haber agredido a Krishnaswâmî. Bhagavan confirmó su idea rehusando hablarle e incluso mirarle durante el resto del día.

Râmakrishnaswâmî

Râmakrishnaswâmî, uno de los empleados del *ashram*, llevaba a cabo las diligencias del *ashram* en la ciudad. Iba tan regularmente a la ciudad que consiguió establecer un vínculo con una mujer que vivía en el barrio de los albañiles. Ella también trabajaba para el *ashram*, por lo que este podía verla durante el día. Algo así no podía permanecer en secreto: los padres de la mujer pronto descubrieron lo que estaba pasando. Le dijeron a Râmakrishnaswâmî que le golpearían si no les pagaba mil Rs. Nunca llevaron a cabo su amenaza, pero Râmakrishnaswâmî había conseguido una reputación tan mala que abandonó la ciudad y se marchó a vivir a Kumbakonam. Al cabo de algunos meses, pensó que probablemente la rabia de aquella gente se habría atenuado y regresó en secreto a Tiruvannamalai. Sin embargo, aún les tenía miedo. Por ello, cambió de dirección al acercase a la ciudad y recorrió todo el trayecto del *giri pradakshina* en el sentido contrario a las agujas del reloj para evitar atravesarla. Como le daba mucha vergüenza ir directamente al *ashram*, fue a hospedarse a la choza de Swâmî Kunju en Palakottu.

> *Los peregrinos que hacen el* giri pradakshina *dan la vuelta a la montaña a pie caminando en el sentido de las agujas del reloj. Una parte del recorrido de trece kilómetros atraviesa la ciudad de Tiruvannamalai. Râmakrishnaswâmî, al recorrer ocho kilómetros alrededor de la montaña en el sentido contrario a las agujas del reloj, evitó el tramo de tres kilómetros que atraviesa dicha ciudad.*

Permaneció allí varios días, intentado sin éxito reunir el coraje suficiente para presentarse ante Bhagavan. Finalmente, el mismo Bhagavan fue a verle y le pidió que regresara al *ashram* con él. Y entonces, para gran sorpresa de todos, en lugar de criticarle, le pidió que trabajara durante un tiempo en el *Hall* como sirviente.

Algunos de los devotos que pensaban que Râmakrishnaswâmî había manchado la reputación del *ashram* desaprobaron dicha designación. Aunque fueron lo suficientemente educados como para no compartir sus sentimientos, Bhagavan sintió su desaprobación. Para calmarles, explicó su comportamiento: «Antes, cuando trabajaba aquí, pasaba mucho tiempo en el exterior en nombre del *ashram*. Nunca venía al *pârâyana* ni tampoco acudía al *Hall* para escuchar las enseñanzas. Su mente siempre estaba orientada hacia el exterior porque no se entregaba a la meditación. Si permanece con nosotros un tiempo en el *Hall*, su mente mejorará».

Bhagavan hizo una pausa antes de terminar con el siguiente comentario: «Su caso se ha revelado abiertamente, mientras que lo que otros han hecho y aún hacen, todavía no lo ha sido».

La visita de Gandhi

En los años 1930, Mahâtma Gandhi vino a Tiruvannamalai para dar un discurso político. Puesto que los organizadores habían elegido como emplazamiento un terreno al aire libre a cuatrocientos metros del *ashram*, muchas personas del *ashram* esperaban que Mahâtmâ visitara a Bhagavan. Llegado el día del discurso, yo esperé en la puerta del *ashram* junto a numerosos devotos con la esperanza de entrever a Gandhi de paso. Cuando por fin llegó a nuestra altura, pudimos verle fácilmente, porque era llevado al *meeting* en un coche descapotable. Râjagopalachari, un importante político del congreso, quien había organizado aquella gira de discursos en el sur de la India, estaba sentado al lado de Gandhi. Como el coche avanzaba muy despacio, corrí a su altura y saludé a Gandhi uniendo las palmas de mi mano por encima de mi cabeza. Para mi gran sorpresa y para mi mayor satisfacción, Gandhi me devolvió el saludo haciendo el mismo gesto. El coche se detuvo un pequeño instante cerca de la puerta del *ashram*, pero pronto volvió a ponerse en marcha puesto que Râjagopalachari había hecho un gesto al conductor para que continuara y no entrara en el *ashram*.

Más tarde, Râjagopalachari se convirtió en primer ministro de la presidencia de Madrás, una región que incluía la mayor parte del sur de la India. Tras la independencia, se convirtió en el primer indio que ocupó el cargo de gobernador general.

Uno de los residentes del *ashram*, T.K. Sundaresa Iyer, fue al mitin y le regaló dos libros a Gandhi: el *Aksharâmanamâlai* y el *Râmana Sannidhi Murai*. Al regalarle los libros, citó un versículo del *Aksharâmanamâlai*: «¡Oh Arunâchala! Joya de la consciencia, que brillas en todos las criaturas, grandes y pequeñas, destruye el mal en mi corazón». Gandhi vendió los libros en subasta y destinó el beneficio de la venta a un fondo de beneficencia *harijan*[1].

Aksharâmanamâlai *es un poema largo de Bhagavan en alabanza a Arunâchala.* Râmana Sannidhi Murai, *escrito por Muruganar, es una recopilación de poemas que elogian a Bhagavan.*

Una vez terminado el mitin, me dirigí al *Hall* y le conté a Bhagavan cómo me había saludado Gandhi en la carretera. También mencioné el hecho de que Râjagopalachari le había hecho una señal al conductor para que se fuera directamente al mitin, rehusando así que Gandhi tuviera la posibilidad de visitar brevemente el *ashram*. Bhagavan respondió con un comentario de lo más interesante.

«Gandhi tenía ganas de venir aquí, pero Râjagopalachari temía las consecuencias. Sabe que Gandhi es un alma avanzada y por ello teme que entre en *samâdhi* aquí y olvide todo lo que concierne a la política. Por eso le hizo una señal al conductor para que continuara».

Algunos días más tarde, Gandhi estaba en Madrás. Krishnaswâmî fue a verle y consiguió una entrevista con él. Cuando se presentó ante Gandhi

---

1. N. del T.: Los *harijans*, o parias, son los hindúes que no pertenecen a las cuatro castas principales.

como residente del Râmanasramam, Gandhi le hizo este comentario: «Me gustaría ir a ver a Bhagavan, pero no sé cuándo se presentará la ocasión».

Aunque más tarde Gandhi continuó expresando su deseo de ver a Bhagavan, nunca regresó a Tiruvannamalai.

Versículos dispersos

Un día le pregunté a Bhagavan: «¿Cuáles son los versículos más importantes de *Kaivalya Navanîtam*?». Le entregué mi libro y él seleccionó inmediatamente los versículos doce y trece del capítulo uno.

¡Escucha hijo mío! Aquel que ha olvidado su verdadera naturaleza nace y muere alternativamente, girando y girando en la incesante rueda del tiempo, como una pluma encerrada en un torbellino, hasta que se da cuenta de la verdadera naturaleza del Sí. Si consigue ver el sí individual y su substrato, entonces el Sí se convierte en el substrato, que es Brahmán, y evita los renacimientos. Si te conoces a ti mismo, no puede ocurrirte nada malo. Te hablo así porque tú me lo has pedido.

Tras haberlos leído, Bhagavan comentó: «El resto de versículos de *Kaivalyam* no son más que el desarrollo y el comentario de estos dos».

En la traducción inglesa de esta obra, publicada por Shrî Râmanasramam, se ha modificado la numeración de los versículos. Los versículos seleccionados por Bhagavan tienen el número diecinueve y veinte.

Bhagavan debió de haber hecho comentarios parecidos a otras personas. Muagala Venkataramiah, el editor y traductor de la edición de Râmanasramam, añadió una nota junto a esos versículos que decía: «Aquí se encuentra la enseñanza al completo».

En otra ocasión, le pedí a Bhagavan que seleccionara varios libros para mí; me dio una lista corta de seis libros: Kaivalya Navanîtam, Ribhu Gîtâ, Ashtâvakra Gîtâ, Ellâm Onru, Swarûpâ Sâram y Yoga Vâsishtha.

Hizo especial hincapié en el Ellâm Onru, diciéndome: «Si quiere *moksha*, escriba, lea y practique las instrucciones contenidas en el Ellâm Onru».

El Ribhu Gîtâ es un texto sánscrito que aparece en una obra titulada Shiva Rahasya. El libro que fue leído y estudiado en Râmanasramama era una traducción tamil. El Ashtâyakra Gîtâ es un texto védico atribuido al sabio Ashtâvakra, que fue recopilado aproximadamente en la mis-

ma época que los Upanishads más recientes. El *Swarûpa Sâram* contiene las enseñanzas de Swarupânanda, un gurú tamil del siglo XVII. El *Ellâm Onru* es un texto tamil del siglo XIX sobre la Advaita, cuyo estilo es similar al del *Ribhu Gîtâ*. El *Kaivalya Navanîtam* es una obra tamil sobre la Advaita y el *Yoga Vâsishtha* es un libro sánscrito en el que el sabio Vâsishtha transmite sus enseñanzas advaitas al Señor Râma.

En febrero de 1938, persuadí a Bhagavan que escribiera un breve versículo tamil sobre la *Advaita*. Le hice mi petición una vez que él nos expusiera lo siguiente:

«No se debería practicar la *Advaita* (no dualidad) en las actividades ordinarias. Es suficiente con que en la mente no exista una diferenciación. Si se mantienen miles de pensamientos discriminatorios dentro de uno mismo, no se debería pretender que todo es uno en el exterior».

«Los occidentales practican matrimonios mixtos y comen con cualquiera. ¿Para qué? Esto solo ha derivado en guerras y campos de batalla. ¿Quién ha obtenido felicidad alguna de todas esas prácticas?».

«El mundo es un inmenso teatro. Cada persona debe desempeñar el rol que se le ha asignado. Estar diferenciados es la naturaleza del universo pero nadie, en su fuero interno, debería tener el más mínimo sentido de diferenciación».

Aquel breve discurso me conmovió tanto que le pedí a Bhagavan que resumiera aquellas ideas en un versículo escrito en tamil. Bhagavan aceptó, tomó un versículo sánscrito del Tattvôpadêsa (versículo 87) que expresaba una idea similar y lo tradujo en un *venbâ* tamil.

El Tattvôpadêsa es una obra filosófica atribuida a Adi- Shankarâcharya. Un venbâ *es un tipo de versículo tamil compuesto por tres versos de cuatro pies y uno de tres pies.*

Una vez satisfecho de su traducción, también conseguí persuadirle de escribir la primera copia en limpio en mi diario. Aquel versículo, transcrito a continuación, fue finalmente publicado como el versículo treinta y nueve del *Ulladu Nârpadu Anubandham*.

> Oh, hijo mío, experimenta siempre la no dualidad en el Corazón, pero no la expreses nunca en la acción. La no dualidad puede expresarse en los tres mundos (el de Brahma, el de Visnú y el de Shiva), pero debes saber que la no dualidad no debe expresarse en cuanto al gurú se refiere.

El versículo veintinueve de la misma obra también fue escrito a petición mía. Un día, le pregunté a Bhagavan: «Si uno alcanza el *jnâna*, ¿qué indicios nos hacen saber que hemos alcanzado la meta espiritual?». Bhagavan respondió componiendo el siguiente versículo:

> Debes saber que el poder del intelecto y la luz de los que han descubierto la realidad aumentan necesariamente, como en esta Tierra, cuando llega la primavera, los árboles resplandecen de belleza y de muchas otras cualidades.

Este versículo no es una composición original. Es una traducción tamil de un versículo del Yoga Vâsishtha (libro 5, 76.20).

Algunos años más tarde, yo iba de camino a ver a Bhagavan cuando Mauni Srinivasa Rao me llamó y me dijo: «Acaban de llegar de la imprenta ejemplares del Bhagavad Gîtâ Sâram».

Chinnaswâmî me regaló uno de ellos, y se lo enseñé a Bhagavan. Ojeando el folleto, Bhagavan se dio cuenta de que el último versículo se había omitido por descuido. Lo escribió en el lugar adecuado antes de devolverme dicho folleto. Yo me senté en el *Hall* a leerlo. Venamma, la hermana de Echammal, que había visto a Bhagavan escribir el versículo que faltaba, fue a comprar un ejemplar y le pidió a Bhagavan que escribiera en él dicho versículo.

Bhagavan simuló un aire severo y fingió estar enfadado conmigo.

«Yo estaba sentado tranquilamente como Shiva, dijo. ¿Por qué me ha dado ese libro y me ha incitado a escribir en él este versículo? Es culpa suya. Si lo escribo para esta mujer, todas las demás mujeres del *Hall* me obligarán a hacerlo para ellas también. Todo esto está ocurriendo únicamente porque usted me ha hecho escribir este versículo».

La versión de Bhagavan de cómo yo le había forzado a escribir en mi libro difería tanto de los hechos que comprendí que solo me estaba manifestando su enfado para evitar tener que escribir en los cientos de libros defectuosos. Su demostración de cólera tuvo el efecto deseado: ninguno de los devotos presentes en el *Hall* osó acercarle su ejemplar.

Arunâchala

A veces, Bhagavan llamaba a Arunâchala «la montaña-medicina». El decía: «Para todos los males físicos y mentales, el *giri pradakshina* es un buen remedio».

Para intentar que la gente probara ese remedio, prescribía a menudo una *pradakshina* cotidiana a los *sâdhu*s que pasaban la mayor parte del tiempo sentados en meditación. Él les decía que hacer *pradakshina* una vez al día era una buena forma de mantener la mente en *sattva guna* (un estado de tranquilidad y de armonía).

En una ocasión, Bhagavan evocó la grandeza de Arunâchala comparándola con una famosa montaña del Râmâyana.

«Cuando Râma, Lakshmana y su ejército entraron en Lanka, dijo, Indrajit el hijo de Ravana, les lanzó una flecha muy potente. El impacto de la flecha fue tal que incluso Râma y Lakshmana se desvanecieron. Todo el ejército, a excepción de Hanuman, se desmayó. Hanuman regresó a la India y volvió con una montaña entera que contenía hierba medicinal *sanjîvini*. Cuando el aire que había estado en contacto con dicha hierba tocó a Râma, a Lakshmana y a su ejército, estos recobraron la consciencia y se curaron».

Bhagavan concluyó aquella historia diciendo: «El monte Arunâchala es más potente que esta montaña».

De vez en cuando, cuando la gente preguntaba a Bhagavan acerca de la grandeza de la montaña, el permanecía sentado en silencio. Aquella manifestación de *mauna* (silencio) era su propia respuesta a la pregunta.

Otras veces, estaba más dispuesto a hablar. En marzo de 1938, en respuesta a la pregunta de un visitante, dio un breve resumen de algunas de las historias sobre Arunâchala que encontramos en las Escrituras.

«La grandeza de esta montaña ha sido evocada de diferentes maneras por diferentes personas. En los *Purânas* (Escrituras que tratan sobre todo de mitología), se dice que el interior de Arunâchala tiene la forma de una gruta. También se dice que muchos *siddhas* (yoguis realizados o perfectos) y ascetas viven allí. El gurú Namashivaya ha cantado la grandeza de esta montaña. En uno de sus versículos, dice que la montaña atrae a aquellos que practican intensamente un *jnâna-tapas*. Mientras Ambal, la esposa de Shiva, realizaba su *tapas* en Annamalai (uno de los nombres tamiles de Arunâchala), el demonio con cabeza de búfalo, Mahîshâsura, vino a hablar con ella. "¿Por qué no te casas conmigo?, le preguntó. ¿Qué felicidad has obtenido realizando ese *tapas*?". Como Ambal le había rechazado, él se tornó violento. Inmediatamente, ella se transformó en Durga, la forma terrorífica de Ambal por el simple hecho de desear que la transformación tuviera lugar. Dicha transformación aterrorizó tanto a

Mahîshâsura que este decidió marcharse y reunir a todo su ejército antes de entrar en combate. Ambal, que sabía de sus intenciones, le envió el *Hitopadesa* por medio de Saruga Muni».

Hitopadesa es un pequeño tratado que contiene consejos dirigidos a Mahîshâsura. La palabra significa «buen consejo».

Como dicho *Hitopadesa* no estaba disponible en sánscrito, pedí a Bhagavan que lo escribiera en tamil. Bhagavan amablemente realizó una traducción parcial componiendo el siguiente versículo:

«Este lugar santo (Arunâchala) es la morada eterna de las personas virtuosas y de los fervientes adoradores. Aquí, las personas viles que tienen intención de perjudicar a los demás, perecerán afligidos por numerosas enfermedades y, en cuestión de segundos, el poder de los malvados les abandonará sin dejar la menor huella. Por tanto, no caigas en el temido fuego de la cólera del Señor Arunâchala cuya forma es una montaña de fuego».

Bhagavan concluyó aquella lección diciéndonos: «¿Quién puede hablar realmente de la grandeza de Arunâchala?».

Con el paso de los años, Bhagavan tradujo un total de siete versículos de Shrî Arunâchala Mahâtmyam [La Grandeza de Arunâchala], la obra sánscrita que es la fuente escrita principal de historias sobre Arunâchala. Los siete se han editado en la obra Five Hymns to Arunâchala *[Cinco himnos a Arunâchala].*

Algunos meses más tarde, Bhagavan volvió a hablar de la grandeza de Arunâchala: «Esta montaña no se formó en un momento concreto para ser destruida en otro. Es un *swayambû* (que se manifiesta espontáneamente) *lingam*. La palabra *lingam* se puede descomponer en: "ling" que significa "unión" y "gam" que significa "lo que forma". La palabra tiene varios significados como Dios, *Âtman*, forma y Shiva».

Los swayambû lingam *aparecen espontáneamente, como un acto divino. No son creados ni producidos por una actividad humana o geológica cualquiera.*

«Esta montaña no está realmente en la Tierra. Todos los cuerpos celestes están unidos a ella. *Lingam* es el nombre de la fuente de la manifestación y en la cual todo se resuelve».

Mientras Bhagavan evocaba de esa manera la grandeza de Arunâchala, hizo comentarios sobre otras historias de los Purânas.

«Las historias de los Purânas dicen que Dios recoge el polvo de los pies de sus devotos en una caja. Se dice que, a continuación, envuelve el polvo en seda y le hace un *pûjâ*. Hace esto para demostrar que él es devoto de sus devotos. Dice: "Yo glorifico a quien me glorifica en este mundo"».

Lakshmana Sharma

A finales de los años 1920, Bhagavan le preguntó a Lakshmana Sharma, uno de sus devotos eruditos si había estudiado el *Ulladu Nârpadu*. Lakshmana Sharma respondió: «No Bhagavan. El tamil me resulta demasiado difícil».

Ulladu Nârpadu es un poema de cuarenta y dos versículos, compuesto por Bhagavan en tamil, que explica la naturaleza de la realidad y los medios para descubrirla.

A pesar de que Lakshmana Sharma era tamil, no estaba familiarizado con todas las normas gramaticales del tamil literario. El tamil hablado y el literario tienen estructuras gramaticales diferentes. Las diferencias están tan marcadas que incluso los tamiles instruidos que no han estudiado las reglas del tamil clásico escrito, tienen dificultad para comprender los textos literarios.

Como Bhagavan pensaba que Lakshmana Sharma debía conocer aquella obra, le ofreció explicársela, línea a línea. Durante las semanas siguientes, cada día, Lakshmana Sharma tuvo el raro privilegio de recibir clases privadas por parte de Bhagavan. Tomó notas mientras este explicaba el significado de cada versículo y más tarde, utilizó la información que Bhagavan le transmitía para escribir un comentario tamil acerca de la obra.

Para asegurarse de que había comprendido bien el sentido, Lakshmana Sharma tradujo cada versículo al sánscrito. Bhagavan verificó dichas traducciones de una manera tan minuciosa que hizo que Lakshmana Sharma las reescribiera cinco o seis veces. Aquellos versículos sánscritos y una traducción inglesa de los mismos fueron publicados más tarde con el título de Revelación. *El comentario tamil original de Lakshmana Shamara todavía está en venta, pero nunca ha sido publicado en inglés.*

Aquel comentario fue publicado primero en un semanario llamado *Jana Mittiran*. Cuando llegaron al *ashram* los números de dicha publicación que contenían aquellos episodios, Bhagavan recortó los comentarios y los conservó cerca de su sofá.

Lakshmana Sharma deseaba que el *ashram* publicara el comentario en forma de libro, pero Chinnaswâmî rehusó la idea porque anteriormente, Lakshmana Sharma y él habían tenido algunas discusiones. Lakshmana Sharma tuvo pues que decidir publicarlo él mismo.

Bhagavan no intervenía casi nunca en los asuntos de la administración corriente de la oficina del *ashram*, pero cuando oyó que Chinnaswâmî había rehusado publicar aquel libro, hizo una excepción. Se dirigió a la habitación de Chinnaswâmî y miró hacia el interior por la ventana durante quince minutos. Chinnaswâmi, que estaba ocupado verificando las cuentas, no se dio cuenta de su presencia. Finalmente, los devotos tuvieron que ir a decirle que Bhagavan se encontraba de pie frente a su ventana desde hacía un buen rato.

Cuando Chinnaswâmî se levantó por fin a saludarle, Bhagavan dijo: «Todo el mundo dice que el comentario de Lakshamana Sharma sobre el *Ulladu Nârpadu* es el mejor. Nadie ha estudiado el *Ulladu Nârpadu* como Sharma lo ha hecho. ¿Por qué no publicas este libro?».

Chinnaswâmî aceptó el «consejo». Consintió en editar el libro como una publicación del *ashram* una vez que la primera edición estuviera agotada.

Mientras tanto, compró la mayoría de los ejemplares no vendidos de Lakshmana Sharma, pegó el nombre de Shrî Râmanasramama encima y la dirección del primer editor y vendió el libro en la librería del *ashram*.

Pequeños hurtos

A principios de los años 1930, había tan poca gente en el *ashram* que el antiguo *Hall* estaba a menudo vacío. Un día, mientras Bhagavan estaba tomando su baño, un ladrón entró en el antiguo *Hall*, que se hallaba desierto en aquel momento, y le robó las gafas. Un devoto le había regalado aquellas gafas, cuya montura era de oro.

Cuando se descubrió el robo, Bhagavan hizo el siguiente comentario severo a su sirviente: «Las han robado porque usted dejó la puerta abierta».

Desde entonces, hasta el momento en que comenzaron a llegar los visitantes a mediados de los años 1930, el antiguo *Hall* siempre permanecía cerrado cuando Bhagavan salía.

Aunque Bhagavan no sentía apego por los bienes materiales —a menudo decía que sus únicos bienes eran su bastón y su recipiente de agua—, frecuentemente nos ponía en guardia contra los ladrones. Concretamente, nos aconsejaba que cerráramos nuestras habitaciones cuando no nos encontrábamos en ellas. Predicó con el ejemplo cerrando él mismo la puerta de entrada del *ashram* sobre las nueve de la noche. En aquella época, la puerta principal se encontraba cerca del gran árbol *iluppai* y no al lado de la carretera. Durante un tiempo, en los años 1930, los devotos residentes tomaron la costumbre de sentarse cada noche delante de la puerta. A las nueve, Bhagavan iba a cerrarla a pesar de ver que nosotros estábamos sentados fuera. Al principio, me pregunté por qué Bhagavan actuaba así. Más tarde, comprendí que nos estaba recordando delicadamente que las puertas debían mantenerse cerradas por la noche.

A pesar de que Bhagavan nos animaba a disuadir a los ladrones de que nos robaran nuestros bienes, generalmente era indulgente si los ladrones eran descubiertos en el *ashram*. Recuerdo dos incidentes cuando Bhagavan autorizó a unos ladrones a que se marcharan sin ser castigados. La primera vez, fue cuando nuestro vigilante atrapó a un hombre pescando por la noche en Pali Tîrtham con una gran red de pesca. En aquella época, ese tipo de actividades estaba prohibido. El culpable resultó ser un hombre llamado Chinna, que poseía una parcela de tierra cerca del establo del *ashram*.

Cuando el vigilante trajo a Chinna ante Bhagavan y dijo que quería llevarlo a la comisaría de policía porque le había descubierto pescando en el depósito, Bhagavan dijo: «Déjelo ir, solo es nuestro Chinna».

El otro hurto tuvo lugar a plena luz del día. Un devoto que se llamaba Swâmî Somasundaram, descubrió a un hombre robando mangos de uno de nuestros árboles. Tuvieron una breve pelea que alcanzó el culmen cuando Swâmî Somasundaram arrastró al ladrón ante Bhagavan. Cuando Bhagavan fue informado del robo, le dijo a Swâmî Somasundaram que dejara ir al hombre.

Al día siguiente, una gran caja de mangos maduros llegó al *Hall*. En uno de los mangos, alguien había colocado una etiqueta con la inscripción «Râmana Bhagavan». Junto al paquete había una nota en la que se pedía que Bhagavan se comiera el mango que tenía la etiqueta. Los otros mangos estaban destinados a los devotos del *ashram*.

Cuando Bhagavan vio los mangos, la etiqueta y la nota, se giró hacia Swâmî Somasundaram y dijo: «Ayer usted peleó defendiendo lo que usted creía que eran nuestros mangos. Pero mire, de hecho, nuestros mangos crecían en otro lugar. ¡Lo ve! Incluso han impreso nuestros nombres sobre ellos».

Brahmachari Râmanatha

Brahmachari Râmanatha vino a ver a Bhagavan por primera vez en la época en la que este vivía en la gruta de Virupaksha. Tenía un aspecto muy característico, porque era muy pequeño, llevaba gafas con cristales gruesos y siempre se cubría el cuerpo con una gran cantidad de *vibhûti*. En la época de Virupaksha, iba a la ciudad para el *bhikshâ*. Llevaba toda la comida que había conseguido mendigar a la gruta, se la servía a Bhagavan y, después, se comía las sobras.

Un día, mientras le traía la comida a Bhagavan, se encontró con su padre en la montaña. Estaba sentado en el exterior del templo de Guhai Namashivaya más o menos a medio camino entre la ciudad y la gruta de Virupaksha. Su padre dijo que tenía mucha hambre y le pidió a su hijo una parte de la comida que había mendigado.

Brahmachari Râmanatha, creyendo que sería poco conveniente e irrespetuoso alimentar a alguien, aunque fuera a su propio padre, antes que a Bhagavan hubiera recibido su parte, le dijo a su padre: «Ven conmigo a ver a Bhagavan. Allí podemos compartir la comida».

Su padre, que no tenía ningún interés en Bhagavan, rehusó ir. Le pidió a su hijo que le diera comida y que después se marchara, pero brahmachari Râmanatha rechazó su petición.

Bhagavan había observado la escena desde la gruta de Virupaksha. Cuando finalmente brahmachari Râmanatha llegó allí, Bhagavan le dijo: «No tocaré su comida a menos que sirva antes a su padre».

Brahmachari Râmanatha regresó al templo de Guhai Namashivaya, pero en lugar de seguir las instrucciones de su gurú, volvió a pedirle a su padre que fuera a comer con Bhagavan en la gruta de Virupaksha. Cuando su padre, por segunda vez, rehusó ir, bramachari Râmanatha regresó a la gruta sin darle comida.

Bhagavan, esa vez con más firmeza, volvió a decirle: «No comeré si no le da antes de comer a su padre. Vaya a darle de comer».

Aquella vez, brahmachari Râmanatha obedeció la orden, le dio de comer a su padre y regresó a la gruta con el resto de la comida. Solo menciono esta historia porque demuestra cuán grande era su devoción por Bhagavan y cuán poco se preocupaba de ninguna otra cosa, incluyendo a su familia.

Brahmachari Râmanatha alimentaba a Bhagavan con tanto amor y tanta devoción que este era preso de su amor. Por eso, una vez dijo: «Únicamente tengo miedo de dos devotos: brahmachari Râmanatha y Patti Mudaliar». No se trataba de un miedo físico, sino más bien de un sentimiento de impotencia. Si un devoto ama a su gurú con un amor fuerte y ardiente, el gurú se ve obligado a hacer todo lo que el devoto pida. Bhagavan siempre temía cuando veía aparecer a brahmachari Râmanatha porque sabía que no podía resistirse a ninguna de sus peticiones. Râmakrishna Paramahamsa una vez expresó la misma idea diciendo: «Cuando se ha alcanzado el amor extático, se ha encontrado la cuerda con la que atar a Dios».

Algunos años más tarde de que el *ashram* se hubo trasladado al pie de la montaña, Chinnaswâmî y brahmachari Râmanatha tuvieron una pequeña disputa. No sé de qué se trataba, pero el resultado final fue que se prohibió a brahmachari Râmanatha que comiera y durmiera en el *ashram*. Un abogado de la ciudad llamado Neelakanta Sastri[1] acudió en su ayuda ofreciéndole espontáneamente comida.

Le dijo a brahmachari Râmanatha: «No se preocupe por la comida. A partir de ahora, usted puede venir a comer a mi casa cada día. Tengo fotos de Bhagavan y de Vinayaka. Si usted hace una *pûjâ* cotidiana a ambas imágenes, le daré desayuno y almuerzo en mi hogar. Usted también puede tomar los restos del almuerzo en un recipiente para comérselos en la cena».

Tras su expulsión del *ashram*, brahmachari Râmanatha se construyó una pequeñísima choza en Palakottu. Ya se había sentido atraído por algunas de las ideas de Gandhi cuando Bhagavan aún vivía en la montaña. Además de hilar algodón, un *must* para todos los «Gandhianos» de la época, se sentía muy atraído por la idea del servicio. Cuando se mudó a Palakottu, llevó a cabo el *sêvâ* (servicio) limpiando las chozas de todos los *sâdhus* que vivían en ellas y haciéndoles la compra. Antes de ir a la ciudad, preguntaba a todo el mundo en Palakottu si necesitaban algo. Invariablemente, siempre regresaba con lo que se le había pedido. Debido a todas aquellas actividades, Swâmî Kunju le puso el mote de «Sarvâdhikari de Palakottu» (el director general de Palakottu).

1. Sastri: también *shastri*, hace referencia a un apellido. Además, también puede referirse a un título concedido a estudiantes que se forman, generalmente, durante siete años (pueden continuar formándose dos años más). Al finalizar estos estudios, dichos estudiantes pueden conservar su apellido o cambiarlo para demostrar que ha cursado esta formación. Este título también les permite convertirse en sacerdotes hindúes acreditados o en profesores de religión.

Brahmachari Râmanatha estaba dispuesto a hacer lo que fuera por los *sâdhus* de Palakottu. Algunas personas abusaron haciéndole realizar tareas insignificantes o desagradables, pero él nunca se quejó. Al cumplir todas aquellas tareas con alegría y humildad, y al servir a Bhagavan con mucho amor y devoción, fue un ejemplo excepcional de cómo debería ser un buen devoto.

Diferentes sâdhanâs

Una vez me contaron una historia sobre unos aldeanos que fueron a ver a Bhagavan en busca de consejo espiritual. Le preguntaron cuál era la vía más directa hacia la liberación. Como siempre, Bhagavan les dijo que la técnica espiritual más eficaz era la búsqueda del Sí. Uno de los discípulos de Ganapati Muni que se encontraba presente en el *Hall* fue a ver a su gurú y le contó aquel hecho.

Ganapati Muni habría dicho: «¿Cómo ese tipo de gente puede comprender y practicar la búsqueda del Sí? Si hubieran venido a verme en busca de consejo, yo les hubiera dado un *namajapa* (repetición del nombre de Dios) para que lo repitieran».

Cuando le contaron a Bhagavan aquel comentario, les dijo a las personas que se encontraban en el *Hall*: «Cuando la gente me pregunta sobre la meditación, yo siempre les doy el mejor consejo. Es decir, les digo que practiquen la búsqueda del Sí. Si les digo que sigan otro método, les engaño, pues les estoy dando un consejo inferior. Que proponga un *japa* si quiere. Yo continuaré dando el mejor consejo diciéndole a la gente que realice una búsqueda del Sí».

Aunque Bhagavan demostró la veracidad de esa afirmación aconsejando a la mayoría de sus visitantes que siguieran la vía de la búsqueda del Sí, a veces prescribía otras técnicas. Un día, dio a un devoto *harijan* un mantra para que lo repitiera y, de vez en cuando, les decía a los visitantes que repitieran uno o todos los poemas que se habían escrito sobre Arunâchala.

Un día, prescribió a un grupo de aldeanos que recitara *Arunâchala Stuti Panchakam* (los cinco poemas de Bhagavan sobre Arunâchala). Cuando abandonaron el *Hall*, un devoto preguntó: «¿Cómo puede gente así comprender el tamil literario de estos poemas sin haberlo aprendido?».

«No tienen que comprender el significado, respondió Bhagavan. Obtendrán beneficios por el mero hecho de repetir los versos».

Recuerdo otro caso similar. Cada vez que la nieta de Echammal iba a ver a Bhagavan, él le pedía que leyera en voz alta el *Upadesa Undiyâr* (una obra filosófica de Bhagavan). Si ella cometía errores, Bhagavan le corregía su pronunciación.

Como parcía que ella era una chica de espíritu más bien mundano, en una ocasión le pregunté a Bhagavan: «Esta chica no parece aspirar al *jnâna*. ¿Por qué le pide usted que recite el *Upadesa Undiyâr* cada vez que viene?».

Bhagavan explicó: «En el futuro, cuando tenga dificultades, el recuerdo de estos versículos le ayudará».

Aquella chica es ahora una mujer mayor. Cuando la vi hace algunos meses – no nos habíamos vistos en varios años –, le recordé las lecciones que Bhagavan le había dado.

Ella me dijo: «Los versículos permanecieron en mi memoria toda la vida, pero solo recientemente, por la gracia de Bhagavan, comencé a comprender su significado».

Corregirse a sí mismo

Bhagavan enseñaba que uno debería corregirse a sí mismo antes que encontrar los defectos en los demás. En términos prácticos, eso significa que se debería encontrar la fuente de su propia mente antes que quejarse sobre el estado de ánimo y las acciones de los demás. Recuerdo una respuesta típica de Bhagavan al respecto.

Un devoto, muy cercano a Bhagavan, le preguntó: «Algunos devotos que viven con Bhagavan se comportan de manera muy extraña. Parece que hacen muchas cosas que Bhagavan no aprueba. ¿Por qué Bhagavan no las corrige?».

Bhagavan respondió: «Corregirse a sí mismo es corregir al mundo entero. El sol simplemente brilla. No corrige a nadie. Como brilla, el mundo entero está lleno de luz. Transformarse a sí mismo es un medio de dar luz a todo el mundo».

Un día, mientras estaba sentado en el *Hall*, alguien se quejó a Bhagavan sobre uno de los devotos que se encontraba presente: «Él no medita, no hace más que dormir».

«Y usted, ¿cómo lo sabe?, respondió Bhagavan. Solo porque usted ha abandonado su meditación para mirarle. Comience mirándose a usted mismo y no se preocupe por los hábitos de los demás».

A veces, Bhagavan decía: «Algunas de las personas que vienen aquí tienen dos objetivos: quieren que Bhagavan sea perfecto y quieren que el *ashram* también lo sea. Para alcanzar ese objetivo, emiten todo tipo de quejas y sugerencias. No vienen para corregirse a sí mismas, sino para corregir a los demás. No parece que estas personas recuerden la razón primera por la que han venido a ver Bhagavan. Si nos hacen un *namaskâram*, en seguida se imaginan que el *ashram* es su reino. Ese tipo de personas creen que nosotros deberíamos comportarnos como sus esclavos, haciendo únicamente lo que ellas piensan que deberíamos hacer».

Mudaliar Arunâchala

En Tiruvannamalai existe una calle cuyo nombre es Avarangattu Street, que, con el cambio de siglo, contaba con su propio grupo de *bhajan* a Shiva. El responsable de dicho grupo, *mudaliar* Arunâchala, visitaba a Bhagavan en la gruta de Virupaksha. Un día, en los años 1930, tras un lapso de tiempo de varios años, fue a ver a Bhagavan. Hizo *namaskâram* y después observó intensamente a Bhagavan durante un momento.

Finalmente dijo: «Bhagavan, cuando usted vivía en la montaña, brillaba como el sol; pero ahora, ese estado ha desaparecido. Ahora que su hermano ha llegado, que todas estas vacas han llegado, que todo este mobiliario ha llegado, le han despojado su brillo. Le han aniquilado».

Bhagavan expresó su acuerdo con presteza asintiendo con la cabeza y diciendo: «Sí, sí».

Mudaliar Arunâchala parecía muy contento cuando Bhagavan confirmó que había perdido todo su poder. Volvió a hacer *namaskâram* y después se marchó a hablar con Chinnaswâmî.

Cuando abandonó el *Hall*, le pregunté a Bhagavan: «¿Por qué le ha dado la razón a ese hombre cuando ha dicho que usted había sido aniquilado?».

Bhagavan se echó a reír y respondió: «Porque es cierto: mi "Yo" ha sido aniquilado definitivamente».

Me había sorprendido mucho que Bhagavan estuviera de acuerdo con aquel hombre, pero cuando escuché su explicación, me sentí repentinamente muy contento, puesto que me recordaba a un versículo de Mânikkavâchagar (un santo tamil del siglo IX): «Mi "Yo" ha sido aniquilado, mi cuerpo ha sido aniquilado, mi *jîva* ha sido aniquilado, mi mente ha sido aniquilada».

El «Yo» de Bhagavan había sido aniquilado mucho antes de que fuera a la gruta de Virupaksha. Hablaba así porque aquel hombre era incapaz de comprender que es imposible que un *jnâni* vuelva a caer en el *samsâra*.

Un incidente similar se produjo cuando Bhagavan aún vivía en la montaña. Mudaliar Arunâchala había hablado largo y tendido sobre una filosofía que era completamente contraria a la de Bhagavan. Durante todo el discurso, Bhagavan inclinaba frecuentemente la cabeza en señal de aprobación para que mudaliar Arunâchala tuviera la impresión de que estaba de acuerdo con él.

Una vez que mudaliar Arunâchala se marchó, su hijo le preguntó a Bhagavan: «Por qué ha fingido estar de acuerdo con él? Usted sabe que lo que ha dicho no era correcto».

Bhagavan le respondió diciendo: «Como realmente no se puede comunicar la verdad con palabras, no sirve para nada cuestionar la opinión que un hombre tiene sobre la verdad con otro montón de palabras. Yo sé que usted no está de acuerdo con sus ideas, pero no debe discutir con él. Es más mayor que usted. No le perjudicará si se adhiere a su opinión y aprueba lo que dice cada vez que comience a hablar así».

Alrededor de 1908, Bhagavan sintetizó en pocas páginas una voluminosa obra tamil llamada Vichâra Sâgaram (el océnao de la búsqueda). A este compendio lo tituló Vichâra Sâgara Sâra *Sangraham*. Mudaliar Arunâchala preguntó a Bhagavan si podía publicar su obra con su nombre. Bhagavan se preocupaba tan poco por el hecho de ser el autor que le autorizó a hacerlo. El libro se publicó en 1909. Aquel fue el segundo libro publicado de Bhagavan. El primero, en 1908, fue su traducción del de Vivekachûdâmani. Bhagavan admitió que era el autor de Vichâra Sâgara Sâra Sangraham *varios años más tarde, cuando Mungala Venkataramiah preparaba la primera traducción inglesa de aquella obra (ver el* Mountain Path, 1984, *pág. 93). Una vez que se identificó a Bhagavan como el autor, se cambió el título de la obra por el de* Vichâra Mani Mâlai.

Un mundo imperfecto

Una vez, Bhagavan me contó una historia mitológica sobre una disputa entre Subramania y Brahma.

«En una ocasión, Subramania contempló el mundo que Brahma había creado y vio que toda la gente era presa de sentimientos tales como los celos, la cólera y la codicia. Observó durante más tiempo y vio que esa gente casi siempre era infeliz y que, a menudo, discutían y se peleaban unos contra otros. Le dijo a Brahma que su creación era extremadamente defectuosa».

«"Tendría que haber creado un universo lleno de perfección y no de imperfección, dijo. ¿Por qué ha llenado el mundo de gente tan mala?"».

«Como Brahma rehusó aceptar que había cometido errores, ambos dioses tuvieron una acalorada discusión que únicamente terminó cuando Subramania venció a Brahma, lo hizo prisionero y destruyó toda su creación. Para demostrar que sus argumentos eran justos, Subramania decidió crear un Nuevo Mundo que sería perfecto en todos los sentidos. Se puso manos a la obra, pero pronto descubrió que no era posible insuflar vida o movimiento en aquel mundo. Incluso el sol y la luna que había creado, rehusaron moverse en el cielo. Como los únicos habitantes de aquel mundo eran los *jnânis*, en todas partes prevalecía una absoluta tranquilidad».

«Un tiempo después, Shiva llegó y preguntó: "¿Por qué has encerrado a Brahma?". Subramania respondió: "Este hombre estaba causando muchos problemas. Siempre creaba gente que se peleaba y que sembraba la discordia. ¡Mira mi creación! Todos son *nishthâs* (personas que se han establecido en el Sí)"».

«Shiva observó atentamente el mundo durante un rato antes de constatar: "En este mundo no hay movimiento, no hay sol, no hay luna. Has creado un mundo de *shûnya* (vacío)"».

«Subramania examinó su creación y tuvo que admitir que Shiva tenía razón. Liberó a Brahma de su prisión y le permitió crear otro mundo imperfecto».

Bhagavan decía que nunca existiría el mundo perfecto porque el mundo siempre es una creación de la mente imperfecta. No se puede crear un objeto perfecto con una herramienta tan imperfecta.

Así mismo decía: «Mientras exista la mente, existen el bien y el mal; pero para los *jnânis*, que no tienen mente, no existe ni el bien, ni el mal, ni el mundo».

Vale la pena contar otra anécdota relacionada con la creación:

«Jnânasambandhar, el santo *shivaíta* del siglo VI, que estaba de gira por el sur de la India, llegó a un templo que nunca había visitado. Antes de entrar, soñó que el Señor Shiva se le apareció y le dijo: "Le van a dar un palanquín de perlas"».

«El mismo día, Shiva se le apareció en sueños a uno de los administradores del templo y dijo: "Hay un palanquín de perlas en su depósito. Entrégueselo a Jnânasambandhar para que lo utilice"».

«El administrador fue al depósito, encontró el palanquín y se lo dio al santo. El palanquín no formaba parte de los bienes del templo. Se había manifestado misteriosamente el día en que Shiva se le apareció en sueños al administrador».

Bhagavan nos contó aquella historia mientras nosotros estábamos sentados en el *Hall*. Al final de su relato, le pregunté a Bhagavan: «¿Cómo apareció el palanquín de la nada en el depósito?».

Bhagavan respondió: «Dios tiene el poder de crear el universo entero en un solo instante: para un ser así, ¿qué dificultad puede haber para crear un pequeño palanquín?».

Samâdhi y pârâyana

A veces, Bhagavan entraba en un estado de trance parecido al *samâdhi* mientras escuchaba el *pârâyana* tamil (la salmodia cotidiana de textos sagrados que tenía lugar en su presencia). Me han dicho que aquello ocurría frecuentemente en Skandashram, así como en Râmanasramam a principios de los años 1920, pero en la época en la que yo llegué al *ashram*, aquello se producía rara vez.

La primera vez que asistí a aquel fenómeno, Swâmî Dandapani aún era director del *ashram*. Bhagavan había entrado en *samâdhi* durante el *pârâyana* de la tarde noche y no había salido de aquel estado. Incluso el sonido de la campanilla anunciando la cena le dejó impasible. Para intentar despertarle, Swâmî Dandapani hizo sonar varias veces una caracola en la oreja de Bhagavan, mientras otro devoto empezó a sacudir sus piernas. Ninguna de las dos acciones produjo efecto alguno. Unos cinco minutos después, Bhagavan retomó su consciencia habitual sin su asistencia.

Como yo sentía algo de intriga por aquellos estados, una vez le pregunté a Bhagavan: «¿Qué es el *samâdhi*?».

Bhagavan respondió mostrándome el versículo veinticinco del capítulo cuarenta y tres del Ribhu Gîtâ en el que Nidaga explica a su gurú, Ribhu, como había alcanzado el *samâdhi*.

«Yo» es Brahman para siempre y Brahman es verdaderamente «Yo». Aquella convicción, cuando se experimenta firmemente, se conoce como el inquebrantable *samâdhi*. El *samâdhi* es cuando nos encontramos permanentemente en el *nirvikalpa* (sin diferencias) desprovistos de pensamientos, libre de todas las apariencias de dualidad. Mi Señor, por estos dos tipos de *samâdhi*, yo he alcanzado la felicidad de *jîvanmukti* (liberación mientras aún se está con vida) y me he convertido en el Supremo inmaculado.

> *Bhagavan definió una vez la verdadera naturaleza del* nirvikalpa samâdhi *de la siguiente forma:* «*La simple no percepción de las diferencias (*vikalpas*) en el exterior no es la verdadera naturaleza de* nirvikalpa. *Debe saber que únicamente la no aparición de las diferencias en la mente muerta es el verdadero* nirvikalpa». *(Gurú Vâchaka Kôvai versículo 893, citado en* Sois ce que tu es*).*

Bhagavan a veces entraba en *samâdhi* en otras ocasiones. Un día, estaba yo haciendo guirnaldas en el templo de la Madre cuando Bhagavan vino a sentarse cerca. Intercambiamos algunas palabras y, a continuación, Bhagavan entró en un profundo estado de *samâdhi*, con los ojos abiertos y no se movió lo más mínimo en casi media hora. Se parecía tanto a una estatua que incluso su respiración se detuvo. No había ni parpadeo ni temblor de los párpados, ninguna señal de respiración, —coloqué mi mano frente a su cara para verificarlo—, ni el más mínimo movimiento corporal. Cuando volvió en sí, se echó a reír y continuó como si nada hubiera pasado.

Aunque *samâdhis* tan profundos como aquel no eran frecuentes, Bhagavan parecía estar siempre en una especie de trance menor cuando se cantaba el *pârâyana*. Permanecía sentado como una estatua, con una mirada vítrea y, a menudo, confesaba más tarde que no recordaba haber escuchado mucho el canto.

Recuerdo un divertido incidente que tuvo lugar un día de buena mañana, justo antes del momento en el que íbamos a cantar el *pârâyana*. Hacía varias semanas que Bhagavan no comía demasiado por la noche. Por ello, tenía tendencia a sentirse un poco hambriento sobre las cuatro de la mañana del siguiente día. Para calmar su hambre, Bhagavan tostaba cacahuetes en su *kumutti* y se los comía. Una vez tostados, le ofrecía a Krishnaswâmî, su sirviente, y a cualquiera que se encontrara en el *Hall* en aquel momento.

Aquella mañana, Bhagavan sacó sus cacahuetes y le dijo a Krishnaswâmî: «Antes de que comiencen el Veda *pârâya*na, hagamos el cacahuete *pârâyana*».

El Veda pârâyana cotidiano, cantado en sánscrito, se instauró en 1935. Desde aquel momento, ambos pârâyanas cotidianos consistían únicamente en versos tamiles.

Además del *pârâyana* regular, también cantábamos largos extractos del Ribhu Gîta.

Bhagavan admiraba tanto aquel libro que nos dijo a varios de nosotros que lo leyéramos regularmente como parte de nuestro *sâdhanâ*. Incluso decía que la lectura constante de ese libro conducía al *samâdhi*. Yo era uno de los devotos a quienes Bhagavan había dicho que leyera aquel libro regularmente. El *pârâyana* regular tenía lugar en un horario fijo por la mañana y por la noche, pero las lecturas del Ribhu Gîta no tenían horario alguno. A veces, nosotros leíamos fragmentos sobre las tres de la tarde y otras, sobre las ocho de la tarde.

Tras el *pârâyana* regular, Bhagavan y los devotos reunidos permanecían sentados a menudo en silencio durante más o menos media hora. Un día, en la época en la que yo dirigía los trabajos de construcción, entré en el *Hall* durante aquel tiempo de silencio y me postré ante Bhagavan. Este, que hasta aquel momento estaba sentado con los ojos cerrados, los abrió inmediatamente y comenzó a hablar de construcción.

Cuando terminamos nuestra conversación, uno de los devotos le comentó lo siguiente a Bhagavan: «Usted estaba sentado en silencio con los ojos cerrados, pero cuando Swâmî Annamalai apareció, usted los abrió inmediatamente y comenzó a hablar del trabajo de construcción».

Bhagavan respondió a la pregunta implícita diciendo: «La mente de Swâmî Annamalai está llena de pensamientos de construcción. Todos ustedes están sentados en silencio y en paz. Yo también lo estaba. Swâmî Annamalai lleva todos los edificios del *ashram* en su cabeza. Cuando entró en el *Hall*, todos esos pensamientos de construcción me incitaron a hablar».

Namaskârams (postraciones).

En ocasiones, Bhagavan se enfadaba si los devotos se postraban ante él en exceso o si lo hacían distraídamente y sin devoción. Puedo dar varios ejemplos. Un día, yo me hallaba ocupado haciendo guirnaldas de flores para la *pûjâ* de la Madre, cuando Bhagavan entró en el templo y se sentó en *padmâsana* (postura del loto).

Mientras me postraba ante él, me reprobó diciendo: «Si usted hace eso, todos los demás se van a sentir obligados a hacer lo mismo. ¿Por qué deberían hacerme todos *namaskâram* de esa forma? Yo no me considero más importante que ustedes. Todos somos uno».

Los demás no tuvieron en cuenta sus consejos y también se postraron ante él.

Si, cuando Bhagavan salía del *Hall* había devotos sentados en el suelo, estos se levantaban inmediatamente en señal de respeto. En ocasiones, aquel gesto mecánico de deferencia le contrariaba.

En tales circunstancias, les decía a los devotos que se habían levantado: «¿Por qué están así? ¿Por qué no permanecen sentados en el suelo? ¿Acaso soy un tigre, o una serpiente, para que se levanten de golpe cada vez que aparezco?».

En otra ocasión, mientras Bhagavan iba a pasear al pie de la colina, un obrero del *ashram* le vio, detuvo su trabajo y se postró de cuerpo entero en el suelo.

Bhagavan le dijo: «Hacer bien su trabajo es en sí un gran *namaskâram*. Si todo el mundo cumpliera con su propio deber tal y como le corresponde (*swadharma*), sin desviarse, sería fácil que cada uno alcanzara el Sí».

Bhagavan expuso una vez la teoría que subyace al *namaskâram* y explicó por qué no le gustaba que la gente se postrara continuamente ante él.

«Al principio, la práctica del *namaskâram* fue introducida por personas de gran valor espiritual como una ayuda para dedicarse en cuerpo y alma a Dios. Hoy hemos perdido completamente de vista el objetivo inicial. En la actualidad, la gente piensa: "Si hacemos *namaskâram* a un *swâmî*, podemos camelarlo y conseguir que haga lo que nosotros queremos". Se trata de un grave error: al *swâmî* no se le puede engañar nunca. Solo son engañadas aquellas personas egoístas que realizan *namaskâram* con motivos hipócritas. No me gusta ver cómo la gente viene a hacerme *namaskâram*. ¿Qué *namaskâram* necesitamos? Conservar la mente en el camino espiritual adecuado es de por sí el *namaskâram* más grande».

Bhagavan no tenía inconveniente con que hiciéramos *namaskâram* con amor, no hacía objeciones más que de vez en cuando, si consideraba que nos postrábamos más por hábito que por devoción.

Recuerdo un incidente que ilustra esto muy bien. Un día, después del almuerzo, yo paseaba con Bhagavan de camino a Palakottu. Él se fue a defecar detrás de un arbusto puesto que, en aquella época, no había verdaderos aseos en el *ashram*. Mientras esperaba a que regresara, vi un gran convoy militar que se dirigía a Bangalore. Un soldado, que debía ser un devoto, detuvo su vehículo, salió y corrió hacia el *ashram*. Evidentemente, tenía mucha prisa porque tendría que haber continuado con el convoy. Más tarde, los devotos que se encontraban allí me dijeron que el soldado había entrado corriendo en el *ashram* y preguntó inmediatamente por Bhagavan. Cuando le dijeron que Bhagavan se había ido a Palakottu, continuó corriendo y, unos minutos más tarde, llegó hasta donde yo estaba.

Como estaba gritando «¿Dónde está Bhagavan? ¿Dónde está Bhagavan?», este se levantó y salió de detrás del arbusto.

Era en pleno día, durante el periodo más caluroso del año. La arena y las piedras estaban casi demasiado calientes como para tocarlas pero, a pesar de aquello, el soldado se postró de cuerpo entero en el suelo ante Bhagavan.

Algunos segundos más tarde, le dijo a Bhagavan: «Mi *karma* es muy difícil. No puedo detenerme aquí más que algunos segundos. Por favor, bendígame».

Bhagavan le miró afectuosamente y le bendijo con una sonrisa llena de gracia. Tras algunos segundos, el soldado se levantó y corrió hacia su vehículo.

Cuando regresamos al *ashram*, Bhagavan alabó la acción del soldado: «A pesar de su *karma* muy complejo, un fuerte impulso le ha empujado a venir a verme. Sus acciones demuestran por sí solas que ha alcanzado un alto nivel de devoción».

Cuando Bhagavan iba a dar un paseo a Palakottu o a la montaña, se había establecido la norma de que únicamente le acompañara su sirviente. Dicho sirviente tenía la orden de disuadir al resto de personas que se acercaran a Bhagavan o que le hicieran preguntas. A veces, algunos devotos que tenían problemas de los que no podían hablar públicamente en el *Hall*, le alcanzaban y le hablaban de su problema mientras él paseaba, pero aquel privilegio era algo exclusivo de los devotos más íntimos. El resto de personas eran apartadas. Si yo hubiera seguido estrictamente las reglas, hubiera mantenido al soldado alejado de Bhagavan, pero como era obvio que tenía mucha prisa, no hice intento alguno por impedirle que obtuviera su breve *darshan*.

Recuerdo otra ocasión en la que Bhagavan pareció aprobar que un devoto cayera a sus pies. Bhagavan estaba sentado en un sofá fuera del *Hall* y muchos devotos venían, se postraban y se marchaban. Un sacerdote cristiano entró en el *ashram*, pero no se acercó a Bhagavan ni tampoco intentó postrarse ante él. Simplemente permaneció de pie a cierta distancia y miró a Bhagavan con una evidente curiosidad durante unos cuarenta y cinco minutos. Finalmente, como cae un árbol, se estiró en el suelo, se postró de cuerpo entero y, a continuación, se marchó.

Sin duda, tuvo una experiencia que le convenció de la grandeza de Bhagavan, pero nunca supimos nada más, porque se marchó sin mediar palabra.

Una vez que se marchó, Bhagavan sonrió y constató: «No ha podido controlarse por más tiempo sin hacer *namaskâram*».

Un día, un devoto se acercó a Bhagavan y le preguntó si podía postrarse ante él y tocarle los pies.

Bhagavan respondió: «Los pies reales de Bhagavan no existen más que en el corazón del devoto. La verdadera felicidad se halla en aferrarse incesantemente a sus pies. Si se aferra a mis pies de carne se va a decepcionar, porque un día, este cuerpo de carne desaparecerá. El mayor culto es el culto a los pies del gurú que se encuentran en nosotros mismos».

Una dirección codiciada

Cuando fui a vivir con Bhagavan, era Swâmî Dandapani, el suegro de Muruganar, quien dirigía el *ashram*. Era un hombre alto y fuerte, le gustaba gastar dinero y comer bien. Durante los años en los que fue director, gastaba el dinero del *ashram* de forma muy liberal, tanto que a menudo estábamos endeudados. En aquella época, el *ashram* era muy pobre. Rara vez había dinero y los donativos de los devotos con frecuencia estaban destinados a pagar dichas deudas. Afortunadamente, nuestras necesidades eran mínimas. Aparte de la comida, pocas veces debíamos comprar otras cosas. Si la comida ofrecida por los devotos no resultaba suficiente para todos nosotros, completábamos lo que faltaba comprándole a un devoto que poseía una tienda en la ciudad. Aquella tienda (llamada la tienda Poluran porque su propietario provenía de Polur) se hallaba cerca del templo, muy cerca de la calle Tiruvoodal. El propietario aceptó concedernos un crédito ilimitado porque sabía que tarde o temprano un rico devoto visitante pagaría todas nuestras deudas.

Aquella existencia cotidiana se veía exacerbada por las prodigiosas maneras de Swâmî Dandapani. Si un devoto llegaba ofreciendo dinero, Swâmî Dandapani lo gastaba completamente en artículos bastante caros tales como el *vadai*, el *payassam* y el *badam halva* (una golosina hecha de almendras). Festejábamos durante dos días, viviendo como reyes. A continuación, al tercer día, uno de nosotros tenía que ir a la tienda Poluran para comprar a crédito la comida del día siguiente. Swâmî Dandapani gastaba de forma liberal incluso cuando el *ashram* tenía poco o nada de dinero. Una vez, contrató a uno de sus parientes como cocinero por quince rupias al mes. El *ashram* no contaba con el dinero para pagarle y debíamos comprar a crédito la comida que este preparaba. Bhagavan desaprobaba aquellos gastos inútiles.

Recuerdo una ocasión en la que le dijo a Swâmî Dandapani: «¿Por qué gasta el dinero de esa forma? Usted hubiera podido preparar gachas u otro alimento barato, limitar nuestros gastos y hacer que estos donativos durasen más tiempo. Derrocha el dinero en artículos caros e inútiles y después, al día siguiente, se queja de que no hay más».

Swâmî Dandapani intentó equilibrar las cuentas recolectando dinero en nombre de Bhagavan y del *ashram*. Este último se oponía absolutamente. No veía inconveniente en que los devotos ofrecieran dinero voluntariamente pero, con frecuencia, se enfadaba si sabía que los administradores del *ashram* pedían dinero en su nombre. Bhagavan había hablado varias veces con Swâmî Dandapani, pero el día que recibimos la visita del rajá de Râmanathapuram fue la gota que colmó el vaso.

Cuando llegó el rajá, Bhagavan se encontraba en la cocina limpiando hojas verdes. Le dijeron que el rajá había llegado, pero no prestó atención. Continuó limpiando las hojas, muy lenta y minuciosamente. Al final, cuando terminó el trabajo, fue al *Hall* y se sentó en su sofá. El rajá le hizo *namaskâram*, permaneció allí alrededor de una hora, hizo algunas preguntas y se marchó.

Cuando el rajá abandonó el *ashram*, Swâmî Dandapani le acompañó hasta el templo de Dakshinamûrti.

Mientras caminaba a su lado, Swâmî Dandapani hizo el siguiente comentario al rajá: «Como puede ver, Bhagavan no posee edificios apropiados. Contamos con muy poco dinero para esto. A veces, no tenemos ni para comprar comida».

Sin pedir dinero explícitamente, dejó claro que una donación sería bienvenida. Otros devotos escucharon aquel comentario e informaron a Bhagavan. Cuando Swâmî Dandapani regresó de acompañar al rajá, Bhagavan le reprendió de forma muy severa.

«Usted ha perjudicado a ese rajá, dijo. Este posee un palacio, un montón de dinero y todos los placeres que este puede ofrecer, pero se siente frustrado porque ha comenzado a darse cuenta de que el dinero no puede comprarle la felicidad. Ha venido a verme a mí, un hombre que no posee más que un pareo, y me ha dicho: "Soy un hombre infeliz. ¿Acaso es posible alcanzar la felicidad? ¿Cómo puedo conseguirlo?". Vino aquí para encontrar la felicidad, pero usted, con su mendicidad y sus quejas ha roto sus esperanzas. Ahora, ese hombre va a pensar: "Este hombre no es feliz en su situación de pobreza. Aún pide cosas". Va a regresar a su casa diciendo: "La pobreza no es la respuesta. La felicidad solo puede venir del dinero y de todo lo que este te permite adquirir". Hablándole así, usted ha provocado la pérdida de ese hombre. En el futuro, sea quien sea que venga aquí, no se atreva nunca más a decirle a nadie que un *swâmî* necesita dinero. Jamás vuelva a pedir dinero».

Swâmî Dandapani también causaba problemas puesto que tenía un temperamento agresivo y moralizador. Algunos años antes de mi llegada a Râmanasramam, agredió físicamente a Chinnaswâmî durante una *bhikshâ* organizada en honor de Bhagavan en Palakottu. Las dificultades comenzaron cuando Chinnaswâmî comenzó a regañar a algunos devotos porque se comportaban mal. Bhagavan se dio cuenta de ello y se lo reprochó.

Al ver aquello, Swâmî Dandapani gritó a Chinnaswâmî encolerizado: «¿Por qué ha actuado de esa forma, en contra de la voluntad de Bhagavan?».

Chinnaswâmî le respondió y estalló una gran discusión entre ellos. Swâmî Dandapani se enfadó tanto que agarró a Chinnaswâmî por el cuello y comenzó a empujarle hacia el depósito de Palakottu. Bhagavan había observado la escena en silencio, pero cuando pareció muy probable que Swâmî Dandapani iba a lanzar a Chinnaswâmî al agua, intervino golpeando con su bastón a Swâmî Dandapani en la espalda. La pelea cesó inmediatamente.

Bhagavan se dirigió a ellos diciéndoles: «Me importa poco quién salga vencedor de esta pelea. No es asunto mío. Pero ambos visten la túnica naranja de los *sannyâsins*. Si uno de ustedes mata al otro, la reputación de todos los *sannyâsins* se verá afectada. Así que, ¡deténganse ya!».

He encontrado tres versiones de este incidente: uno de sâdhu Natânanda (Râmana Darshanam, capítulo 45), uno de M.N. Krishnan (Le Mountain Path [El camino de la Montaña], 1979, pág. 225) y uno de Ra. Ganapati (Kalki Dîpâvali Malar, 1986, págs. 109-10). En ninguno de ellos concuerdan los hechos. Sin embargo, todos están de acuerdo en que hubo una pelea física entre Chinnaswâmî y Swâmî Dandapani y que Bhagavan le puso fin golpeando a este último. Swâmî Annamalai no estuvo presente en aquel incidente, sino que se lo escuchó a otra persona. La versión que él oyó corresponde exactamente a la publicada por sâdhu Natanânanda.

Durante los años en los que Swâmî Dandapani era director, Bhagavan y Chinnaswâmî intentaron, en vano, hacer que cambiara sus costumbres. Como la persuasión no tuvo éxito, Chinnaswâmî comenzó una campaña en su contra diciéndoles a los devotos residentes y a los visitantes que aquel dirigía mal el *ashram* y que malgastaba sus fondos. Acabó consiguiendo el suficiente apoyo como para que Swâmî Dandapani perdiera su puesto.

Los directores del *ashram* no eran nombrados por Bhagavan sino que eran elegidos por los devotos.

Cuando un director ya no era del agrado la mayoría de los devotos, su situación se volvía insostenible. Esto es lo que le ocurrió a Swâmî Dandapani. Tras la campaña de Chinnaswâmî, una delegación de devotos insatisfechos llegó de la ciudad y le hizo saber que no le querían como director. Una vez que le expusieron que no se podían tolerar más sus excesos financieros, se le comunicó la orden de marcharse aquel mismo día. También se le informó de que, si deseaba regresar, no estaría autorizado a permanecer más de tres días seguidos. Swâmî Dandapani recurrió a Bhagavan para salvar su puesto, pero Bhagavan rehusó intervenir.

Le dijo a Swâmî Dandapani: «Antes, usted dominaba a todo el mundo abusando de sus poderes. Ahora estos le dominan. ¿Qué puedo decir? Mi trabajo consiste simplemente en observar todos esos acontecimientos».

Al darse cuenta de que Bhagavan no le salvaría, Swâmî Dandapani cedió a las exigencias de los devotos y abandonó el *ashram*.

Después de haber realizado aquel golpe de fuerza, los devotos del *ashram* y de la ciudad se reunieron y decidieron que Chinnaswâmî sería el nuevo director. Bhagavan no participó en aquellas conversaciones. Se contentó con aceptar la elección de los devotos cuando estos se la plantearon. Chinnaswâmî, que ambicionaba aquel puesto desde hacía varios años, estuvo encantado con dicha decisión.

No todo el mundo estaba contento con aquella elección. Por ejemplo, Ganapati Muni también quería aquel puesto, pero no pudo conseguir el apoyo suficiente para su reivindicación. Aquello no le desanimó.

Algunos meses después de la entrada en funciones de Chinnaswâmî, Ganapati Muni decidió ignorar a los devotos y pedirle directamente a Bhagavan si podía tomar la dirección del *ashram*.

Mientras se dirigía al *ashram*, acompañado por algunos de sus discípulos, Swâmî Seshadri lo vio, leyó sus pensamientos y se rio a carcajadas.

«¡Oh! ¡Oh!, exclamó. ¿Realmente es así como usted va a dirigir Râmanasramam?».

Swâmî Seshadri es el santo excéntrico cuyo encuentro con Swâmî Annamalai es descrito en el primer capítulo. En los años 1920, las personas que deseaban que Bhagavan les concediera uno de sus deseos, a menudo iban a ver a Swâmî Seshadri antes de visitar a Bhagavan para saber si su petición tenía posibilidades de ser cumplida. Swâmî Seshadri leía sus pensamientos y reaccionaba de forma negativa si sentía que Bhagavan no iba a colmar el deseo.

Aquel comentario negativo, proferido con tanta mofa por Swâmî Seshadri, habría desanimado a la mayoría de personas, pero Ganapati Muni continuó con su misión. Se dirigió al antiguo *Hall* y comenzó a decirle a Bhagavan que Chinnaswâmî no dirigía correctamente el *ashram*.

En el mismo momento en el que le decía a Bhagavan que a él le gustaría dirigir el *ashram*, Bhagavan le interrumpió diciendo: «¿Ha venido usted aquí con ese objetivo? Chinnaswâmî ya está ejerciendo su trabajo. Ha realizado el *tapas* durante varios años para obtener ese puesto. ¿Por qué se inmiscuye?».

Ganapati Muni, al darse cuenta de que Bhagavan no le apoyaría en su reivindicación, regresó a la ciudad y nunca más volvió a mencionar el asunto.

Bhagavan no había intervenido cuando Swâmî Dandapani y Chinnaswâmî se habían peleado por el tema de la dirección del *ashram*, pero se oponía claramente a que Ganapati Muni tuviera algo que decir en la gestión del *ashram*. Poco después del incidente, escuché a Bhagavan hablar con Chinnaswâmî sobre Ganapati y sus discípulos.

«Picha, dijo, sé prudente con esas personas. ¡Si les dejas tener la mínima autoridad aquí, pronto habrán tomado el poder de manera tan total que tú tendrás que pedirles permiso hasta para mover un dedo!».

«Picha» era un apodo familiar dado a Chinnaswâmî durante su infancia.

Durante aquellas disputas de poder, hubo muchos roces entre Chinnaswâmî y Ganapati Muni. Ambos tenían personalidades muy fuertes y entraban en conflicto a causa de diversos aspectos de la política del *ashram*. Discutían incluso por cuestiones inútiles e insignificantes. Recuerdo muy bien una pelea bastante infantil que mantuvieron en público. Ganapati Muni había dicho que era el discípulo número uno de Bhagavan. Aquella afirmación contrarió a Chinnaswâmî, a quien le gustaba pensar que el discípulo más eminente de Bhagavan era él. Chinnaswâmî se opuso a la reivindicación y le dijo a Ganapati Muni que él era mejor devoto. Como Ganapati Muni rehusó admitirlo, una nueva discusión estalló entre ellos. Finalmente, informaron a Bhagavan de su disputa y le pidieron que la juzgara. Al principio Bhagavan rehusó dar su opinión pero cuando, tras varios días de peleas públicas en el *Hall*, quedaba claro que la disputa estaba lejos de calmarse, decidió intervenir. En aquella época, yo era el sirviente de Bhagavan, por lo que me hallaba en un buen lugar para ver evolucionar la disputa y para ser testigo de la forma en la que Bhagavan reaccionó ante la misma. Al principio, Bhagavan dijo algo amable acerca de Chinnaswâmî y después hizo algunos elogios a Ganapati Muni, pero rehusó resolver la disputa a favor de uno o del otro. A continuación, les recordó a ambos amablemente la necesidad de la humildad en el camino espiritual.

«Sea cual sea el esfuerzo que cualquiera haga, aquello que la realidad es siempre permanecerá. No hay nadie, por muy grande que sea, que pueda dar a otra persona *moksha* o *bandita* (liberación o esclavitud)».

«Es natural que una persona piense que todo el mundo debería conocerle y alabarle. Pero si ese pensamiento está presente, no se puede alcanzar ni la verdadera grandeza ni la verdadera felicidad. Dios no está interesado en aquellos que anteponen sus propias pretensiones a la grandeza. Lejos de ser grande, aquel que no satisface a Dios es una persona inferior. Si alguien se entrega en cuerpo y alma a Dios de todas las formas posibles, Dios le hará célebre y el mundo entero cantará sus alabanzas».

Bhagavan citó un versículo de *Vairâgya Satakam* para apoyar sus comentarios.

> Oh mente, piensas en la forma de hacer que la gente del mundo te considere importante.
>
> Solo el Dios que existe eternamente concede la esclavitud o la liberación. ¿De qué puede servir que los demás conozcan tu grandeza? Oh mente, realiza la rara ascesis (*tapas*) de someterte a los santos pies dorados de Dios. Entonces, Dios te hará tan grande que el mundo conocerá tu grandeza y te alabará. Debes saberlo.

Aquel día, más tarde, mientras paseaba por la montaña, solo con Bhagavan, le hablé del incidente.

«Como usted ha elogiado alternativamente a Ganapati Muni y a Chinnaswâmî, basándome en sus comentarios, yo no sabría decir de qué lado está realmente».

Bhagavan se echó a reír y dijo: «Chinnaswâmî piensa: "Yo soy un gran hombre", y Ganapati Muni piensa: "Yo soy un gran hombre". La verdad es que ni uno ni otro son grandes».

De regreso al *Hall*, Bhagavân me entregó una obra tamil titulada *Shivabhôga Sâram* y me mostró el versículo 96:

> Aquellos que, no prestándole atención, suprimen el pensamiento que dice «Yo soy grande», los Vedas dicen que son grandes. Aquellos que dicen «Yo soy grande», son pequeños. Dime, ¿quién más sino ellos van a experimentar sufrimiento en este mundo?

En 1938, Swâmî Annamalai escribió un informe sobre esta disputa en su diario. El incidente tuvo lugar en 1928. Cuando Munagala Venkataramiah tomó prestado el diario para darle cuerpo al manuscrito que sería finalmente publicado con el título de Talks with Shrî Râmana Maharshi *(publicado en francés con el título* L'enseignement de Râmana Maharshi, [Conversaciones con Shrî Râmana Maharshi]), *este acortó y censuró severamente esta historia. Lo que quedó de aquella operación de censura fue publicado en la entrevista nº 544 (nº 486 en la edición francesa). En ese breve informe, se hace referencia a Ganapati Muni y a Chinnaswâmî como «dos bhaktas».*

En aquel entonces, había en el *ashram* un devoto que, al menos para mí, era un ejemplo viviente de las enseñanzas de Bhagavan sobre la humildad y la devoción desinteresada. Su nombre era Viran y el *ashram* le había contratado para transportar agua.

En aquella época, siempre nos faltaba agua. Como el pozo no daba el agua suficiente como para satisfacer todas nuestras necesidades, tuvimos que traerla del exterior. Cada día, hacia las cuatro de la tarde, todo el mundo, a excepción de Bhagavan, debía ir a buscar agua con un cubo al depósito de Palakottu. Cada uno de nosotros debía traer alrededor de diez cubos de agua al día. Aquella era una actividad muy agotadora: en efecto, los edificios principales del *ashram* se encontraban a unos ciento cincuenta metros del depósito. En verano, cuando el nivel de agua del depósito de Palakottu era muy bajo, nos traían agua potable con una carreta desde el depósito de Bûmanda, que se encuentra en la ciudad, cerca de la mezquita. Debíamos conservar en el *ashram* toda aquella agua en reserva en grandes recipientes.

Como todas aquellas actividades resultaban insuficientes para cubrir nuestras necesidades de agua, contratamos a tiempo completo un hombre llamado Viran, para que trajera agua desde el depósito de Palakottu. Además, realizaba diversas labores pequeñas en el *ashram* y en los alrededores. A pesar de que al principio fue contratado para las obras del *ashram*, también estaba dispuesto a ayudar a cualquier devoto residente en sus tareas cotidianas. Si alguien le llamaba para realizar un trabajo, él acudía inmediatamente. Ningún trabajo era demasiado degradante para él. Estaba incluso dispuesto a trabajar en mitad de la noche si alguien se lo pedía. Era un hombre muy humilde cuyo objetivo principal en la vida parecía ser el de complacer a los demás. Si alguien se dirigía a él irrespetuosamente porque el provenía de una casta inferior, Bhagavan manifestaba inmediatamente su desaprobación.

«¿Por qué le llama así?, preguntaba. Si quiere que haga un trabajo, debería llamarle con afecto y amor».

Bhagavan mostraba a menudo mucho amor por aquel hombre, porque sabía que era muy humilde y que realizaba sus tareas con amor y devoción.

Su trabajo no solo impresionaba a Bhagavan. Un rico devoto, que había visto trabajar a Viran, decidió ayudarle subvencionando los gastos de los estudios de su hijo. El devoto inscribió al hijo en una buena escuela de Madrás y corrió con todos los gastos. Las personas del *ashram* también le ayudaban: le daban comida extra de la cocina para que se la llevara a su casa para su familia.

La humildad de Viran era un extraordinario ejemplo viviente de las enseñanzas de Bhagavan.

Varias veces, Bhagavan me dijo: «Envidie a cualquiera que sea inferior a usted. Debe volverse muy pequeño. De hecho, debe convertirse en nada. Solo aquel que no es nadie, puede permanecer en el Sí».

A menudo, Bhagavan nos hablaba de la necesidad de la humildad. En otra ocasión, me dijo: «Nadie debería ser inferior a nosotros. Aquel que ha aprendido a ser inferior, será superior a todos».

Además de Chinnaswâmî, Ganapati Muni y Swâmî Dandapani, había un tal Swâmî Perumal que también quería ser director del *ashram*.

La saga de Swâmî Perumal es uno de los capítulos más sorprendentes y menos conocidos de la historia de Râmanasramam. Se trata de la larga y a veces sórdida historia de la sed de poder y de venganza de un hombre. También es un ejemplo saludable de la forma en la que el poder que emana de un jnâni en ocasiones estimula los egos en lugar de calmarlos. Mientras investigaba sobre esta historia, dije fortuitamente a Swâmî Annamalai que aún no se había publicado ningún reporte verdadero sobre las actividades de Swâmî Perumal.

Swâmî Annamalai hizo el siguiente comentario entre risas: «Intentar contar la historia de Bhagavan sin mencionar a Swâmî Perumal sería como intentar reescribir la historia del Râmâyana sin mencionar a Ravana (el principal "malvado" de la epopeya)».

Tras reunir todas las informaciones para aquel relato, yo llegué a la misma conclusión y decidí publicar un largo informe del mismo.

Probablemente este es el lugar más apropiado para introducir una historia personal. Tras haber terminado la primera publicación de este libro, tuve un sueño en el que estaba sentado en el antiguo Hall, frente a Bhagavan, con un dosier sobre las rodillas que contenía el manuscrito del libro.

«¿Qué es eso?», dijo Bhagavan señalando el manuscrito.

«He escrito un libro sobre Swâmî Annamalai, le respondí. Puede que algunas partes sean controvertidas. Me pregunto qué debo hacer».

«Muéstremelo», dijo Bhagavan.

Yo le entregué el dosier. Bhagavan se puso las gafas para leer y comenzó a hojear el manuscrito, examinando minuciosamente cada página durante algunos segundos. Comenzó el examen con un aire serio y profundo, pero tras pasar algunas páginas, vi que comenzó a sonreír.

Finalmente, se echó a reír, me miró y dijo: «Está muy bien. Publíquelo tal y como está».

Swâmî Perumal había llegado al *ashram* en 1914, cuando Bhagavan aún vivía en la gruta de Virupaksha. Al principio, había trabajado como sirviente de Bhagavan, pero tras algunos años, tomó el cargo de director del *ashram*. Cuando Bhagavan abandonó la montaña para venir a vivir a Shrî Râmanasramam, Swâmî Perumal se marchó para establecerse en el Mula Mandapam en el templo de Arunâchaleswara. De vez en cuando, aún venía a ver a Bhagavan pero, después de 1922, no participó en absoluto en la dirección del *ashram*. Tras su partida, otros tres directores, –Gopal Rao, Vasudeva Sastri y Swâmî Dandapani–, se sucedieron en poco tiempo antes de que Chinnaswâmî tomara el cargo en calidad de director y de *sarvâdhikari*.

Durante algunos años, antes de que Chinnaswâmî tomara el control completo de la dirección del ashram, algunos departamentos funcionaban prácticamente de forma autónoma. Cuando Chinnaswâmî reunió todas las actividades bajo su propio control, él mismo se dio el título de «sarvâdhikari», que significa «aquel que lo dirige todo». Se atribuyó aquel título para que todo el mundo comprendiera el mensaje de que él era el único responsable de la gestión de todas las actividades diversas del ashram.

Durante algunos años, después de 1922, el *ashram* no tuvo un director residente. Sus asuntos eran gestionados por un grupo de *sâdhus* que vivían en la ciudad, en el Mula Mandapam. Recogían fondos y comida para el *ashram* y los entregaban a los devotos que residían en Râmanasramam.

Además, publicaban las obras de Bhagavan y las vendían en la librería de Râmaniya Vani que también se encontraba en el Mula Mandapam. Gopal Rao era la persona más activa de aquel grupo. Prácticamente él solo reunió los fondos que sirvieron para construir el antiguo *Hall*. Aquel grupo, que incluía a Swâmî Perumal, a Swâmî Iswara y a varios más, se hacía llamar el «Brahmachari Ashram».

Cuando yo llegué al *ashram* en 1928, dicho grupo aún gestionaba las finanzas. Descubrí aquello cuando un devoto visitante me hizo un donativo de 200 Rs. para el *ashram*.

Intenté entregárselo a Chinnaswâmî, pero este rehusó tomarlo, diciendo: «Yo no estoy autorizado a recibir donativos. Debe entregárselo a Vasudeva Sastri en la ciudad».

La mayoría de los residentes de Shrî Râmanasramam sentían que los miembros del Brahmachari Ashram no entregaban al ashram la totalidad de los donativos que recibían. En lugar de eso, los utilizaban para satisfacer sus propias necesidades. Chinnaswâmî puso fin a aquella artimaña cuando tomó la dirección del ashram, dando a todos los devotos la instrucción de ignorar a aquel grupo y de entregar las donaciones directamente en Râmanasramam. También recuperó todos los libros de la librería de Râmaniya Vani y abrió su propia librería en el ashram. Al hacer eso, privó al Brahmachari Ashram de una de sus principales fuentes de ingresos. Chinnaswâmî tenía muchos detractores, pero hay que reconocer que instauró una dirección centralizada y cerrada que aseguró que todos los donativos fueran utilizados para los proyectos del ashram.

El manuscrito, recopilado por Paul Brunton, que fue publicado a continuación por el Shrî Râmanasramam con el título de Conscious Immortality (publicado en francés con el título de Immortelle Conscience [Consciencia Inmortal]), contiene varias referencias a Swâmî Perumal y a los problemas de dirección de aquella época. Desgraciadamente, todas fueron suprimidas antes de la publicación. Me refiero a ese manuscrito como «El Manuscrito Brunton» en los comentarios siguientes. En la página 114 de dicho documento, Brunton informa de como el propio Bhagavan estaba descontento con los que se ocupaban de la dirección del ashram antes que Swâmî Dandapani.

«El Maharshi dijo a Swâmî Dandapani, que se quejaba del comportamiento materialista del director del ashram (de uno de sus predecesores, no de Chinnaswâmî), que con frecuencia sucede que un ashram comienza a perder de vista su principal objetivo, que es el de reunir a personas que quieren retirarse del mundo para su desarrollo espiritual. A menudo sucede que un ashram se interesa cada vez más por los detalles de la organización material y cada vez menos por su objetivo espiritual, desviándose así de su vocación primera. Pero, de todas formas, el Maharshi dijo que los servicios, las tareas, el trabajo manual y administrativo de un ashram están realmente destinados a espíritus de un orden inferior, mientras que aquellos que están más avanzados, pueden entregarse a la meditación en su propia soledad, lejos de un ashram».

«El Maharshi incluso confesó que permanecía callado con la mayoría de las personas del ashram porque en el fondo, no se interesaban tanto por la Realización espiritual del Sí como lo hacían por el trabajo y por el hecho de implicarse en la organización material del ashram. Dicho esto, le parecía inútil hablar de cosas más elevadas».

Cuando llegué al *ashram* en 1928, Swâmî Perumal aún pretendía ser el verdadero director del *ashram*. Estimaba que los tres devotos que habían asumido el cargo después de él habían usurpado su puesto. Puesto que tenía la extraña idea de que únicamente él estaba autorizado a dirigir el *ashram*, se sentía lleno de cólera y de amargura. Cuando iba a ver a Bhagavan aún era respetuoso y educado, pero estaba claro que escondía sus verdaderos sentimientos. Toda aquella cólera no se manifestó abiertamente hasta el día en que Chinnaswâmî fue nombrado director.

Swâmî Perumal no siempre había sido así. Al principio, en Skandashram, había hecho gala de una gran devoción por Bhagavan. Una vez que un ataque de disentería había debilitado a Bhagavan, Swâmî Perumal permaneció con él día y noche. Un día, durante aquel periodo, Bhagavan sufrió una severa diarrea. Swâmî Perumal tomó los excrementos entre sus manos y los llevó fuera porque sabía que a Bhagavan le supondría un gran esfuerzo levantarse y salir. Su devoción también se manifestaba de otras maneras. Cuando se convirtió en director de Skandashram, reunió mucho dinero para poder celebrar el *jayanti* de Bhagavan con suntuosidad. Cada año, el día del *jayanti*, él pagaba para que una gran procesión desfilara a través de las calles de Tiruvannamalai con un retrato de Bhagavan en primera fila. Reunió los fondos suficientes para hacer que forjaran una estatua de Bhagavan con cinco metales diferentes. Aquella estatua medía alrededor de un metro de alto. Durante varios años, una vez que dejó de ser director de Skandashram, continuó celebrando el cumpleaños de Bhagavan con aquella procesión anual por toda la ciudad.

Parece que la llegada de Chinnaswâmî a Skandashram marcó un antes y un después en su vida. Como recién llegado, Chinnaswâmî tuvo que pedir a Swâmî Perumal si podía residir en el *ashram*.

Cuando Swâmî Perumal se lo contó a Bhagavan, este respondió bromeando: «Este hombre puede convertirse en su enemigo. Si usted aprecia su tranquilidad, debería echarle».

Swâmî Perumal no tuvo en cuenta su consejo y le permitió quedarse.

Pronto, se confirmó el comentario de Bhagavan. Cuando Chinnaswâmî se estableció en el *ashram*, comenzó a interesarse por su gestión, lo que, a menudo, le llevó a hacer cosas que Swâmî Perumal no aprobaba. Los problemas de dirección de Swâmî Perumal se habían agravado por las actividades de Swâmî Dandapani, quien también intentaba influenciar la manera en la que se dirigía el *ashram*.

En ese conflicto de personalidades, Swâmî Dandapani llegó a la conclusión, totalmente equivocada, de que Bhagavan favorecía a Chinnaswâmî porque era su hermano. Al sentir que su autoridad y su posición se habían debilitado, Swâmî Perumal reaccionó comportándose de manera más dictatorial. Comenzó a afirmar que él era el único director y que todo debía hacerse de la forma en la que él lo considerara. Aquella actitud únicamente trajo nuevos conflictos.

Durante una conversación que mantuve con Râmaswâmî Pillai (uno de los habitantes de Skandashram en la época en la que Bhagavan vivía allí), hizo el comentario de que la casta era un factor importante en la política de Skandashram. Swâmî Perumal, al igual que otros devotos no brahmanes, tenía la sensación de que los brahmanes intentaban tomar el poder. Swâmî Perumal se opuso a sus tentativas de tomar responsabilidades adicionales, puesto que estimaba que todas ellas buscaban minar su autoridad.

Una vez le pregunté a Bhagavan por qué Swâmî Perumal se había convertido en enemigo del *ashram* habiendo sido tan buen devoto inicialmente.

Bhagavan respondió: «No servía con humildad, siempre lo hacía cuidando mucho su ego. Siempre tenía la sensación de: "Yo debo ser el único director de este *ashram*"».

Bhagavan continuó contándome la historia de Jaya y Vijaya. «Visnú les había nombrado guardianes de Vaikunta (uno de los mundos celestes). Ambos sentían mucha devoción por Visnú, pero también estaban muy orgullosos de su posición. Tenían mucho poder: cualquiera que quisiera entrar en Vaikunta tenía que obtener primero su permiso. Un día, cuatro *rishis* (sabios o videntes) – Sânandana, Sanatkumara, Sanaka et Sanatsujata— vinieron a Vaikunta para ver al Señor Visnú. Jaya y Vijaya se encolerizaron contra ellos, sin razón aparente, y rehusaron dejarles entrar. Los *rishis*, enfadados por el rechazo, decidieron lanzarles un sortilegio. Dijeron que aquellos dos guardianes deberían nacer tres veces seguidas como enemigos del Señor Visnú antes de ser autorizados a regresar a Vaikunta. Cuando comenzó la maldición, Jaya y Vijaya renacieron como *râkshasas* (demonios) durante las encarnaciones de Narasimha, Râma y Krishna».

Bhagavan concluyó la historia diciendo: «Como servían mimando mucho a sus egos, tuvieron que nacer como enemigos de Visnú. Swâmî Perumal también servía en Skandashram consintiendo a su ego. Cuando su ego tomó la delantera, se convirtió en enemigo del *ashram*».

El egotismo de Swâmî Perumal y su animosidad hacia Bhagavan se manifestaron durante sus últimos años en Skandashram. Bhagavan me contó un incidente que ilustra muy bien este hecho. Aquel día, yo estaba ayudando a Bhagavan a darse un baño. Al darme cuenta de que uno de sus dedos gordos del pie estaba ligeramente torcido, le pregunté cómo se había desviado así.

«Ocurrió cuando estaba en Skandashram, dijo Bhagavan. En aquel momento, Madre estaba enferma y yo me ocupaba de ella. Pensé que estaría bien levantar un poco su cabeza, y por ello, le pedí a Swâmî Perumal que me trajera una pequeña tabla de madera para utilizarla como cojín. Swâmî Perumal estaba malhumorado por una disputa que había tenido. En lugar de darme la tabla, me la tiró. Esta golpeó el dedo y lo dislocó. Desde ese momento, está torcido. En aquel momento, no le dije nada a Swâmî Perumal. Simplemente coloqué la tabla bajo la cabeza de Madre y continué cuidando de ella».

Durante sus últimos meses en Skandashram, Swâmî Perumal abandonó su rol de sirviente e incluso comenzó a darle órdenes a Bhagavan.

Durante un incidente que me contaron, Swâmî Perumal le dijo a Bhagavan: «Este es mi *ashram*, usted debe hacer lo que yo le diga».

Bhagavan respondió: «Si es su *ashram*, puede quedarse con él. Me marcho a vivir a otra parte».

Poco tiempo después Bhagavan abandonó Skandashram y se fue a vivir a Râmanasramam. Bhagavan nunca afirmó que aquellas disputas motivaran su partida, pero puede que hayan contribuido a su decisión de marcharse.

En Le Manuscrit Brunton [El Manuscrito Brunton], *page 124, se relata que Swâmî Perumal le dijo una vez a Bhagavan: «Este es mi edificio, mi propiedad. Yo lo construí».*

Bhagavan le dijo: «Usted está lleno de "Yo". Ambos somos totalmente opuestos el uno respecto del otro así que le voy a abandonar».

A continuación, según Brunton: «El Maharshi le cedió abruptamente Skandashram a Swâmî Perumal... descendió hasta el pie de la montaña y vivió en una choza cerca de la tumba de su madre hasta que el actual Hall fue construido».

En los últimos años, si algunos devotos preguntaban a Bhagavan por qué había abandonado Skandashram, el decía o bien que no existía una razón en particular, o bien que la «voluntad divina» le había empujado a mudarse (ver Râmana Maharshi and the Path of Self-Knowledge [Râmana Maharshi y la vía del autoconocimiento], pág. 80).

Varios libros sobre Râmana cuentan que se mudó cerca del samâdhi de su madre al pie de la colina para permitir a los devotos acceder más fácilmente a él. A pesar de que es cierto que varios de sus devotos más ancianos pensaban que era un gran esfuerzo ascender la montaña para ir a verle a Skandashram, nunca he encontrado una publicación en la que se afirme que Bhagavan apoyaba aquella teoría.

Cuando Bhagavan fue a vivir a Shrî Râmanasramam, al principio Swâmî Perumal le trató muy bien. Hacía *namaskâram*, se sentaba tranquilamente durante un rato y después regresaba a la ciudad. Un día, le vi traer una pequeña taza de café para Bhagavan en un recipiente de cobre. Bhagavan dio un sorbo antes de devolverle el resto en señal de *prasâd*. No obstante, cuando Chinnaswâmî fue nombrado director, la antigua cólera de Swâmî Perumal volvió a encenderse y se expresó a través de una ruin campaña contra Bhagavan y contra la dirección del *ashram*.

Comenzó yendo a buscar el correo del *ashram* a la principal oficina de correos en la ciudad. Al convencer al jefe de correos de que aún era el director, pudo interceptar el correo del *ashram* y robar numerosos donativos. Para disimular sus hurtos, utilizaba un sello a nombre de Shrî Râmanasramam. Tras haber robado el dinero, enviaba los acuses de recibo, sellando cada carta con aquel sello para que pareciera oficial.

Cuando se dieron cuenta de aquello en el *ashram*, Bhagavan firmó un documento que autorizaba únicamente a Chinnaswâmî a recoger las cartas dirigidas a Râmana Maharshi o a Shrî Râmanasramam. Como precaución adicional, Chinnaswâmî escribió a todos los devotos de Bhagavan, rogándoles que, a partir de aquel momento, hicieran sus donativos para el *ashram* a su nombre (es decir, a nombre de Chinnaswâmî).

Hasta entonces, Chinnaswâmî sellaba toda la correspondencia con un sello que decía: «Azhagammal Puram».

Azhagammal era el nombre de la madre de Bhagavan y Puram significa «lugar». Hasta aquel incidente, Chinnaswâmî quería darle al ashram el nombre de su madre antes que darle el de Bhagavan.

Cuando Swâmî Perumal empezó a sellar su correspondencia con el nombre de «Shrî Râmanasramam», Chinnaswâmî renunció a su sello de Azhagammal Puram y también comenzó a utilizar un sello que decía «Shrî Râmanasramam». Hizo aquello porque quería que no existiera ninguna duda sobre el lugar en el que se encontraba el verdadero Shrî Râmanasramam.

Cuando, años más tarde, se le preguntó a Bhagavan acerca de aquel asunto, él respondió: «Donde yo me encuentre, ese lugar es Shrî Râmanasramam».

Una vez que se resolvió el asunto de la oficina de correos, Swâmî Perumal contrató a un brahmán iyengar[1] de la ciudad para que fuera al *ashram*

---

1. N. del T.: Cada casta tiene numerosas subdivisiones. Los brahmanes iyengar son

a insultar a Bhagavan. Antes de enviarlo, Swâmî Perumal le atiborró de *arrak* y de *toddy* (bebidas alcohólicas) de manera que este realizara una mejor prestación. Llegaron juntos al *ashram* y se colocaron en la puerta sur del antiguo *Hall*. El iyengar profesó insultos a Bhagavan; Swâmî Perumal se encontraba a su lado y sonreía en silencio. Yo no me hallaba en el *Hall* cuando ellos llegaron, estaba en el templo ocupado haciendo guirnaldas con Rangaswâmî. Cuando Râmakrishnaswâmî vino a decirnos que alguien ebrio estaba insultando a Bhagavan, me enfadé mucho.

Recuerdo las palabras de Râmakrishna Paramahamsa: «Si alguien insulta a tu gurú, debes expulsarle del *ashram* o caer tú mismo en desgracia».

Decidí actuar siguiendo su consejo. Convencí a Rangaswâmî de que era nuestro deber proteger a Bhagavan contra tales molestias y ambos corrimos hacia el *Hall*.

A pesar de que Swâmî Perumal no fue más que testigo silencioso de la escena, al ver su sonrisa, quedaba claro que él era el instigador. Aún enfadado, me dirigí hacia él y alcé mi puño bajo su nariz.

«¡Si le pego en este lado de su cara, le dije señalando el lado izquierdo, le golpearé tan fuerte que este lado (señalándole el derecho) también se hinchará!».

En aquella época, mi cuerpo era grande y robusto; por tanto, hubiera podido ejecutar mi amenaza. Cuando Swâmî Perumal vio que yo iba en serio, le dijo al brahmán iyengar que parara. Sin mediar palabra, ambos abandonaron el *ashram*.

Chinnaswâmî y otros brahmanes nos felicitaron por nuestra valentía. Dijeron que estaban muy contentos al saber que aún había dos personas sin miedo en el *ashram*, preparadas para defender a Bhagavan contra ataques de ese tipo. Otrora, dependían de la fuerza de Swâmî Dandapani para protegerles. Resultó más difícil evaluar la actitud de Bhagavan. Durante la agresión, permaneció sentado en el sofá, con las piernas cruzadas y con los ojos cerrados. Su cuerpo temblaba ligeramente y me había dado la impresión de que se trataba de un hombre intentado contener su cólera. Nunca me habló de aquel incidente, pero pareció aprobar el papel que yo había desempeñado. Los días siguientes, se mostró inusualmente amable conmigo. Consideré aquello como una aprobación silenciosa de mi intervención.

Del «Manuscrit Brunton», pág. 114: «*Una vez, el Maharshi fue violen-*

---

uno de los linajes de brahmanes.

tamente insultado en su presencia por un emisario de Swâmî Perumal. Él escuchó silenciosamente toda la arenga.

Al final, dijo: "Un día, me levantaré y me marcharé para siempre"».

Swâmî Annamalai no recuerda que Bhagavan haya hecho esa declaración en aquel momento.

Por aquella época, Swâmî Perumal intentó deshacerse de su famosa estatua. La había conservado en Pavalakundru, uno de los templos en los que Bhagavan había vivido antes de instalarse en la montaña. Swâmî Perumal mostró la estatua a un forjador para que le hiciera una pequeña carreta. Cuando el forjador le preguntó para qué serviría la carreta, Swâmî Perumal le dijo que tenía intención de pasear la estatua por las calles de Tiruvannamalai mientras él la escupiría continuamente. Una vez que hubiera atraído a una muchedumbre lo suficientemente grande, tenía la intención de romper la estatua públicamente. El forjador, que era un devoto de Bhagavan, rehusó tener relación alguna con aquel proyecto. Yo no tengo idea de lo que finalmente ocurrió con la estatua. Todo lo que sé es que nadie en Tiruvannamalai aceptó fabricarle la carreta.

Poco después del incidente del iyengar, supimos que Swâmî Perumal pretendía construir una choza cerca del árbol *illupai* que se levantaba justo en el interior de la puerta principal del *ashram*. Probablemente pensaba que podría continuar con su campaña de manera más eficaz si vivía en el mismo *ashram*. Como sabía que Chinnaswâmî no le daría nunca permiso para construir en aquel lugar, decidió levantar su choza secretamente, en medio de la noche. Un devoto de la ciudad se enteró de aquel proyecto y nos informó de ello.

En Tiruvannamalai había un subinspector de policía que era devoto de Bhagavan. T.K. Sundaresa Iyer fue a verle para preguntarle qué debíamos hacer con respecto a la última amenaza. El subinspector dijo que, si levantábamos una valla provisional para cercar el *ashram* con una pequeña puerta en la parte delantera, él enviaría a dos policías en la entrada para impedir que Swâmî Perumal entrara en la propiedad durante la noche. El *ashram* contaba con poco dinero disponible, pero seguimos el consejo del subinspector y cercamos todo el terreno del *ashram* con una valla hecha de varas de bambú y de cuerda. Hasta aquel momento, el terreno del *ashram* nunca se había cercado. Aparentemente, Swâmî Perumal no fue informado ni acerca de la valla ni de los policías de guardia. Llegó algunas noches más tarde con una carreta de bueyes llena de varas de bambú y de hojas de cocotero, claramente con la intención de construir una choza. Los policías de servicio en la puerta le pidieron que se marchara, diciéndole que tenían la orden de impedirle que penetrara en aquel lugar.

Como su tentativa de instalarse en el *ashram* había fracasado, Swâmî Perumal inició un proceso judicial contra Bhagavan y Chinnaswâmî. No conozco todos los detalles porque Chinnaswâmî no hablaba nunca de los asuntos del *ashram* con los devotos, pero, por lo que yo sé, Swâmî Perumal pretendía ser el verdadero director del *ashram*.

En la tesis que presentó ante el tribunal, Swâmî Perumal sostuvo su caso con una lógica bastante complicada. Primeramente, declaró que como Bhagavan era un sannyâsin, no podía poseer legalmente ni terreno ni bienes. Siendo así, argumentaba Swâmî Perumal, Bhagavan no tenía derecho alguno sobre la propiedad conocida como Shrî Râmanasramam. Swâmî Perumal continuó diciendo que, puesto que Bhagavan no podía poseer ninguno de los bienes del ashram, tampoco poseía la autoridad para nombrar director a Chinnaswâmî. Teniendo en cuenta las pretensiones de Chinnaswâmî, presentó su propio caso afirmando que, puesto que él había sido el indiscutible director de Skandashram, debía continuar siéndolo, ya que, ni Bhagavan ni cualquier otra persona eran legamente competentes para expulsarle o reemplazarle.

La denuncia de Swâmî Perumal ante el tribunal obviaba dos puntos importantes:

1) Bhagavan no había pretendido nunca ser sannyâsin. *Como no había sido iniciado formalmente en una de las órdenes de sannyâsa, aún estaba autorizado a poseer bienes y a disponer de ellos.*

2) Swâmî Perumal había abandonado voluntariamente el puesto de director del ashram en 1922. Desde aquella fecha (la demanda judicial se interpuso en 1933), no había ni vivido en el ashram ni participado en su dirección.

A pesar de que las reivindicaciones de Swâmî Perumal careciesen claramente de fundamento, Bhagavan recibió la orden de comparecer ante un tribunal para responder a las acusaciones. Un diplomático británico llamado Grant Duff, devoto de Bhagavan, convenció a las autoridades británicas de que Bhagavan era un ser inofensivo al que no se debería hacer comparecer ante un tribunal. Y, en lugar de ello, consiguió que el tribunal escuchara la declaración de Bhagavan en el mismo *ashram*.

Cuando llegaron los magistrados, se nos autorizó a asistir a los debates.

De pie, de dcha. a izda.: 1º Swâmî Râmakrishna, 2º (con el hâtari) Swâmî Dandapani, 3º Muruganar, 4º (con sandalias) Swâmî Perumal, 5º Kumara Guru (el padre de Subramaniam) y 6º Bhagavan.

Sentado: el comandante Chadwich.
De pie, de izda. a dcha.: 2º S. S.
Cohen, 4º Maurice Frydman.

Lakshmana Sharma

Paul Brunton

Ganapati Muni

De pie de dcha. a izda.: 1º Swâmî Madhava, 2º Vasudeva Sastri, 8º Gopal Rao, 9º Swâmî Kunju, 10º T.K. Sundaresa Iyer.
Sentado, de dcha. a izda.: 2º Chinnaswâmî, 4º Bhagavan, 5º Ganapati Sastri.

Seshadri Swâmî

Al fondo: versículos tamiles del Ulladu Nârpadu, pintados en la pared de la habitación de Swâmî Annamalai; apoyado contra la pared, casi completamente escondida, una pintura de Swâmî Annamalai delante de Arunâchala.
En primer plano: David Godman, Swâmî Annamalai y Sundaram, su intendente y traductor. Fotografía tomada en noviembre de 1993.

Las respuestas de Bhagavan eran tan interesantes que me marqué como tarea transcribir un cierto número de ellas en mi diario.

Magistrado: Swâmî, ¿cuál es su nombre?

Bhagavan: La gente me ha llamado con muchos nombres diferentes. ¿Cuál se debe considerar como el mío? (risas).

Magistrado: Actualmente, la gente le llama Râmana Maharshi. ¿Es correcto?

Bhagavan: Sí.

Magistrado: Según los *shâstras* hindúes, existen cuatro *âsramas*: *brahmachârya*, *grihastha*, *vânaprastha* y *sannyâsa*. ¿En qué *âsrama* se encuentra usted?

Bhagavan: Yo estoy en la *ativarnâsrama*. Aquel que trasciende los otros *âsramas*.

> El hinduismo tradicional reconoce cuatro estadios de la vida que son llamados âsramas: brahmachârya en la que se lleva una vida célibe y se estudian obras religiosas, la grihastha en la que se permite el matrimonio y se lleva una vida de cabeza de familia, la vânaprastha en la que la persona se retira del mundo y se dedica a la meditación y la sannyâsa, en la que se renuncia a todos los vínculos con la familia y el mundo. La vida en cada âsrama está regida por ciertas reglas y preceptos.
>
> Ativarnâsrama significa «más allá de todas las castas y âsramas». Como no es uno de los cuatro âsramas tradicionales, el magistrado pidió a Bhagavan si aquel estaba mencionado en las Escrituras. Swâmî Annamalai omitió transcribir esa pregunta, pero sí fue registrada en la transcripción del tribunal. Bhagavan respondió citando el Sûta Samhitâ, una subdivisión del Skanda Purâna, como autoridad acerca de dicho âsrama (ver Talks with Shrî Râmana Maharshi [Conversaciones con Shrî Râmana Maharshi], nº 291; L'enseignement de Râmana Maharshi [Las Enseñanzas de Râmana Maharshi], nº 255).
>
> Como realiza su propio Sí, las restricciones impuestas por varnâsrama dharma (obligaciones y deberes relacionados con las castas) se caen por ellas mismas. Una persona así trasciende las barreras de los âsramas (etapas de la vida) y de los varnas (castas) y permanece en su propio Sí. De esa forma, todos los expertos védicos declaran que, una persona es un ativarnâsrami por el hecho de haber trascendido todos los âsramas y varnas y permanecer en su propio Sí,

Magistrado: Si eso es cierto, ¿existen reglas para ese *âsrama*?

Bhagavan: El *ativarnâsrama* no conlleva ninguna regla.

Magistrado: ¿Siente usted deseo por las cosas de este mundo?

Bhagavan: [...] no hay odio por nada del mundo.

Parece que falta una parte de esa respuesta. En la versión escrita por el estenógrafo del tribunal, Bhagavan respondió: «No siento deseo de adquirir bienes, pero estos llegan y yo los acepto. Admito que conservar bienes da prueba de un interés por el mundo, pero yo no odio los asuntos del mundo», (transcripción de O. S. 30/36, Munsif del distrito, Tiruvannamalai, 15 de noviembre de 1936).

Magistrado: Cada día, mucha gente viene a verle. ¿Por qué vienen?

Bhagavan: Cada persona tiene sus propias razones para venir. Yo no les digo que vengan, que se vayan o que se queden.

Magistrado: ¿Tiene usted enemigos?

Bhagavan: Para mí, no existen ni los amigos ni los enemigos.

Magistrado: ¿Quién es su gurú?

Bhagavan: Para mí, no existe ni el gurú ni el discípulo.

Magistrado: ¿Se puede alcanzar algo sin un gurú?

Bhagavan: Efectivamente, no se puede.

Magistrado: Entonces, ¿quién es su gurú?

Bhagavan: Para mí, el propio Sí es el gurú.

Magistrado: ¿Manipula usted dinero?

Bhagavan: No.

Magistrado: La gente dice que usted es la encarnación del Señor Subramania (uno de los dioses hindúes).

Bhagavan: Yo soy ese y todos los dioses (risas).

Magistrado: Swâmî Perumal ha escrito en su diario que usted es un *avatâra* (encarnación) del Señor Subramania. [Entonces el abogado mostró a Bhagavan un versículo del diario de Swâmî Perumal]. Dicho versículo dice que usted es Subramania. ¿Es su letra?

Bhagavan: Es mi letra, pero la idea fue de Swâmî Perumal.

Bhagavan compuso ese versículo mientras estaba en la gruta de Virupaksha. En aquella época, varios devotos tomaron la costumbre de escribir versículos alabando a Bhagavan. Swâmî Perumal se quejó a

Bhagavan de que se sentía apartado porque era incapaz de componer versículos de aquel tipo. Para ayudarle, Bhagavan compuso ese versículo, que le alababa en calidad de Subramania y lo escribió en el diario de Swâmî Perumal. Al final del versículo, escribió el nombre «Swâmî Perumal» para indicar que este podía reivindicar la paternidad del mismo si quería. Parece que la idea de Bhagavan era que cada vez que uno de los devotos eruditos llegara y compusiera un versículo alabando a Bhagavan, Swâmî Perumal podría recitar aquel versículo y pretender que era suyo. El versículo dice:

El Señor de las seis caras, nacido de Madre Azhagu y de Sundaram en Tiruchuzhi, que vino a la Tierra con el objetivo de hacer desaparecer los defectos de sus devotos diciendo: «Sé sin miedo», que tiene doce manos de manera que puede transmitir su propio estado destruyendo los karmas aquellos que buscan refugio a sus pies, que, habiendo sometido los cinco sentidos, cabalga al pavo real del noble loto de la mente y que juega al juego de lanzar la lanza que es la mirada de jnâna, de hecho él es el Señor que reside en la beatitud bajo los rasgos de Arunâmalai-Râmana.

La traducción inglesa se ha obtenido del The Mountain Path [El Camino de la Montaña], 1984, pág. 94. El Señor de las seis caras es Subramania; Azhagu y Sundaram son los padres de Bhagavan. Tiruchizhi es el lugar donde nació Bhagavan, las doce manos, la lanza y el pavo real son atributos iconográficos de Subramania.

Varios devotos de Bhagavan pensaban que él era la encarnación de Subramania. Aunque parezca que Bhagavan se atribuye ese título en el versículo, hay que recordar que él escribía desde el punto de vista de Swâmî Perumal y no desde el suyo. Swâmî Perumal era una de las personas que pensaba que Bhagavan era realmente una encarnación divina. Esto es lo que indica Bhagavan cuando dice: «Es mi letra, pero la idea fue de Swâmî Perumal». Bhagavan no pretendió nunca ser tal cosa. El magistrado que le hizo la pregunta probablemente esperaba poder desacreditar a Bhagavan forzándole a admitir que pretendía ser una encarnación de un Dios hindú.

Magistrado: Usted dice que pertenece a la *ativarnâsrama*. ¿Ha oído hablar de alguien más que se encuentre en ese estado?

Bhagavan: No.

Magistrado: ¿Alguien lo ha estado en el pasado?

Bhagavan: Sukha, Jadabharata (sabios de la antigua India) y algunos otros.

Magistrado: ¿Por qué diferentes personas dicen cosas distintas acerca de su *ashram*?

Bhagavan: Porque la mente de cada persona lo percibe de manera diferente.

Magistrado: ¿Siente un amor particular por su hermano?

Bhagavan: Le quiero de la misma forma que quiero a todo el mundo.

Magistrado: ¿Quién recibe los donativos que llegan al *ashram*?

Bhagavan: Todos se hacen a mi nombre, pero yo no soy el único que los utiliza. Todas las personas aquí presentes los comparten.

Magistrado: Si Swâmî Perumal quiere volver a vivir en el *ashram*, ¿le autoriza usted a quedarse?

Bhagavan: Si se compromete a comportarse como los demás devotos, estará autorizado a quedarse.

Magistrado: Si hay personas que quieren residir en el *ashram*, ¿a quién tienen que pedírselo?

Bhagavan: Ese no es mi trabajo. Tienen que contactar con el *sarvâdhikârî*.

Magistrado: ¿Era Swâmî Perumal el director de Skandashram?

Bhagavan: Él ejercía la función de director mientras yo me encontraba en Skandashram, pero allí su conducta tampoco era correcta. Malgastaba mucho dinero.

En el interrogatorio, un devoto residente realizó una transcripción de las respuestas de Bhagavan (sin las preguntas). Ese manuscrito, escrito a mano y que abarca diecisiete páginas de papel en blanco, se conserva en los archivos de la oficina del Shrî Râmanasramama. La versión del diario de Swâmî Annamalai se parece mucho a la de dicho manuscrito, aunque sea más corta y el orden de las preguntas se haya modificado ligeramente. Otras actas parciales del interrogatorio pueden encontrarse en Talks with Shrî Rimana Maharshi [Conversaciones con Shrî Râmana Maharshi] (n°s 282 y 291; 245 y 255 en la traducción francesa) y en Le Manuscrit Brunton [El Manuscrito Brunton].

En el diario de Swâmî Annamalai, el informe termina con la respuesta «Porque la mente de cada persona lo percibe de manera diferente». Algunas de las preguntas y respuestas siguientes, que recordó cuando yo le entrevistaba, pero no se transcribieron en su diario durante la audiencia del tribunal, no aparecieron en ninguna de las demás actas. Es posible que él haya escuchado a Bhagavan hacer aquellos comentarios en otra ocasión.

Hubo muchas otras preguntas, principalmente relacionadas con la dirección. El magistrado que hacía las preguntas era irrespetuoso y buscaba inútilmente la polémica. Las semanas siguientes, su hijo se volvió loco y comenzó a errar por las calles de Tiruvannamalai llevando excrementos en sus manos. A continuación, el propio magistrado fue quien se volvió loco. Su hijo y él murieron poco tiempo después. Varios devotos tuvieron la sensación de que aquello había sucedido porque le había faltado el respeto a Bhagavan.

Swâmî Perumal perdió el juicio, pero continuó con su campaña contra el *ashram* publicando un pequeño libro titulado *Râmana Maharshiyin Nija Swarûpam* [*La Verdadera Naturaleza de Râmana Maharshi*].

En aquel libro se acusaba a Bhagavan de mantener relaciones sexuales reprochables con sus devotas y daba una larga lista de todos los defectos de su carácter. Chinnaswâmî quería demandar a Swâmî Perumal pero Bhagavan le disuadió de ello.

Cuando Bhagavan leyó la parte que hablaba de los defectos de su carácter, se echó a reír y dijo: «¿Por qué no ha venido a verme antes de escribir todo esto? Yo hubiera podido hablarle de mis muchos otros defectos, de cosas que solo yo sé».

Al final del libro, que era muy corto, se hallaba la siguiente nota de Swâmî Perumal: «Yo podría contar otras muchas historias acerca del mal carácter de Bhagavan, pero desgraciadamente, no tengo el dinero suficiente para imprimirlas todas».

Cuando Bhagavan leyó aquello, volvió a reírse y dijo: «¿Por qué no vino a vernos si necesitaba dinero? Hubiéramos podido hacerle un donativo».

Swâmî Perumal esperaba que el juicio diera publicidad a su libro. Como el ashram rehusó reaccionar de manera alguna, intentó él mismo interponer una demanda pretendiendo ser un devoto perjudicado. Bhagavan pidió a mudaliar Devaraja, un devoto abogado, que se ocupara del asunto en nombre del ashram. El mudaliar consiguió detener el asunto antes de que comenzara el proceso ante un tribunal. Se puede encontrar un breve informe de ese episodio en la página doce de su ensayo My

Recollections [Mis Compilaciones].

Un día, mientras yo ayudaba a Bhagavan con su baño, le hablé de ese libro.

Bhagavan dijo: «Que se venda delante de la puerta del *ashram*».

Dijo aquello con una mezcla de humor y seriedad.

Se explicó: «Si gente común y corriente lee ese libro, le van a creer y eso les disuadirá de entrar en el *ashram*. Los buenos devotos, que no se creen esas tonterías, continuarán visitándonos».

Bhagavan hubiera preferido prescindir de la muchedumbre que venía a verle. Pensaba que, si su reputación y su renombre disminuían, el número de visitantes también lo haría.

Del Manuscrit Brunton *[El Manuscrito Brunton], pág. 113: «Una vez, un discípulo estaba alterado porque alguien de la ciudad hablaba de Bhagavan denigrándolo».*

«El Maharshi dijo: "Yo le permito que reaccione así. Que diga incluso más cosas. Que los demás hagan lo mismo. Pero que me dejen solo. Si alguien quiere creer todas esas calumnias, consideraré que se me está haciendo un gran favor, porque si él (Swâmî Perumal) convence a la gente de que yo soy un falso swâmî, estos no vendrán a visitarme y entonces podré llevar una vida tranquila. Quiero que me dejen solo, me alegro de ese panfleto difamatorio. Paciencia, más paciencia – tolerancia, más tolerancia"».

Aparentemente, el potencial de maldad de Swâmî Perumal era infinito. Tras algunos meses de tregua, encontró una nueva manera de atormentar al *ashram*. En aquella época, los edificios del *ashram* se encontraban sobre una parcela de terreno que pertenecía a una institución llamada el Bavaji Math. El responsable de aquel *math* vivía en Tiruvannamalai. Como sentía una gran estima por Bhagavan, había dado la autorización de utilizar este terreno. En una ocasión en que había venido para el *darshan*, le había dicho que estaba muy contento de que un *mahâtmâ* viviera en su terreno. El *ashram* había intentado comprarle dicho terreno, pero aquello no se había llevado a cabo: efectivamente, en el título de propiedad había una cláusula que impedía al Bavaji Math venderlo.

Cuando Swâmî Perumal perdió su primer juicio contra el *ashram*, consiguió persuadir al responsable de aquel *math* de que emprendiera acciones judiciales contra Bhagavan. El *mathâdhipati* (el responsable de aquel *math*) envió una petición al tribunal local, pidiéndole que ordenara a Bhagavan que abandonara su terreno. No sé cómo Swâmî Perumal consiguió convencerle de que llevara a cabo aquella acción judicial. Teniendo en cuenta la alta estima en que el *mathâdhipati* había tenido anteriormente por Bhagavan, yo solo puedo imaginar que fue corrompido de alguna u otra forma.

Aquel asunto no causó tantos problemas como el anterior. Una vez que se envió una delegación a casa del *mathâdhipati* para negociar con él, todo el asunto se solucionó amigablemente, sin intervención del tribunal. Según las cláusulas del acuerdo, Shrî Râmanasramam compraba a Tiruvannamalai una parcela de terreno que tenía exactamente el mismo tamaño que aquella sobre la que se encontraban los edificios del *ashram*. Esa parcela recientemente adquirida, fue entregada al Bavaji Math a cambio de la utilizada por el *ashram*.

Aquella fue la última vez que Swâmî Perumal intentó causar problemas al *ashram*. Poco después, su salud se deterioró tanto que se volvió inválido y pasó los últimos veinte años de su vida inmóvil en su casa. Mientras pasaban los años y su enfermedad se agravaba, comenzó a darse cuenta de hasta qué punto se había portado mal. Durante una de sus últimas visitas al *ashram* (llegó en una carreta de tiro porque estaba demasiado enfermo como para caminar), fue al *Hall* y habló con Bhagavan.

«Bhagavan, dijo, voy a ir al infierno porque he hecho mucho daño. Se lo ruego, perdóneme y no me olvide».

Bhagavan respondió: «Aunque usted me olvide, yo no lo haré».

«¡Pero yo estaré en el infierno!», exclamó Swâmî Perumal.

Bhagavan le miró un momento y después dijo: «Yo también estoy presente allí».

Durante sus últimos días, Swâmî Perumal fue abandonado por todos sus amigos y le robaron todo su dinero. En aquella época, vivió un tiempo en casa de un *mudaliar*. Aquel hombre tomó prestado todo el dinero de Swâmî Perumal y rehusó devolvérselo. Cuando se dio cuenta de que Swâmî Perumal no tenía más dinero que darle, intentó echarle de su casa.

Llamó a una carreta de tiro, instaló a Swâmî Perumal y le dijo al conductor que le llevara a Shrî Râmanasramam.

«Le envío a Shrî Râmanasramam, dijo. Mucha gente come allí gratis. Usted les ha servido durante varios años: seguramente se van a ocupar de usted».

Tras haber dicho aquello, le pidió al conductor del carro que le dejara justo después de la puerta de entrada y que se marchara lo más rápido posible.

Los responsables del *ashram* rehusaron aceptar el envío del *mudaliar*. Alquilaron otro carro de tiro y lo reenviaron directamente a casa del *mudaliar*. El *mudaliar*, que no lo quería más en su casa, rehusó dejarle entrar. En lugar de ello, alquiló otro carro y le dijo al conductor que volviera a llevar a Swâmî Perumal al *ashram*. El *ashram* volvió a rehusar aceptarle y lo devolvió de nuevo a casa del *mudaliar*. El *mudaliar* aceptó finalmente su derrota y autorizó que Swâmî Perumal regresara a vivir a su casa.

Swâmî Perumal murió en los años 1950, solo y abandonado, sobre un banco de piedra, en algún lugar de la ciudad. Muy poca gente sentía simpatía por él en aquel periodo. Casi todo el mundo llegó a la conclusión de que todos sus problemas fueron el resultado de las campañas que había llevado a cabo contra Bhagavan.

La piedra ardiente de la devoción

A lo largo de los años 1930, trabajé más o menos a tiempo completo en lo s trabajos de construcción. Mi principal tarea fue la de supervisar la construcción de un comedor y de una cocina nuevos. Cada día, unos treinta o cuarenta albañiles trabajaban en una construcción que medía alrededor de quinientos metros cuadrados. Afortunadamente, Bhagavan hizo el seguimiento de dicha edificación con vivo interés, guiándome en todas las fases del trabajo. Por la noche, cuando iba a hacerle mi informe diario, me daba instrucciones para el día siguiente. Si en el programa había obras difíciles, me decía cómo ejecutarlas.

Una de mis primeras tareas fue la de demoler mi propia habitación. Había unas diez chozas de hojas de cocotero, la mía entre ellas, en el emplazamiento de la nueva cocina. Tuvimos que desmontarlas todas y reconstruirlas en otro lugar. Más o menos en la misma época, se construyó una habitación con un tejado de tejas frente al almacén. Yo me mudé a dicha habitación y permanecí allí varios años.

Un día, cuando la construcción del comedor llegaba a su fin, hubo una fuerte tormenta que me impidió recibir las instrucciones de Bhagavan: por aquel entonces, tenía la costumbre de hablar de temas de construcción con Bhagavan cuando él salía del comedor tras la cena. Aquella noche, a causa de la lluvia, fue directamente al *Hall* sin hablar conmigo. No tuve otra ocasión de hablarle porque en aquella época, a Bhagavan no le gustaba hablar de sus planes en público.

A la mañana siguiente, antes de que empezara el trabajo, fui a ver a Bhagavan y le pregunté: «¿Cuáles son los planes para hoy?».

Bhagavan respondió: «Swâmî se encuentra en su interior. Vaya a hacer el trabajo».

Aquello me afectó puesto que me había acostumbrado a depender de sus consejos. En cierta forma, incluso me estaba haciendo un cumplido. Rehusar ayudarme demostraba que ahora estaba convencido de que yo había aprendido lo suficiente como para dirigir yo solo la construcción.

Antes de dirigirme a la obra para dar mis instrucciones, hice una plegaria silenciosa a Bhagavan pidiéndole que me guiara en el trabajo. Hacia las nueve de la mañana, Bhagavan salió del *Hall* para ver qué estábamos haciendo. Tras inspeccionar el trabajo, me dio un «diploma de construcción» en forma de sonrisa y diciéndome una única palabra «*¡Beish!*», que significa «¡Bien hecho!».

Vale la pena contar dos incidentes relacionados con la construcción del comedor.

El primero ilustra bien el hecho de que a Bhagavan no le gustaba que los devotos le mostraran una atención especial. Yo me encontraba fuera, a pleno sol, vigilando la descarga de un pedido de yeso. Tenía un paraguas para protegerme del sol y gafas negras para protegerme del polvo. Cuando Bhagavan vino a ver qué hacía, me quité las sandalias y cerré el paraguas en señal de respeto. Bhagavan me reprendió inmediatamente.

«¿Por qué hace eso cuando me ve? ¿Por qué me demuestra una atención especial? La finalidad de esos objetos es protegerle del sol y del polvo. Solo vendré a verle en el futuro si me promete que va a conservar su paraguas abierto y sus sandalias en los pies».

El segundo incidente es más curioso. Yo dirigía el trabajo del comedor cuando me di cuenta de que mi ego aumentaba mucho. Una sensación involuntaria de orgullo y de culminación se adueñó de mí.

«¡Yo soy responsable de todo esto! ¡Yo solo dirijo este importante trabajo!».

Dichos pensamientos intensos me acosaban cuando Bhagavan vino a verme. Mientras se acercaba, vi como una nube negra parecida a una sombra abandonaba mi cuerpo y en seguida constaté que mis pensamientos egoístas habían partido con la nube. Le hablé a Bhagavan de aquel extraño acontecimiento.

Recitando un proverbio tamil muy conocido, él confirmó que se había producido algo inusual:

«Los malos espíritus se marchan cuando ven al sacerdote».

Antes de la edificación del comedor, Bhagavan se sentía obligado a darme instrucciones para el trabajo de construcción cuando nadie estaba escuchando. Como nunca nadie vio a Bhagavan hablarme de cuestiones de construcción, algunos devotos concluyeron que yo seguía mis propios planes y no los de Bhagavan. Durante mucho tiempo, esas personas no me apreciaron demasiado porque todas tenían la impresión de que yo malgastaba el dinero del *ashram* construyendo edificios demasiado grandes. Jamás pude demostrar la falsedad de sus declaraciones, puesto que durante los primeros años en los que yo dirigía la construcción, Bhagavan no admitió nunca públicamente que él me daba la planificación.

Por razones que ignoro, Bhagavan quería que su papel en el trabajo de construcción permaneciera en secreto.

Él me dijo varias veces: «No le comente a nadie que le he dicho que haga eso, simplemente ejecute el trabajo. Tampoco le diga a nadie lo que tiene intención de hacer en el futuro. Si la gente supiera lo que usted proyecta llevar a cabo, vendrán con sus propias ideas e intentarán que usted las adopte. Si eso sucede, seguro que esto le perturbará».

Bhagavan incluso me dijo cómo evitar el tener que responder preguntas:

«Si vienen a verle algunos ingenieros y le preguntan cómo va a ejecutar todo ese trabajo, dígales: "Estoy muy ocupado en este momento. No tengo tiempo de explicarles". Y, a continuación, aléjese y comience a hacer algo. Hay mucha gente interesada en este tipo de trabajo de construcción. Todos querrán venir a indagar en sus proyectos. Si empieza a escucharles, esto no hará más que complicar su tarea».

La política del secreto absoluto cambió poco después de la llegada al *ashram* del mayor Chadwick. A menudo, Chadwick venía a verme trabajar y, cuando Bhagavan y yo hacíamos una ronda de inspección a mediodía, con frecuencia él nos acompañaba. Bhagavan me daba las instrucciones en dichas rondas, porque en aquel momento del día podíamos estar solos en la obra. Cuando Chadwick comenzaba a unirse a nosotros para nuestro pequeño paseo de mediodía, Bhagavan continuaba compartiéndome sus planes. Y cuando, posteriormente, Chadwick supo que muchas personas del *ashram* pensaban que yo actuaba por voluntad propia, se vio en la obligación de decirle a todo el mundo que él había visto y oído personalmente como Bhagavan me daba instrucciones. Como el «secreto» ya había sido desvelado, Bhagavan cesó de pretender que no estaba implicado en la planificación y comenzó a darme las instrucciones abiertamente, en el *Hall*.

Antes de ese cambio, yo había tenido muchas dificultades con el equipo de la oficina y con otros trabajadores del *ashram*. Aquellos que pensaban que yo malgastaba el dinero en proyectos grandiosos de mi propia cosecha, rehusaban cooperar conmigo cuando necesitaba ayuda. Por ejemplo, siempre había entre seis y ocho personas trabajando a tiempo completo en el jardín del *ashram*, pero si, en alguna ocasión, yo solicitaba la ayuda de una de ellas, el responsable rehusaba dejarla venir. De hecho, en una época, mi reputación en el *ashram* era tan mala que nadie quería ayudarme. Yo solo podía contar con los trabajadores asalariados.

Una vez, en aquella época, mientras comía *iddlies* con Bhagavan, él me dijo:

«Antes de que los obreros lleguen esta mañana, me gustaría que desplace algunas piedras grandes».

Cuando Bhagavan me dijo de qué piedras se trataba, supe inmediatamente que no bastaría con una única persona.

«¿Cómo quiere que haga ese trabajo?, le pregunté a Bhagavan. Requiere más de una persona. Las personas de la oficina no permitirán que ningún trabajador del *ashram* me ayude».

«En ese caso, dijo Bhagavan, yo mismo iré a ayudarle».

Cuando las personas de la oficina supieron que Bhagavan se había ofrecido a realizar un trabajo de fuerza porque no había nadie más que lo hiciera, enviaron inmediatamente a un tal Swâmî Muni para que me ayudara. Como rápidamente se divulgó la noticia de que había sido el propio Bhagavan quien quería que se realizara aquel trabajo, y que se hiciera con rapidez, también vino a ayudarme otro hombre llamado Danupillai. Los tres, con algo de ayuda de Raghavendra Rao, conseguimos terminar el trabajo antes de la llegada de los albañiles.

Viví la misma falta de cooperación con el equipo de cocina. Yo no tenía problemas con mi propia comida puesto que Bhagavan y Chinnaswâmî le habían dicho al equipo de cocina que me dejara tomar todo lo que yo quisiera. No obstante, el personal de la cocina había recibido la orden de no dar comida a ningún trabajador que yo contratara. Aquella era una norma especial que solo se aplicaba a mis trabajadores. Los trabajadores contratados por el *ashram* para otros trabajos sí estaban autorizados a comer en el comedor.

Un día, uno de mis trabajadores vino a verme y me dijo que no había comido aquella mañana. Esperaba que el *ashram* le diera su desayuno.

Lugar del edificio que albergaba el nuevo comedor y la nueva cocina: los escombros, en primer plano, provienen de los edificios que fueron demolidos para liberar el espacio. El edificio de la izda. es el cuarto de aseo de Bhagavan y detrás de este se encuentran la oficina y la librería.

Inicio de las obras del comedor. A la izda. se puede ver el camino de Skandashram y, al fondo, el muro de protección construido por Swâmî Annamalai alrededor de 1929.

Swâmî Annamalai con una tela en la cabeza, trabajando en la construcción del comedor.

Bhagavan y Chinnaswâmî inspeccionando las obras.

El comedor terminado. Bhagavan está sentado cerca de la entrada. En la línea del horizonte: la placa con el nombre y la fecha, hecha por Swâmî Annamalai.

El templo de la Madre, visto desde un Pali Tîrtham lleno a rebosar. Los escalones de la derecha, que descienden hasta el agua, fueron construidos por Swâmî Annamalai.

Arriba: bajorrelieve del *garbhagriha* del templo de la Madre: se pueden ver las letras sánscritas dibujadas en una plantilla por Swâmî Annamalai.

A la izda.: Bhagavan sentado sobre una piel de tigre, en su cuarto de baño. Al fondo, se puede ver un calentador de agua de cobre y su chimenea.

Aquel mismo obrero tenía un trabajo muy importante que hacer ese mismo día. Ninguno de los demás trabajadores podía continuar con su trabajo hasta que este no estuviera terminado.

Para satisfacer a aquel hombre, me dirigí a la cocina y le dije a las mujeres que trabajaban allí: «Aún tengo hambre. Por favor, denme más *iddlies*».

Una de las mujeres dijo: «Pero usted acaba de comer. ¿Por qué pide más?».

Justo en aquel momento, escuché a Bhagavan estallar de risa. Trabajaba en un lugar de la cocina que yo no veía.

Como sabía que Bhagavan me estaba escuchando, no pude volver a mentir y entonces le dije a la mujer: «Usted solo me los daría si yo le dijera que me los voy a comer. De hecho, son para uno de mis trabajadores».

Entonces Bhagavan apareció con una gran sonrisa en su rostro y le dijo que me diera los *iddlies* que yo había pedido.

Todos considerábamos a Bhagavan como una persona totalmente honesta y que siempre decía la verdad; por ello, me sorprendió mucho cuando le escuché decirme una vez que él había mentido en tres ocasiones desde el día en que había abandonado su casa para venir a Arunâchala. La primera, dijo, fue en casa de Muthukrishna Bhagavatar mientras él encontraba de camino hacia Arunâchala. Me había dicho, falsamente, que había perdido todo su dinero y sus posesiones.

> *En casa de Muthukrishna Bhagavatar, él había puesto como garantía sus pendientes con el fin de obtener dinero para continuar su viaje hacia Tiruvannamalai. No había perdido sus bienes – simplemente no contaba con el dinero suficiente para terminar su viaje.*

Contó la segunda mentira un día en el que su madre se instaló con él en Pavalakundru.

> *Pavalakundru es un templo situado en un pequeño farallón a unos trescientos metros del gran templo de Arunâchaleswara. Bhagavan vivió allí cierto tiempo en los años 1890. Aquella historia debe haber tenido lugar durante una visita más tardía de la madre de Bhagavan, puesto que ella no se instaló junto a él antes de 1915. Puede que S.S. Cohen (Gurú Râmana, pág. 13-14) también haya relatado aquel incidente, pero él lo sitúa en Skandashram. Cuando informé a Swâmî Annamalai de aquello, me dijo que estaba seguro de que Bhagavan le había dicho que había ocurrido en Pavalakundru.*

Mientras Bhagavan estaba sentado en el templo, aparentemente en *samâdhi*, su madre decidió ir a visitar a Echammal a la ciudad. Antes de partir, decidió encerrar a Bhagavan en el templo de manera que nadie pudiera molestarle o hacerle daño. Bhagavan no se encontraba realmente en *samâdhi*, simplemente estaba sentado con los ojos cerrados. En cuanto su madre se marchó, este pasó su brazo por un agujero de la puerta, manipuló la cerradura y pudo salir. Una vez libre, volvió a cerrar de nuevo la puerta. Cuando su madre regresó, se sorprendió al verle sentado en el exterior delante de la puerta cerrada con llave. Bhagavan vio que ella pensaba que él había adquirido un *siddhi* (poder) especial que le capacitaba a atravesar la materia sólida. Para bromear, él le confirmó sus sospechas.

Cuando ella preguntó: «¿Cómo has salido?». Él le miró con un aire muy serio y respondió: «A través del *âkâshâ* (espacio o éter)».

La tercera mentira fue proferida en Skadashram. Un día, a la madre de Bhagavan le dolía un oído y Bhagavan le pidió que inclinara la cabeza para que él pudiera ver. No había nada que ver, pero cuando Bhagavan examinó el oído, fingió ver una avispa allí dentro. Hizo a su madre un comentario breve y detallado acerca de las actividades de la intrusa.

«Hay una avispa que se está moviendo por ahí dentro. Está saliendo. Ahora se encuentra cerca de la entrada. ¡Ya está! ¡Se ha ido volando!».

Su madre estuvo tan convencida de que aquella avispa imaginaria era la causa de su dolor que cuando Bhagavan dijo: «¡Se ha ido volando!», el dolor desapareció por completo.

* * *

Yo había contratado hombres y mujeres para trabajar en el comedor. Algunas mujeres eran muy seductoras y debo confesar que, en ocasiones, algunos deseos sexuales me perturbaban.

Desde que comencé a vivir en el *ashram*, había hablado de aquel problema con Bhagavan.

Yo le había dijo: «Yo no quiero la *moksha* (liberación). Yo únicamente quiero que no sentir deseo por las mujeres».

Aquella vez Bhagavan se había echado a reír y había dicho: «Los *mahâtmâs* (grandes almas) únicamente se esfuerzan en eso».

Su respuesta me calmó, al mostrarme que yo no era el único que sufría aquel problema, pero no me dio ninguna indicación acerca de cómo podía resolverlo. Yo elabore una teoría según la cual me resultaría mucho más fácil evitar los pensamientos sexuales si no me veía obligado a ver trabajar a las mujeres todo el día. En aquella época, pagábamos a los trabajadores cuatro *annas* al día y a las mujeres tres (un *anna* valía un sexto de rupia).

Me dije que, reemplazando a todas las trabajadoras por trabajadores, conseguiría un poco de tranquilidad mental por unos cuantos *annas*. Entonces, le dije a las mujeres que ya no habría más trabajo para ellas en el futuro.

Aquella noche, como era habitual, Bhagavan me preguntó qué trabajo proyectaba hacer el día siguiente.

Yo le dije: «Los cimientos ya están terminados. Mañana tengo la intención de colocar mucha arena en el interior del edificio para elevar el terreno hasta el nivel del suelo del comedor».

A continuación, Bhagavan me preguntó: «¿A cuántos hombres y mujeres ha contratado?».

Le dije a Bhagavan que no había contratado mujeres y le expliqué mis razones. A Bhagavan no le convenció para nada mi explicación. No veía por qué las mujeres tenían que sufrir por el mero hecho de que yo fuera incapaz de controlar mi mente.

«¿Por qué ha dicho que no se necesitan más trabajadoras?», preguntó. «Contrate trabajadoras. Contrate trabajadoras. Contrate trabajadoras».

Anteriormente, me había dado cuenta de que cuando Bhagavan quería resaltar la importancia de una idea o de una frase en particular, la repetía tres veces. Yo seguí sus instrucciones y volví a contratar a todas las mujeres.

Recuerdo otra ocasión en la que mis pensamientos sexuales casi acaban conmigo. Era alrededor de la una de la tarde en pleno verano. Yo estaba sentado delante de la puerta del almacén cuando vi a una bella mujer que venía a por el *darshan* de Bhagavan. Algunos minutos más tarde, salió del *Hall* y comenzó a caminar en dirección a la montaña. Yo estaba tan cautivado por su apariencia que me preguntaba si no era una diosa con forma humana. Sentí como un fuerte deseo sexual aumentaba en mi interior. En aquel momento, Bhagavan apareció y vio en qué estado se hallaba mi mente. Me llamó y me pidió que me colocara de pie al sol sobre una gran roca que se encontraba cerca del almacén. Como no tenía sandalias, el calor de la roca me hacía mucho daño en los pies. Bhagavan no tuvo en cuenta mi incomodidad en absoluto. Durante varios minutos, habló tranquilamente de diferentes asuntos de construcción. Mis pies ardían; el dolor era casi insoportable pero yo no osé moverme porque Bhagavan me había dicho expresamente que permaneciera de pie sobre la roca. Tras cierto tiempo, constaté que el dolor que yo sentía había suplantado por completo el deseo hacia aquella mujer. Desde que me sobrevino ese pensamiento, Bhagavan finalizó abruptamente nuestra conversación y se marchó. Puse de nuevo mis pies ardientes a la sombra con gran alivio. El tratamiento de Bhagavan resultó ser una cura total. Una vez que se calmó el dolor, constaté que había perdido todo el interés por aquella mujer.

Una de las características de Bhagavan era que, a menudo, respondía de forma diferente a situaciones idénticas. En 1938, mientras yo volvía a estar perturbado por deseos sexuales, él reaccionó de manera completamente diferente. Había tenido la cabeza llena de pensamientos sexuales durante tres días, hasta tal punto que comencé a pensar: «¿Cómo podré alcanzar la salvación si me sobrevienen constantemente pensamiento de este tipo?».

Estaba tan perturbado por esos pensamientos que, durante los tres días, no pude ni comer ni dormir de forma adecuada. Finalmente, decidí que Bhagavan era la única persona que podía ayudarme. Aquella noche, seguí a Bhagavan cuando salió a su paseo y le hablé de mi problema.

«Desde que me vino ese deseo por las mujeres, durante tres días no he dormido ni comido. Como esos pensamientos me sobrevienen a menudo, al final, ¿qué será de mí?».

Tras permanecer en silencio durante algunos minutos, Bhagavan respondió: «¿Por qué debería usted pensar que le sobreviene un mal pensamiento en tal o cual momento en el pasado? Si en lugar de eso usted medita "¿A quién le han aparecido estos pensamientos?", estos desaparecerán por ellos mismos. Usted no es ni el cuerpo ni la mente, usted es el Sí. Medite sobre eso y todos sus deseos le abandonarán».

A menudo, durante el trabajo de construcción, Bhagavan iba a sentarse sobre una piedra y dirigía las operaciones. A veces, incluso se unía a nosotros.

Con frecuencia decía: «Cuando estoy fuera, me siento mejor. Ese sofá de dos metros de largo en el que ustedes hacen que me siente es como una prisión para mí».

Bhagavan pasaba a menudo horas en nuestra compañía. Cuando estaba de humor para supervisar, no regresaba al *Hall* a menos que se le informara de que nuevos devotos había venido a por su *darshan*. Cuando era el caso, Swâmî Madhava, que vigilaba el *Hall* en ausencia de Bhagavan, venía a decirnos que habían llegado personas nuevas. Recuerdo una ocasión en la que Bhagavan vio a Swâmî Madhava venir hacia nosotros. Evidentemente, lo hacía para decirle a Bhagavan que habían llegado nuevas personas.

Bhagavan se giró hacia mí y dijo: «Ahí viene una nueva orden de arresto. Debo regresar a la prisión».

Bhagavan siempre recibía de buen grado una ocasión para unirse al trabajo. Yo puedo dar un buen ejemplo de ello. Ocurrió poco después de mi llegada al *ashram*. En aquel entonces, no había ni un solo lugar para almacenar los sacos de arroz. Se necesitaba una plataforma impermeable en caso de que el suelo se volviera húmedo. Bhagavan me dijo que hiciera una plataforma así con ladrillos y cemento en una pequeña choza que se encontraba en el lugar de la antigua oficina. Después de terminar el trabajo, comencé a pulir la superficie con un ladrillo viejo para nivelarla bien. Bhagavan eligió otro ladrillo y se unió a mí. Lo sostenía con las dos manos y empezó a raspar de manera muy vigorosa.

Yo intenté hacer que cesara de trabajar diciendo: «¿Por qué hace Bhagavan ese trabajo? Yo puedo hacerlo solo fácilmente».

«Lo hago porque necesito ejercicio, respondió Bhagavan. Si trabajo un poco, mi cuerpo estará más robusto. En este momento no tengo apetito. Si trabajo un poco, tendré hambre. Mis problemas de gases quizás desaparecerán si hago mucho ejercicio».

Estaba claro que disfrutaba enormemente. Yo no intenté disuadirle más.

Como, por lo general, impedíamos a Bhagavan que realizara trabajos físicos, él se mantenía con buena salud yendo regularmente a dar paseos por la montaña.

En los años 1940, incluso combinada dichos paseos con un programa diario de ejercicios de gimnasia para mejorar su digestión. Colocaba los brazos encima de su cabeza, mantenía las piernas extendidas, se inclinaba hasta la cintura e intentaba tocar sus dedos de los pies. Esto lo hacía cada mañana unas treinta veces.

Normalmente, hacía ejercicio en un lugar en el que nadie le pudiera ver pero, a veces, las leñadoras que cortaban madera y erraban por la montaña en busca de leña, lo veían.

Tras haber observado a Bhagavan inclinarse hacia delante de manera repetida, una de ellas dijo:

«Bhagavan ha comido mucho, está intentando vomitar».

Otra mujer mucho más imaginativa le desaprobó: «No, son ejercicios especiales. Bhagavan toma las piedras de la montaña y las transforma en oro. Utiliza el oro para financiar la construcción del templo de la Madre. Si no, ¿cómo podría pagarlo? Ese hombre que ven al lado de Bhagavan (el sirviente de Bhagavan) hace de guardián. Vigila que nadie moleste a Bhagavan mientras este fabrica el oro. También impide que otras personas lo roben y ayuda a transportarlo al *ashram*».

La creciente prosperidad del *ashram* en los años 1940 daba mucho que hablar a la gente del país.

Varios de ellos, que no comprendían cómo estaba financiado el *ashram*, llegaron a la conclusión de que la dirección del mismo falsificaba dinero para financiar su desarrollo.

Escuché a varios devotos sostener dicha teoría. Una vez, cuando me encontraba de pie frente a la oficina del *ashram*, vi a un aldeano de los alrededores mirando a Mauni Srinivasa Rao escribir a máquina. Ese aldeano, que no había visto nunca antes una máquina de escribir, concluyó que aquella debía ser la máquina que servía para fabricar billetes falsos. Cerca de la oficina había un local para las maletas en el que los devotos podían dejar sus bolsas antes de ir al *darshan*. Como delante del local siempre había un guardián que vigilaba los bienes de los devotos visitantes, muchos aldeanos de la región concluyeron que ese debía ser el local en el que se fabricaba y se almacenaba el dinero.

Bhagavan daba paseos frecuentes para mejorar su digestión y para calmar la rigidez de sus rodillas. Desde mi llegada al *ashram*, yo había observado que a Bhagavan se le hinchaban las rodillas y padecía dolores reumáticos en las mismas. Con los años, el problema no hizo más que empeorar. Por ello, Bhagavan repetía con frecuencia la misma broma; él decía: «Hanuman se aferró a los pies de Râma, mientras que su padre lo hizo a los míos».

En la mitología hindú, el padre de Hanuman es Vâyu, el dios del viento. Hanuman, el mono-rey, es uno de los devotos más eminentes de Râma. En tamil siempre se dice que hay viento en la pierna cuando esta comienza a hincharse.

Los sirvientes de Bhagavan le masajeaban regularmente las rodillas con aceite, pero aquello no cambiaba demasiado su situación. El dolor era tan intenso que sus sirvientes tenían que colocar un cojín bajo sus rodillas, porque para él resultaba demasiado doloroso sentarse con las piernas estiradas. Si observamos la famosa foto que se encuentra ahora sobre el sofá del antiguo *Hall*, podemos ver cómo se habían instalado los cojines para sostener sus piernas dobladas. Bhagavan autorizaba a sus sirvientes que le masajearan pero, para aliviar sus dolores, creía más en las virtudes del ejercicio.

Él decía: «Si no doy un paseo cada día, me dolerán las piernas».

Un día, yo masajeaba los pies de Bhagavan con aceite cuando una mujer mayor vino y me preguntó cuál era el problema.

Yo le dije: «Masajeo los pies de Bhagavan porque le duelen».

La mujer se burló de mi explicación.

«Bhagavan no sufre dolor alguno, dijo. Masajeándole, usted lo único que hace es purificarse de sus propios pecados».

Cuando Bhagavan intentaba ayudarnos con nuestras tareas diarias, se encontraba con mucha oposición por parte de los devotos residentes. La mayoría de nosotros teníamos la sensación de que no le profesábamos el respeto que él merecía si le dejábamos hacer un trabajo de menor categoría. Por ejemplo, un día, durante mis primeros años en el *ashram*, los devotos mantuvieron una reunión informal para repartirse todo el trabajo del día. Una persona se ofreció para cocinar, otra para limpiar, etc.

Al final de la reunión, Bhagavan, a quien no se le había asignado ningún trabajo que hacer, anunció: «Han olvidado asignar un trabajo. A nadie se le ha asignado la tarea de lavar la ropa. Si cada uno de ustedes me da su ropa, yo voy a ir a Yama Tîrthan a lavarla toda».

Nadie quiso que Bhagavan realizara aquel trabajo. Nosotros le asignamos esa tarea a otro y le dejamos sin trabajo.

Yama Tîrtham es un depósito que se encuentra a alrededor de un kilómetro y medio del ashram. *En inglés indio, la palabra «tank» (depósito) se refiere a cualquier estructura artificial mayor que un pozo, construi-*

da para almacenar el agua de lluvia. Yama Tîrtham contiene agua todo el año, mientras que los depósitos más cercanos al ashram a menudo están secos en verano. Por ello, es razonable concluir que este hecho tuviera lugar en verano. En invierno, el lavado de ropa se hubiera hecho cerca del ashram.

Sin embargo, en ocasiones, Bhagavan conseguía organizar tareas y llevarlas a cabo él mismo. Un día decidió construir una estantería con ladrillos y barro en un rincón de la antigua cocina. Había previsto colocar allí los botes de encurtidos. Él mismo cavó la tierra con ayuda de un *kadappârai* (barrena de percusión) de dos metros de largo. A continuación, Santammal, una de las cocineras, hizo barro. Bhagavan realizó él mismo el trabajo en lugar de confiárselo a alguien porque la cocina estaba prohibida para los no brahmanes. Yo trabajaba en el comedor contiguo a la cocina, pero no podía ver lo que hacía Bhagavan porque una mujer brahmán muy ortodoxa extendió un *sari* en la entrada de la cocina. Ella creía firmemente que un no brahmán no debía ver lo que ocurría en la cocina.

Cuando Bhagavan levantó la vista de su enladrillado y vio lo que ella estaba haciendo, dijo: «¿Por qué sostiene el *sari* de esa forma? No es más que nuestro Swâmî Annamalai».

En ese momento llegó Chinnaswâmî. Este me sonrió y dijo:

«Bhagavan le ha dado un nuevo título, "Ishta Brahmin", (un amado brahmán)».

Debo decir, a modo de explicación, que a pesar de que Bhagavan mantenía la ortodoxia de las castas en las cuestiones de cocina, principalmente por respeto a sus devotos brahmanes que, de otra forma, no hubieran comido más en el *ashram*, él tenía tendencia a desaprobar algunas de las manifestaciones extremas de dicha ortodoxia.

Existía otro tipo de actividad que a Bhagavan le gustaba mucho realizar: fabricar bastones para pasear. De vez en cuando hacía algunos cuando su atención no era requerida en otro lugar. Un día, le vi fabricar varios de forma muy enérgica. Chinnaswâmî había comprado un pequeño fajo de leña para el fuego y Bhagavan había pedido a los sirvientes que eligieran cuatro o cinco palos rectos. Primero limpió la superficie exterior de dichos palos con un pequeño cuchillo, después los frotó con trozos de vidrio y finalizó el trabajo lijándolos con una hoja. Todo su cuerpo estaba cubierto de serrín. Una parte permanecía en el mismo lugar en el que caía. Otras partículas eran arrastradas por pequeñas gotas de sudor que rodaban por su cuerpo.

Intenté abanicarle, pero Bhagavan me detuvo diciendo: «Trabajo para producir este sudor. Cuando se deja caer el sudor sin obstaculizarlo, el cuerpo se sanea. Si usted me abanica de ese modo, todo el sudor desaparecerá».

En aquella época no existían los ventiladores eléctricos; la gente se abanicaba a mano. Habitualmente, cuando las personas comenzaban a abanicarle, Bhagavan les pedía que se detuvieran. No obstante, algunos devotos como Patti Mudaliar, se mostraban tercos en sus tentativas. Un día, en mitad del verano, mientras el cuerpo de Bhagavan brillaba de sudor, le vi arrebatarle de las manos un abanico a Patti Mudaliar porque ella intentaba abanicarle disimuladamente. Él ya le había dicho unos minutos antes: «¡No quiero abanico!».

Mientras le arrebataba el abanico, repitió su reprimenda habitual: «Para el cuerpo es bueno transpirar libremente. ¿Por qué intenta interrumpir la transpiración abanicándome?».

Antes de mi llegada, cuando todavía no había mucha actividad en el *ashram*, Bhagavan pasaba la mayor parte de su tiempo en el *Hall*. Trabajaba regularmente en la cocina e iba a dar paseos por la montaña pero, la mayor parte del día, llevaba una vida completamente sedentaria. Todo aquello cambió cuando comenzó el programa de construcción. Salía frecuentemente a ver lo que estábamos haciendo, nos bombardeaba con consejos e instrucciones y, a veces, se ponía a trabajar. Algunos piensan que el *ashram* se ha desarrollado espontáneamente alrededor de Bhagavan, sin intervención de su parte. No tardarían en cambiar de idea si hubieran visto a Bhagavan en las obras de los años 1930. Era Bhagavan, y solo él, quien decidía cuándo se tenían que construir edificios, dónde y a qué escala había que construirlos, qué materiales había que utilizar y quién sería el responsable de la construcción.

Bhagavan decía: «Ninguna de las actividades que tienen lugar aquí me concierne. Yo solo soy testigo de todo lo que ocurre».

Desde el punto de vista del Sí, sin duda esto es cierto. Pero desde el punto de vista relativo, yo puedo decir que no se movía una piedra en el *ashram* a sus espaldas y sin su consentimiento. Como ya he mencionado anteriormente, la única área en la que él rehusaba implicarse era en la de finanzas.

Él comenzaba proyectos a pesar de que no había dinero para pagarlos, ignorando alegremente todas las predicciones de Chinnaswâmî en cuanto a una catástrofe financiera inminente.

Nunca le pedía dinero a nadie y le prohibía a Chinnaswâmî que mendigara donativos en nombre del *ashram*. No obstante, de una forma u otra, llegaban donativos suficientes como para finalizar cada construcción.

Chinnaswâmî, que a fin de cuentas se sentía responsable de todas las finanzas del ashram, tenía tendencia a preocuparse mucho cuando Bhagavan se embarcaba en proyectos sin bases financieras apropiadas.

En tales circunstancias, a menudo he escuchado a Bhagavan decir: «Estoy aquí, no hay que preocuparse».

Cada vez que Bhagavan hablaba así, yo le transmitía el mensaje a Chinnaswâmî. Mensajes de aquel tipo le calmaban momentáneamente, pero su recién recobrada confianza generalmente se disipaba con la llegada de la primera factura importante.

Igualmente, Bhagavan esperaba que los devotos no se ocuparan de las finanzas del *ashram*. A pesar de que les autorizaba a hacer donativos al *ashram* si así sentían hacerlo, él no quería que se involucraran en los asuntos financieros del *ashram*. Por ejemplo, una vez, cuando Bhagavan estaba muy enfermo, Maurice Frydmann donó mil Rs. a Chinnaswâmî y le pidió que, con aquel dinero, comprara fruta para Bhagavan. En aquel entonces se trataba de una gran suma. Chinnaswâmî, sabiendo que Bhagavan solo comería fruta si cada uno recibía la misma parte, consideró que comprar cada día fruta para todas las personas del *ashram* sería malgastar el dinero.

Algunos meses más tarde, Frydmann vino a preguntarle a Chinnaswâmî si se había utilizado el dinero como él lo había pedido. Chinnaswâmî se enfadó y le dijo que los gastos del *ashram* no eran de su incumbencia. En aquella ocasión, Bhagavan apoyó a Chinnaswâmî.

Cuando Frydmann fue al *Hall* para quejarse porque no se había utilizado su donativo correctamente, Bhagavan le dijo, encolerizado: «Cuando usted da algo, debería considerar el asunto como concluido. ¿Cómo osa utilizar ese regalo para promover su ego?».

Para Bhagavan, las acciones por sí solas no eran ni buenas ni malas; él siempre se interesaba más por los motivos y por el estado de ánimo que los provocaban.

En la época en la que yo construía los edificios del *ashram*, ingenieros que venían de visita y que también eran devotos, decidieron ofrecer sus servicios haciendo planos detallados de los diferentes edificios que nos disponíamos a construir. Chinnaswâmî quería que yo ejecutara dichos planos, pero aquello no era posible porque había planos diferentes y contradictorios para cada uno de los edificios que él quería que yo construyera. Nuestras tentativas de llegar a un acuerdo solo generaron confusión y provocaron retrasos en la construcción, por lo que yo sugerí entregarle todos los planos a Bhagavan y dejar que él tomara la decisión final. Llevé todos los planos al antiguo *Hall*, pero Bhagavan ni se molestó en desplegarlos.

Poniéndolos de lado, dijo: «Desde antes de nuestra llegada aquí, todos estos edificios ya han sido planificados por una fuerza superior. Cada cosa a su tiempo, cuando llegue el momento, todo ocurrirá conforme a dicho plan. Por consiguiente, ¿por qué deberíamos molestarnos con todos estos planos trazados?».

Fue el propio Bhagavan quien concibió todos los planos de los edificios del *ashram*. Cada día, antes de que empezara el trabajo, él me decía qué hacer. Si las instrucciones eran complicadas, a veces esbozaba algunas líneas sobre un trozo de papel para clarificar o ilustrar sus palabras.

Aquellos pequeños diagramas fueron los únicos planos que tuvimos. A excepción del templo de la Madre, construido según el plano del jefe *sthapati* (arquitecto de templos), y del almancén, diseñado en un principio por un emprendedor local, el resto de edificios fueron edificados a partir de planos informales de Bhagavan.

Cuando Bhagavan me entregaba un plano, siempre decía que solo era una sugerencia. Nunca consideró que me daba órdenes.

Habitualmente, decía: «Este plano simplemente se me ocurrió. Si le parece que quiere llevarlo a cabo, puede hacerlo. En caso contrario, olvídelo».

Por supuesto, cada vez que Bhagavan hablaba así, yo lo tomaba como una orden directa. Nunca rehusaba un trabajo ni tampoco sugería modificación alguna de sus planos.

Casi habíamos terminado el comedor y la cocina cuando Chinnaswâmî vino a verme con un plano secreto elaborado por él mismo. Quería que yo construyera una habitación sobre el tejado del comedor para que Bhagavan se instalara allí. También quería que instalara un ascensor en la habitación que la conectara con el comedor. Deseaba dicha instalación para obligar a los devotos a recibir su autorización para obtener el *darshan* de Bhagavan. Únicamente aquellos que hubieran obtenido el permiso, estarían autorizados a entrar en el ascensor.

Chinnaswâmî me pidió que informara a Bhagavan acerca de su proyecto. Tras esbozarme los detalles, me dijo: «Usted va cada día a ayudar a Bhagavan a tomar su baño. Bhagavan siempre le comunica directamente sus proyectos de construcción. Vaya a hablar de esta cuestión con él e intente obtener su acuerdo para este proyecto. Si usted consigue obtener su aprobación, yo le otorgaré el título de "*Sir* Swâmî Annamalai". Quizás le concederé un título aún más importante».

La idea era absurda de cabo a rabo y yo sabía que Bhagavan nunca daría su consentimiento. Varios años antes, cuando el propietario de la gruta de Virupaksha había intentado controlar el acceso de Bhagavan a la misma, él había reaccionado abandonando la gruta. Yo sabía que él jamás aprobaría ningún proyecto que mantuviera a los devotos alejados de él. Sin embargo, consideraba que no habría problema si le hablaba del proyecto de Chinnaswâmî. Tenía la intención de ser claro con respecto al hecho de que no se trataba de mi idea.

Aquel día, más tarde, cuando yo estaba llegando a la puerta del baño con la intención de hablar de dicho proyecto a Bhagavan, él me gritó: «¡Deténgase! ¡No entre! ¡No venga hoy!».

Aquello me impactó. Durante todos los años en los que había ayudado a Bhagavan con su baño, él nunca había rehusado ni una sola vez mi entrada al cuarto de aseo. Consideré que aquella inusual orden significaba que él sabía por qué yo iba a verle y, además, sentí que aquel rechazo a verme significaba que se oponía al proyecto y que no quería hablar de ello conmigo. Regresé a ver a Chinnaswâmî, le expliqué lo sucedido y le dije que no quería tener nada que ver con aquel proyecto porque ahora estaba seguro de que Bhagavan se oponía completamente.

Añadí: «Si quiere la aprobación de Bhagavan, debe pedírsela usted mismo».

Chinnaswâmî reconoció su derrota. Como tenía mucho miedo de Bhagavan como para acercársele directamente con un proyecto tan incongruente, este fue descartado.

Tras las disputas iniciales relacionadas con el almacén y el establo, mis relaciones con Chinnaswâmî mejoraron. De vez en cuando, él intentaba darme instrucciones con respecto a las construcciones, pero como sabía que yo trabajaba bajo las órdenes de Bhagavan, no se quejaba lo más mínimo cuando yo rehusaba llevarlas a cabo. Él siempre tenía la extraña idea de que yo podía arreglármelas para ejecutar simultáneamente dos series de instrucciones completamente contradictorias – las suyas y las de Bhagavan.

Él me decía: «Aunque usted obedezca las órdenes de Bhagavan, también debería obedecerme a mí».

Chinnaswâmî siempre intentaba tener el control de todo lo que ocurría en el *ashram*.

El hecho de que no tenía prácticamente ningún control sobre los proyectos de construcción o sobre mi persona, le irritaba enormemente. Creo que ahí se hallaba la causa fundamental de todas sus disputas conmigo.

A pesar de que exteriormente él mantenía una fachada de hostilidad, con el paso de los años, comenzó a mostrar un profundo respeto por mi trabajo y un amable interés por mi bienestar general. Preguntaba a menudo por mi salud y, con frecuencia, me recordaba que me alimentara correctamente. Incluso dio la orden de que cada día me preparasen agua caliente para que yo pudiera darme un baño caliente al final de la jornada.

Me decía: «Si usted cae enfermo, ¿quién se hará cargo del trabajo? Debe alimentarse correctamente y asegurarse de que descansa lo suficiente».

En el marco de su campaña para mantenerme en buena salud, dio instrucciones a las mujeres de la cocina de que me trajeran suero de leche a intervalos regulares mientras yo trabajaba.

Bhagavan había decidido hacer el tejado del comedor al estilo «Azotea de Madrás», es decir, un tejado plano hecho de camas de ladrillos y de cal soportados por vigas de madera. El día que comenzamos a colocar los ladrillos, contraté unos treinta albañiles. No obstante, nos encontramos con que ninguno de ellos parecía muy motivado para realizar un buen trabajo.

Cuando me di cuenta de cuántos de entre ellos trabajaban mal, les dije: «Todos nos marcharemos pronto, pero estos edificios permanecerán aquí muchos años después de nuestra muerte; por esa razón, deberíamos intentar construirlos lo más sólidos posible».

Yo había dicho a los albañiles: «Deben poner la cantidad correcta de cal entre los ladrillos, si no, estos se moverán».

Ya lo sabían, pero varios de ellos, incluyendo a su jefe, no tenían para nada en cuenta mis instrucciones.

Finalmente, empecé a gritarle al jefe de los albañiles: «¡Aquí usted es el jefe! Si no hace el trabajo correctamente, ¿cómo pretende que lo hagan los obreros?».

Parece que mis gritos no surtieron demasiado efecto en la calidad del trabajo. Sobre las diez, había gritando tanto que estaba completamente afónico.

Fui a ver a Bhagavan y le dije con voz ronca: «No puedo dirigir a esos hombres eficazmente. He perdido mi voz de tanto gritar. Pero, si no les grito, no realizarán el trabajo correctamente».

Bhagavan comprendió mi problema. «Vaya a descansar, dijo. Yo mismo me ocuparé del trabajo».

Abandonó el *Hall*, fue en busca de Chinnaswâmî y de un tal Subramaniam y subió al tejado para vigilar el trabajo. Subramaniam, que poseía una voz muy potente, retomó la función de «jefe gritón» mientras que Bhagavan y Chinnaswâmî vigilaban a los obreros para asegurarse de que el trabajo fuera realizado correctamente. Con tres personas vigilando la colocación de ladrillos, el control fue mucho más eficaz. La calidad del trabajo mejoró y pronto la obra fue finalizada.

En aquella época, yo a menudo sufría de dolor de garganta porque siempre debía gritar mucho a los trabajadores. Sampumammal, una de las cocineras, preparaba una bebida a partir de agua de arroz, mantequilla y azúcar de caña y me la daba en un vaso. Ella decía que era beneficioso para mi dolor de garganta. Yo tomaba aquel brebaje cada día, porque me parecía que resultaba muy eficaz para aliviar el dolor de garganta, tal y como había dicho Sampumammal.

Ella me daba aquella bebida con tanto amor y afecto que un día le pregunté: «¿Bhagavan es quien le ha pedido que me prepare esta bebida?».

Ella respondió con algo de desprecio: «¿Para quién trabaja usted? ¿Cree usted que es necesario que Bhagavan me pida hacer algo así?».

Con frecuencia, yo debía enfadarme con los trabajadores para que se llevara a cabo del trabajo. Descubrí, desde muy pronto en mi carrera que, si yo no gritaba mucho, la cantidad y la calidad del trabajo se resentía.

En una ocasión, fui demasiado lejos y golpeé a uno de los trabajadores porque me había desobedecido. Aquello ocurrió cuando dirigía el trabajo del comedor. Aquella mañana temprano, antes de que llegaran los trabajadores, Bhagavan me había pedido que le dijera al cantero que tallara una piedra de cincuenta centímetros de largo.

Las dimensiones debían ser precisas porque necesitábamos dicha piedra para un lugar específico del muro del comedor. Como Bhagavan me había dado órdenes muy precisas, yo le dije al cantero que tuviera mucho cuidado al tallarla. Le di instrucciones muy específicas acerca de la forma en la que debía cortarla para que esta no se rompiera. Mientras vigilaba otro trabajo, el cantero no tuvo para nada en cuenta mis instrucciones y rompió la piedra al tratar de cortarla de otra forma. Cuando regresé y vi lo que había hecho, me enfurecí contra él hasta tal punto que le golpeé en la espalda.

Aquello se produjo hacia las nueve de la mañana. El resto del día, me sentí muy culpable de haberme enfadado de aquella forma. Por la noche, cuando hice mi informe diario, se lo confesé a Bhagavan y pedí perdón por haber reaccionado así.

Bhagavan me preguntó: «¿Cuándo apareció esa cólera y cuándo le golpeó?».

Yo le dije que el incidente se había producido hacia las nueve de la mañana.

«La cólera que le sobrevino esta mañana ya se ha marchado, dijo Bhagavan. ¿Por qué sigue pensando que se ha enfadado y que ha pegado a alguien? ¿Por qué sigue alimentando todos esos pensamientos? En lugar de sentirse culpable por lo que ha hecho, investigue: "¿A quién le sobrevino toda esa cólera?". Encuentre la verdadera naturaleza de la persona que se ha enfadado esta mañana».

«Para la actividad, esa cólera era necesaria. Ahora todo eso pasó, ya no necesita pensar más en ello. Por tanto, olvide ese recuerdo de cólera y pase al siguiente trabajo».

Mientras vivía en Râmanasramam, el propio Bhagavan me golpeó dos veces en la espalda pero, en ambas ocasiones, lo hizo más como un juego que a causa de la cólera.

Recibí el primer golpe cuando estaba de pie en el antiguo *Hall*, hablando de la construcción de algunos escalones nuevos. Era un trabajo simple para el que se necesitaban alrededor de tres *padi* de cemento (un *padi* es una medida de unos dos litros).

Cuando Bhagavan preguntó: «¿Cuántos escalones nos hacen falta?», yo pensé que me estaba preguntando por la cantidad de cemento porque en tamil «escalón» también se dice *padi*. Le dije que tres *padi* de cemento bastaban para terminar bien ese trabajo. Bhagavan me preguntó tres veces por el número de escalones, y las tres le dije cuánto cemento se necesitaba.

Finalmente, Bhagavan salió del callejón sin salida dándome un pequeño golpe en la espalda y diciendo: «Yo hablo de escalones, pero usted está hablando de cemento». Me di cuenta inmediatamente de mi error y ambos nos reímos mucho.

El otro golpe lo recibí algunos años más tarde. Las cocineras del *ashram* habían preparado un plato hecho con *kambu*, una variedad de mijo.

Mientras comíamos aquel plato en el comedor, Bhagavan le preguntó a Santammal, una de las cocineras del *ashram*: «¿Dónde está Swâmî Annamalai?».

Santammal vino en mi búsqueda y me encontró fuera, delante de la entrada del comedor. Ella me dijo que habían preparado *kambu* y que, aparentemente, Bhagavan me había invitado a comer y preguntaba por mí. Entré en el comedor y comencé a comer lo que me habían servido. Como había llegado tarde, aún estaba comiendo cuando los demás se levantaron para marcharse. Mientras salían uno a uno, Bhagavan permaneció de pie cerca de mí y me observó terminar mi plato.

Mientras comía, señaló mi plato con su bastón y preguntó: «¿Sabe de qué está hecho?».

Cuando yo dije: «Es *kambu*», Bhagavan pareció algo sorprendido. Él pensaba que el ingrediente principal estaba bien escondido.

«¿Cómo ha adivinado que era *kambu*?», me preguntó.

Le dije que Santammal me había dicho lo que había de comer cuando vino a invitarme.

Bhagavan se echó a reír y, alegremente, me dio un golpe de bastón en la espalda, diciendo: «Esto también es *kambu*» («kambu» también es la palabra tamil que significa «bastón»).

Uno de los últimos trabajos relacionados con el comedor fue el de colocar el nombre del edificio en la parte superior de la pared este. Las letras debían hacerse de cemento en un espacio de alrededor de un metro de largo por veinte centímetros de alto. Bhagavan escribió, en un trozo de papel con letras grandes, la palabra tamil *pâkasâlai* (comedor). Él quería enseñarme cómo formar las letras y los espacios de manera que yo hiciera un buen uso del espacio disponible.

Mientras realizaba muy concentrado el borrador de aquel rótulo, me dijo: «Hoy yo no podía permanecer sentado tranquilamente, tenía que hacer algo; por eso, estoy esbozando este plano para usted. Si usted piensa que puede fabricar estas letras con cemento respetando la forma, el tamaño y las proporciones que he dibujado aquí, entonces, vaya a realizarlo sin dudar. Si no, deje que alguien más se ocupe de ello».

Un devoto llamado Srinivasa Rao asistió a aquella escena. Se acercó a Bhagavan y dijo: «No es más que un niño de campo. Ni siquiera sabe escribir correctamente. Yo haré ese trabajo por él».

Bhagavan rehusó dejarle llevar a cabo el trabajo en mi lugar. «No se inmiscuya en su trabajo, dijo. Vaya a ocuparse de sus asuntos».

Estaba claro que Bhagavan quería que yo hiciera el trabajo así que hice lo mejor que pude.

Coloqué la fecha, 1938, encima y la palabra *pâkasâlai* en tamil debajo. Siguiendo otra sugerencia de Bhagavan, escribí el nombre de Shrî Râmanasramam por debajo, con caligrafía *devanâgarî*.

Devanâgarî es la caligrafía utilizada en hindi y en sánscrito. La siguiente historia concierne la construcción de la escuela Vedanta *del* ashram. *Aquellas instituciones, conocidas como* Pâthasâlâs, *enseñan el conocimiento de los Vedas a los niños brahmanes.*

Durante la construcción del comedor, yo también dirigía la del *Pâthasâlâ*. Raju Sastri, un brahmán devoto de Ganapati Muni tuvo la idea de realizar aquella construcción. Desde hacía varios años, él venía al *ashram* para cantar los Vedas frente al *samâdhi* de la Madre. Como tenía mucha fe en la tradición *Vedanta*, le sugirió a Chinnaswâmî que el *ashram* debería tener un *Veda Pâthasâlâ*. Ambos, Chinnaswâmî y Bhagavan, aprobaron el proyecto y yo fui designado para dirigir la construcción.

Se trataba de un trabajo mucho más fácil que el del comedor: no encontré dificultad alguna al construirlo. El único incidente curioso que recuerdo tuvo lugar poco después del final de la construcción. Yo estaba subiendo al tejado plano, sin una razón en particular, y encontré a Bhagavan en el suelo rodando hacia delante y hacia atrás. No me dio explicación alguna con respecto a aquel extraño comportamiento y yo no osé preguntarle qué estaba haciendo. Mi teoría es que, a su manera, estaba cargando el edificio de energía.

Si esto puede parecer más bien fantasioso, debo decir que anteriormente, ya le había visto consagrar y «cargar» otro edificio del *ashram*. Mientras él asistía a la ceremonia de apertura de la oficina, Bhagavan estaba sentado en el asiento de Chinnaswâmî y, contra todo pronóstico, permaneció allí cerca de quince minutos. Mientras estaba sentado, se adentró en el Sí de la misma forma en la que lo hacía a menudo durante el *pârâyana* (la salmodia de las Escrituras). Aquellos de entre nosotros que nos encontrábamos presentes sentimos el poder de su silencio. Varios de nosotros concluimos que había hecho aquello para darle poder al *sarvâdhikârî* y a la oficina en general, a fin de que actuara por su cuenta y dirigiera el *ashram* en su nombre. Evidentemente, no se trataba más que de una especulación. El mismo Bhagavan no ha dado nunca explicación alguna en lo que a su comportamiento de aquel día se refiere.

Cuando terminaron por completo las obras del comedor, tuvo lugar una gran ceremonia de apertura. Cada uno de nosotros, incluyendo a Bhagavan, asistimos. Durante dicha ceremonia, Chinnaswâmî exhibió una gran guirnalda de flores e intentó colocarla alrededor del cuello de Raghavendra Rao, el ingeniero jubilado que me había ayudado.

Este rehusó prestarse a aquel juego, diciendo: «No soy más que un asistente. Swâmî Annamalai era el responsable. Él ha trabajado muy duro para finalizar el edificio. Póngale la guirnalda a él. Le pertenece a él».

Chinnaswâmî no quería reconocer mi papel públicamente, a pesar de que en privado me había dicho que yo había hecho un buen trabajo. Tras unos instantes de vacilación, colocó la guirnalda sobre una foto de Bhagavan y tomó asiento.

Un día, en aquella época, no recuerdo exactamente cuándo, Bhagavan me pidió que construyera en el *ashram* unos peldaños de acceso a Pali Tîrtham, de manera que los devotos pudieran descender fácilmente hasta el agua. Me llevó a ver el depósito, me mostró dónde quería los escalones y me indicó qué anchura debían tener.

Pali Tîrtham es un gran depósito, de unos dos mil metros cuadrados, contiguo al ashram *por el lado oeste. Se alimenta del agua del riachuelo de la montaña. Cuando está lleno, el agua tiene unos cinco metros de profundidad.*

En aquel periodo, no había ningún escalón. Los devotos que querían llegar al agua tenían que pasar por bloques de piedra hundidos en la pendiente del lado este del depósito. Mi primer trabajo consistió en desplazar todos aquellos bloques de piedra. La jornada estaba ya muy avanzada; era demasiado tarde para contratar trabajadores y por ello, yo comencé el trabajo yo mismo. Intenté desplazar algunos bloques, pero eran demasiado pesados para mí. Tras algunas tentativas infructuosas, fui a pedirle a Râmaswâmî Pillai si podía prestarme a algunos de sus trabajadores. En aquella época, él se encargaba del jardín del *ashram* junto con siete u ocho personas más. Râmaswâmî Pillai no quiso saber nada. Me dijo que todos sus trabajadores estaban ocupados en tareas importantes y que no podía prescindir de ninguno de ellos. Fui a ver a Bhagavan y le dije que no podía mover las rocas yo solo. Además, añadí que Râmaswâmî Pillai había rehusado prestarme a algunos de sus trabajadores.

Bhagavan me escuchó y, a continuación, para mi mayor sorpresa, dijo: «Como no encuentra a nadie más que haga el trabajo, yo mismo iré a ayudarle».

Él fue hasta el depósito y señaló con el dedo una gran roca prominente. «Podemos empezar por esta», dijo.

Intentamos levantarla. El paño de Bhagavan resbaló de sus hombros y cayó en el barro. Pronto tuvimos que rendirnos a la evidencia: aquella roca era demasiado grande para nosotros. Conseguimos levantarla algunos centímetros por un lado, pero no pudimos sacarla de la pendiente. Bhagavan me dijo que dejara caer la roca porque era demasiado pesada para nosotros. Al caer, pilló el paño de Bhagavan en el barro. Para mi mayor sorpresa, Bhagavan abandonó el trabajo y el paño, y regresó al *Hall*.

Entonces, me dije que la única persona que quizás podía ayudarme era Chinnaswâmî.

Fui a verle y le dije: «¿Sabe dónde está el paño de Bhagavan? Está hundido en el barro bajo una roca en Pali Tîrtham».

Le llevé al depósito, le mostré el paño y le conté brevemente lo que había sucedido.

Chinnaswâmî se sorprendió mucho al escuchar que Bhagavan había tenido que trabajar como un *coolie* porque yo no había podido encontrar en el *ashram* a nadie más que me ayudara. Fue a ver a Râmaswâmî Pillai y le pidió que enviara a todos los trabajadores del jardín al depósito. Râmaswâmî se opuso.

«Estos son los trabajadores del jardín. ¿Por qué debería enviarlos a levantar rocas en el depósito? ¿Quién se encargará del jardín si todos van a trabajar allí?».

Chinnaswâmî rechazó sus argumentos y envió a todos los obreros del jardín a trabajar para mí en el depósito.

Retrospectivamente, creo que la mínima tentativa de ayuda de Bhagavan solo era una estratagema para obtener obreros suplementarios para mí. Cuando me dio la orden de soltar la primera roca, él sabía muy bien que esta atraparía la tela. Además, sabía por experiencia cómo reaccionaría Chinnaswâmî ante noticias de ese tipo.

A menudo, me resultaba difícil realizar los trabajos especiales que Bhagavan me asignaba. En dos o tres ocasiones, tuve que decirle que no podía hacer un trabajo específico yo solo porque me resultaba físicamente imposible. Cada vez, Bhagavan se ofrecía a ayudarme. A los demás devotos no les gustaba ver a Bhagavan llevar a cabo el trabajo manual, por lo que persuadieron a Chinnaswâmî para que un trabajador se uniera a mí permanentemente para ayudarme con los pequeños trabajos. Aquello ocurrió más tarde. En la época en la que yo construía los escalones de Pali Tîrtham, aún debía realizar los pequeños trabajos yo solo.

Râmaswâmî Pillai se enfadó mucho por la intervención de Chinnaswâmî. Él se dijo: «Bhagavan y Chinnaswâmî apoyan a Swâmî Annamalai. No tengo nada que hacer aquí. Voy a regresar a vivir a mi pueblo».

Abandonó el *ashram*, pero pronto se arrepintió de su decisión. Menos de un mes más tarde, escribió una nota sibilina a Chinnaswâmî: «He intentado vender agujas en la calle de los herreros. Todos fabrican agujas en esta calle: ¿quién las va a comprar?».

Él no estaba diciendo directamente que quería regresar, pero todos nosotros supusimos que aquella era la razón por la que había escrito. Chinnaswâmî le mostró la nota a Bhagavan y le preguntó qué debía hacer. Bhagavan le dijo que no respondiera. Alrededor de un mes más tarde, cuando Râmaswâmî Pillai regresó por iniciativa propia, Chinnaswâmî le volvió a dar de buena gana su antiguo trabajo.

Bhagavan me había dado la instrucción de realizar dos escaleras: una en medio de la orilla este del depósito, con escalones anchos, y otra cerca de los edificios del *ashram*, con escalones ligeramente más estrechos. Tras varios días de trabajo, yo había finalizado todos los escalones grandes y casi todos los pequeños, solo me faltaban unos cuatro o cinco. Esa era la situación al final de una jornada habitual de trabajo en pleno verano. De pronto, sentí muchas ganas de terminar el trabajo ese mismo día. Como sabía que no podía hacerlo yo solo, le ofrecí a los trabajadores un suplemento de dinero para que se quedaran más tiempo y me ayudaran. Todos estuvieron de acuerdo en quedarse el tiempo necesario para terminar el trabajo. Parece que Bhagavan aprobó mi proyecto. Le pidió a Krishnaswâmî, el sirviente del *Hall*, que instalara lámparas eléctricas de forma que todos pudiéramos ver lo que hacíamos.

«Una intensa determinación por finalizar el trabajo se ha apoderado esta noche repentinamente de Swâmî Annamalai. Vayan a ayudarle instalando lámparas».

El trabajo se desarrolló sin incidente alguno y conseguimos terminar el último escalón hacia las once de la noche. Alrededor de una hora más tarde, se desató una tormenta torrencial de verano de una violencia tal que el depósito se llenó en menos de una hora. Antes de la tormenta, el depósito estaba casi vacío. El riachuelo de detrás del *ashram*, que estaba seco, se transformó en pocos minutos en un torrente de sesenta centímetros de profundidad por un metro y medio de ancho. Durante varias semanas, el nivel del agua del depósito no disminuyó.

Si aquella noche no nos hubiéramos quedado para terminar los escalones, la finalización del trabajo se hubiera pospuesto indefinidamente. ¿Acaso fue Bhagavan quien hizo nacer en mí aquella determinación de trabajar hasta tarde? No podría afirmarlo, pero no me sorprendería en absoluto.

No era inusual que yo trabajara de noche. Para Bhagavan, yo estaba de servicio las veinticuatro horas del día. A menudo, debía levantarme por la noche para supervisar la descarga de grandes piedras de granito encargadas en Adi Annamalai. Desplazar estas piedras, algunas de las cuales medían tres o cuatro metros de largo, era un trabajo agotador. A los conductores de carretas no les gustaba realizar ese trabajo con el calor del día. Preferían venir entre medianoche y las dos de la mañana. Cuando llegaban los encargos, Bhagavan venía a mi habitación y me despertaba. Yo siempre mantenía encendido un pequeño farol en mi habitación por si recibíamos una entrega sorpresa de piedras durante la noche.

Habitualmente, Bhagavan venía a decirme: «Coja su farol y enseñe a esta gente dónde colocar las piedras. Deles también una palanca para que puedan desplazarlas fácilmente».

Encargar aquellas piedras era una de mis tareas más agradables. El pueblo de Adi Annamalai se encuentra en la carretera del *giri pradakshina*, a unos cinco kilómetros y medio del *ashram*. Cada vez que necesitábamos nuevas piedras, yo partía del *ashram* hacia las seis de la mañana e iba a pie hasta el pueblo. Llevaba conmigo un paquetito que contenía *iddlies*, plátanos y arroz, porque las transacciones siempre me llevaban varias horas. Antes de partir, siempre iba a decirle a Bhagavan lo que tenía previsto hacer. Creo que a Bhagavan le hubiera gustado realizar él mismo ese trabajo en concreto.

Me dijo varias veces: «Si me dieran comida así, yo llevaría a cabo ese trabajo con gusto».

Se tardaba alrededor de una hora y media en ir a pie hasta el pueblo. Una vez allí, necesitaba casi toda la mañana para dar los detalles de los encargos a todos los canteros. Una vez que el trabajo había finalizado, yo me dirigía al templo de Adi Annamalai, puesto que allí había buena agua potable, y tomaba mi desayuno. Hacia la una del mediodía, regresaba al *ashram* finalizando el *giri pradakshina*.

A pesar de mi sobrecargado horario, Bhagavan me dijo un día con insistencia que memorizara los diez versículos del *Shivânanda Lahari* que él mismo había seleccionado.

En otra ocasión, me dijo: «Si quiere *moksha*, copie este libro (*Ellâm Onru*) en su cuaderno. A continuación, estúdielo y viva siguiendo sus preceptos».

Yo le dije a Bhagavan: «Me hace trabajar todo el tiempo. No tengo tiempo para copiarlo. Si alguien lo hace por mí, yo estaré encantado de leerlo y de estudiarlo».

Ellâm Onru (Todo es uno) es un texto tamil del siglo XIX sobre la Advaita. La única traducción inglesa conocida que he conseguido encontrar es una edición privada, publicada en 1950, en Colombo, Sri Lanka, para conmemorar el septuagésimo primer cumpleaños de Bhagavan[1].

Bhagavan rechazó mi excusa. «Usted cuenta con el tiempo para escribir su mekkedu (la lista cotidiana de los salarios que Chinnaswâmî debía pagar). ¿Intenta obtener *moksha* pagando un precio por ello? Le he pedido que lo escriba usted mismo porque si lo hace, se quedará grabado en su mente. Escribirlo una vez equivale a leerlo diez veces. Escriba un poco cada día. No hay prisa. Incluso si le toma un mes, hágalo usted mismo».

1. N. del T.: traducción francesa publicada por la editorial Discovery.

Desde aquel día, reservé un poco de tiempo a diario para copiarlo. El propio Bhagavan me ayudó escribiendo los títulos de los capítulos en el índice de mi cuaderno. También culminó la copia escribiendo él mismo la última línea. Cuando hube finalizado, ojeó atentamente el cuaderno y corrigió todas mis faltas. Yo sabía leer bien, pero, no obstante, nunca me había preocupado por aprender a escribir correctamente.

En otra ocasión, cuando Bhagavan me estaba dando unos planos de construcción, volvió a copiar un versículo del *Tirukkural* y me lo dio: «El estado de unidad en el que nos establecemos en el Sí es más elevado que una montaña alta».

Todavía conservo ese versículo. Ahora se encuentra en mi habitación bajo una foto de Bhagavan.

A menudo, Bhagavan me decía que yo debía ser consciente del Sí mientras trabajaba.

En muchas ocasiones me decía: «No se olvide de su propia naturaleza. No es necesario que se siente a meditar. Usted debería meditar todo el tiempo, incluso cuando trabaja».

Al principio, cuando me instalé cerca de Bhagavan, le había pedido un mantra. Como respuesta, él me había dicho que repitiera continuamente «Shiva Shiva». Más adelante, me aconsejó que pusiera toda mi atención en el Corazón mientras trabajaba. Yo había leído palabras de Bhagavan que evocaban un lugar denominado el Centro-Corazón, que él situaba en el lado derecho del pecho. Por ello, pensé que Bhagavan quería que me concentrara en ese centro en concreto. Sin embargo, cuando comencé a realizar esa práctica, Bhagavan me detuvo y me corrigió.

«Ese Centro-Corazón del lado derecho no es el verdadero Corazón, dijo. El verdadero Corazón no se sitúa en ninguna parte. Está en todo y por todas partes».

«Deje de meditar sobre el Centro-Corazón, continuó. Encuentre la fuente. Ese es el verdadero Corazón. Tal y como la electricidad no proviene del contador individual que se encuentra en cada hogar, sino de una única fuente, de la misma forma, el mundo entero proviene de una única fuente: el Sí o el Corazón. Busque y explore esa fuente de energía ilimitada. Si el centro del Sí estuviera realmente situado en el cuerpo, el Sí moriría cuando lo hace el cuerpo».

Aquellas observaciones me hicieron comprender que, igual que no se puede experimentar la naturaleza ni la fuente de electricidad mirando fijamente el contador de su casa, de la misma manera, tampoco se puede experimentar de forma directa la corriente del Sí concentrándose en el Centro-Corazón. Yo cesé de concentrarme en ese centro e intenté seguir el consejo de Bhagavan.

Con el fin de conservar mi atención en el Sí mientras trabajaba, adopté, con permiso de Bhagavan, el enfoque tradicional de «*neti-neti*» (esto no, esto no) y la afirmación: «Yo no soy ni el cuerpo ni la mente; yo soy el Sí, yo soy todo».

Mientras hablamos de cuestiones espirituales, debo mencionar que un día recibí de parte de Bhagavan una especie de *hasta dîkshâ* (iniciación por el tacto), aunque él mismo sin duda negaría que había sido intencionado.

Aquello ocurrió en el antiguo comedor. Había un grifo que era la fuente principal de agua del *ashram*. Los devotos llenaban allí sus cubos. Algunos de ellos incluso se bañaban cerca. El derrame constante de agua hacía que el suelo que rodeaba dicho grifo estuviera lleno de barro, por lo que Bhagavan me pidió que construyera allí un terraplén de cemento y ladrillos. Mientras realizaba el trabajo, Bhagavan estaba a mi lado, sentado en una silla. En un momento, me levanté y accidentalmente me golpeé la cabeza contra el grifo. Pronto apareció una gran contusión. Bhagavan le pidió a Swâmî Madhava que me trajera *jambak* (bálsamo contra el dolor).

Cuando el bálsamo llegó, Bhagavan ungió mi cabeza y, después, masajeó con las dos manos la zona herida durante unos quince minutos. Durante ese tiempo, yo continué con el trabajo.

Pensé: «Bhagavan siempre dice que yo no soy el cuerpo. ¿Por qué debería hacer un drama de algo tan pequeño como esto?».

A continuación, me sobrevino otro pensamiento: «Ha sucedido un contratiempo, pero dicho contratiempo resultó ser una bendición. Gracias a ese accidente he tenido la suerte de tener las dos manos de Bhagavan sobre mi cabeza. Aunque al principio no fui consciente de ello, ahora Bhagavan me está bendiciendo con *hasta dîkshâ*».

Muchas personas rogaban insistentemente a Bhagavan que les diera *hasta dîkshâ*, pero él siempre rehusaba hacerlo de alguna u otra forma. Chadwick era uno de los que querían ser iniciados de esa forma. Un día, durante los años treinta, intentó que Bhagavan fuera a su habitación para poder pedirle *hasta dîkshâ*. En aquella época, Bhagavan paseaba hasta

Palakottu cada día sobre la una del mediodía. Tomaba el camino que pasaba cerca de las higueras que ahora se encuentran detrás del dispensario. Chadwick pidió a Rângaswâmî, el sirviente de Bhagavan, que le hiciera regresar al *ashram* pasando por su habitación. El ya había hecho un sendero especial de manera que, al regresar al *ashram*, Bhagavan pudiera dirigirse fácilmente hasta su habitación. Bhagavan debió haber sabido lo que estaba pasando porque el día en el que Rangaswâmî intentó desviarle, él rehusó incluso regresar por su itinerario habitual, tomando un largo desvío y regresando por un camino de la montaña. Chadwick comprendió la señal y abandonó su proyecto.

Yo había conocido al mayor Chadwick el día de su llegada a Râmanasramam, De hecho, yo fui el primer residente del *ashram* con el que se encontró cuando cruzó la puerta en 1935. Yo estaba de pie bajo el gran árbol *iluppai*, que aún se erige cerca de la entrada principal. Chadwick vino hacia mí, pensando que yo debía ser Râmana Maharshi, y se postró a mis pies.

Yo intenté decirle: «Yo no soy Râmana Maharshi. Râmana Maharshi está dentro. Si quiere su *darshan* yo le mostraré dónde se encuentra él».

Todo aquello fue expresado con gestos más que con palabras porque ninguno de los dos comprendíamos el idioma del otro. Para hacerme entender, le conduje dentro del *Hall* y le mostré quién era el verdadero Bhagavan. Una vez que finalizaron las presentaciones, Chadwick y Bhagavan hablaron durante varias horas en inglés. Aquello era totalmente inusual. Aunque lo hablaba con bastante fluidez, rara vez Bhagavan hablaba inglés durante mucho rato.

Pronto supimos que Chadwick pretendía residir una buena temporada en el *ashram*. Aquello creó un pequeño problema puesto que no había ningún alojamiento adecuado para él. Como yo contaba con una de las habitaciones más grandes del *ashram*, Chinnaswâmî decidió finalmente que yo debía liberarla para Chadwick. No resultaba un problema para mí: yo podía mudarme fácilmente a una de las chozas de hojas de cocotero del *ashram*. No se le propuso una choza así a Chadwick, porque todos estuvimos de acuerdo en que estas eran demasiado rudimentarias para un extranjero. Mientras yo estaba embalando mis cosas, le enseñaron a Chadwick mi habitación. Cuando descubrió que me echaban para proporcionarle un alojamiento, rehusó aceptar la habitación.

«Me gusta mucho este hombre, dijo. No se le debe expulsar de esta habitación por mi causa. Si le echan, yo también me iré a vivir a otro lugar. Es una habitación grande. Podemos compartirla».

Todos nos sorprendimos un poco de que ese extranjero de apariencia distinguida quisiera compartir una habitación con alguien que le resultaba totalmente desconocido, aún más sabiendo que podía disponer de la habitación para él solo si así lo deseaba. No obstante, como nadie se opuso a ese acuerdo, Chadwick se mudó a mi habitación y permaneció allí casi un año y medio.

En A Sâdhu's Reminiscences *[Reminiscencias de un Sâdhu], el relato personal de Chadwick de los años que pasó con Bhagavan, él ha escrito que solo había compartido la habitación durante tres meses. Cuando le informé de ello a Swâmî Annamalai, él dijo que seguramente Chadwick había olvidado las fechas. Swâmî Annamalai dijo que recuerda haber compartido la habitación durante mucho más de un año.*

Aunque al principio no podíamos decirnos gran cosa —más tarde aprendí algunas palabras en inglés y Chadwick aprendió algo de tamil—, pronto nos convertimos en íntimos amigos. Con frecuencia, dábamos la vuelta a la montaña juntos; habitualmente, tomábamos el camino del bosque antes que la carretera exterior. Mientras paseábamos, yo le hacía disfrutar con historias del *Yoga Vâsishtha* y del *Kaivalya Navanîtam*.

El Kaivalya Navanîtam *es un texto tamil sobre la Advaita, de carácter principalmente filosófico. El* Yoga Vâsishtha *es otra obra acerca de la Advaita, atribuida a Valmiki, en el que el sabio Vâsishtha responde a preguntas hechas por Râma.*

Por supuesto, yo apenas podía evocar el más vago esbozo puesto que no sabía más que unas cincuenta palabras en inglés. Chadwick escuchaba encantado aquellos extraños relatos en inglés telegráfico puesto que estos le daban la oportunidad de hablar después con Bhagavan.

Cada vez que regresábamos de nuestro paseo, él le decía a Bhagavan: «Swâmî Annamalai ha intentado contarme una historia del *Yoga Vâsishtha*, pero solo he entendido una pequeña parte».

Bhagavan me preguntó entonces qué historia había contado. Le dije el título y él le contó el relato completo a Chadwick en inglés.

Durante uno de nuestros *pradakshinas*, la correa de una de las sandalias de Chadwick se rompió. Aquello resultaba muy desastroso para él porque no podía caminar sin calzado por el camino del bosque. Se sentó y comenzó a gritar en voz alta «¡Arunâchala! ¡Arunâchala!». Unos segundos más tarde, escuchamos una voz que respondió: «¡*Om* Arunâchala!». La persona que había respondido, un pastor de la zona, salió de detrás de una roca y nos preguntó por qué le habíamos llamado. Yo le dije que las sandalias de Chadwick se acababan de romper y le mostré la cinta rota. El pastor acudió en nuestra ayuda reparando la sandalia con dos clavos que retiró de sus propias sandalias. Algunos minutos más tarde, se separó de nosotros diciendo que debía ocuparse de sus cabras. A nuestro regreso al *ashram*, Chadwick le contó el incidente a Bhagavan.

Tras haberle contado la historia, concluyó diciendo: «Yo llamé a Arunâchala y esta acudió en mi ayuda».

Bhagavan asintió: «Sí, el mismo Arunâchala ha venido a ayudarle».

Durante aquel periodo de convivencia, Chadwick insistía en demostrarme un gran respeto, hasta el punto que resultaba embarazoso. En una ocasión, se postró incluso ante mí e hizo que su sirviente sacara una foto de la escena. También tomó varias fotos de mí dirigiendo el trabajo de construcción. No sé que fue finalmente de esas fotos: Chinnaswâmî hizo que Chadwick se las entregara todas.

> He revisado todos los archivos fotográficos de Shrî Râmanasramam, creyendo que podría ilustrar este libro con algunas de esas fotos. Desafortunadamente, parece que ninguna de ellas ha sobrevivido. La mayoría de las fotos de este libro provienen de otras fuentes de los archivos.

Tras un año y medio, Chadwick quiso una habitación para él. Chinnaswâmî le dio permiso para que construyera en el interior del *ashram*, un privilegio raramente otorgado en aquel entonces. Manifiestamente, Bhagavan aprobó la idea puesto que me ayudó a dirigir la construcción de la nueva habitación. También asistió a la *grihapravêsam* (ceremonia de apertura), presidiéndola desde una gran silla de madera que Chadwick, por consideración, había puesto a su disposición.

Poco tiempo después del final de la construcción, Chadwick decidió visitar Japón por un mes.

Aparentemente, hacía varios años que él deseaba ir. Durante su ausencia, Bhagavan me pidió que construyera un canalón alrededor del tejado de Chadwick, porque este había observado que el agua de lluvia caía entre la pared delantera y el tejado de chapa del porche. Me explicó cómo hacer el trabajo y, a continuación, vino a inspeccionarlo para asegurarse de que yo lo había realizado correctamente. Al sirviente malayali de Chadwich se le había autorizado a regresar a Kerala durante el mes en el que Chadwick se encontraba en Japón. Cuando Chadwick escribió, anunciándonos la fecha de su regreso, Bhagavan encargó a la oficina que informara a su sirviente para que este regresara a tiempo. La única razón por la que menciono aquellos pequeños incidentes sin importancia es porque estos ilustran la atención y el interés que Bhagavan siempre demostraba hacia sus verdaderos devotos.

Algunos meses después de la llegada de Chadwick al *ashram*, un devoto llamado Seshayer se quejó a Bhagavan, afirmando que Chadwick recibía paquetes de carne por correos. Aquella era una acusación absurda, pero como la dirección prohibía el consumo de carne dentro del *ashram*, Bhagavan me envió a investigar y me preguntó si aquello era verdad. Al compartir la habitación con Chadwick y al verle comer cada día, pude confirmarle a Bhagavan que la acusación era totalmente injustificada.

Bhagavan concluyó el asunto citando un versículo de Appar:

«Puede que una persona sea tan malvada que coma carne de res; a pesar de eso, si se convierte en devota del Señor Shiva, que contiene el Ganges en sus cabellos, aunque cometa un acto tan malvado, ella es mi Dios y yo debo postrarme ante ella».

Antes de continuar el relato de Swâmî Annamalai, me gustaría contar cómo he recabado y reunido el material de este libro. Entrevisté a Swâmî Annamalai durante un periodo de seis semanas, en 1987. A pesar de que hizo gala de una memoria notable en cuanto a detalles ínfimos de los acontecimientos que habían sucedido cincuenta o sesenta años atrás, él no recordaba el orden en el que habían ocurrido esas historias ni en qué fecha se había producido tal o cual acontecimiento en particular. Con el fin de establecer una cronología razonable y fiable, yo confronté sus escritos con los publicados por otros devotos y examiné cuidadosamente los antiguos libros de cuentas de Râmanasramam para saber cuándo se habían desarrollado tales proyectos en particular. También consulté todas las fotos antiguas del ashram para darme cuenta del orden en el que se construyeron los edificios. Cada vez que me resultó posible, intenté corroborar las historias hablándoles de ellas a los devotos, como a Râmaswâmî Pillai y Swâmî Kunju, que vivían y trabajaban en el ashram en los años 1920 y 1930. Tras esas investigaciones, puedo decir que a pesar de que las historias sean fruto de la memoria de Swâmî Annamalai y de las notas que escribió en su diario, yo soy el autor de la estructura general del libro y del orden en el que dichas historias son narradas. A modo de verificación final, Swâmî Annamalai examinó cuidadosamente mi manuscrito en dos ocasiones y, tras hacer algunas pequeñas correcciones, constató por él mismo que sus historias se habían relatado de manera fiel.

En una o dos ocasiones, pude convencer a Swâmî Annamalai de que las fechas que había podido exhumar a lo largo de mis investigaciones eran más fiables que sus propios recuerdos. Por ejemplo, hasta que le demostré que Swâmî Seshadri (a quien conoció mientras estaba de camino hacia Râmasramam) falleció en enero de 1929, él estaba totalmente convencido de haberse instalado junto a Bhagavan en 1930. No obstante, hubo una serie de historias relacionadas con la construcción del templo de la Madre, sobre las que no hemos podido nunca ponernos de acuerdo. Swâmî Annamalai abandonó el ashram (las circunstancias se describirán más adelante en este capítulo) en 1938 y se fue a vivir a Palakottu con el fin de consagrarse por completo a la meditación. Las pruebas que he descubierto atestiguan que el trabajo en el templo de la Madre comenzó en 1939. En septiembre del mismo año, tuvo lugar una ceremonia para inaugurar el trabajo y aún hoy existe en el exterior de la pared sur del templo la placa con la fecha que conmemora dicha ceremonia. Sin embargo, a pesar de mostrarle a Swâmî Annamalai todos los archivos existentes que tratan esa cuestión, él sigue pensando que había ejecutado algunos trabajos relacionados con ese templo antes de su partida del ashram, en 1938. Para respetar sus deseos, he incluido sus relatos en relación al templo en este capítulo. Personalmente, siento que estos se sitúan a principios y a mediados de los años 1940, periodo en el que Swâmî Annamalai volvió a dirigir los trabajos de construcción del ashram.

Mi última gran tarea para el *ashram* fue la de vigilar algunos trabajos del *garbhagriha* (santuario) del templo de la Madre. El jefe *sthapati* (arquitecto de templos) era el responsable del conjunto. Yo simplemente supervisaba a algunos de los trabajadores y determinaba su sueldo diario. Hacía varios años que Chinnaswâmî quería construir un gran templo sobre los restos de su madre. Bhagavan había aprobado la idea de un templo, pero la construcción se aplazó hasta que la mayoría de los demás grandes edificios del *ashram* se hubiera terminado de construir. Un día, en los años 1930, Chinnaswâmî me pidió que investigara cuáles eran las intenciones reales de Bhagavan con respecto al templo.

«Bhagavan siempre comparte directamente con usted sus planes, dijo. Por favor, pregúntele qué debemos hacer con respecto al templo de la Madre. ¿Debemos construirlo de forma simple o a gran escala?».

Le transmití el mensaje a Bhagavan. Su respuesta fue: «Si está bien construido y a gran escala, estaré contento».

Chinnaswâmî, que había dudado durante años de las intenciones de Bhagavan, se alegró enormemente al escuchar la noticia. Comenzó inmediatamente a hacer los preparativos para la construcción.

Como no se trataba de un trabajo de albañilería convencional, se tuvo que consultar con un especialista del exterior. Todo el proyecto fue confiado a un *sthapati*, un especialista en arquitectura e ingeniería de templos. Este trajo consigo a varios albañiles especializados en el trabajo de la piedra, que tenían mucha experiencia en la construcción de templos. Como todos los trabajadores eran pagados a diario, se me pidió que vigilara a algunos de ellos para estar seguros de que el *ashram* estaba haciendo un buen uso de su dinero. Yo no tenía conocimientos sobre la construcción de templos, pero sí contaba con la experiencia suficiente de vigilar a trabajadores como para ver que los obreros especializados trabajaban deliberadamente muy despacio. Como albañiles cualificados, recibían un sueldo diario muy elevado para lo poco que hacían. Me pareció que tardaban voluntariamente tres días para hacer el trabajo de una jornada. Les dije que estaban estafando al *ashram* e intenté persuadirles de que trabajaran más honestamente, pero ellos no quisieron saber nada.

Uno de ellos me dijo: «Aquí todos ustedes comen y duermen gratis. ¿Por qué nos molesta a propósito del trabajo? Para usted no supone una pérdida si nosotros trabajamos despacio». Tras algunas tentativas infructuosas para incitarles a que volvieran al trabajo, informé del asunto a Bhagavan.

«Los constructores del templo trabajan muy despacio. Cada noche, Chinnaswâmî les paga todo lo que yo he escrito en la lista de los salarios. No me gusta malgastar el dinero del *ashram* con obreros deshonestos, pero no estoy autorizado a despedirlos. Cada noche escribo en el *mekkedu* que deben recibir el suelo de una jornada completa. Pero ellos tardan tres días para hacer el trabajo de una jornada. Si yo escribo que debe ser pagados por el trabajo que no han realizado, ¿no estoy estafando al *ashram* yo también?».

«No se preocupe por eso, respondió Bhagavan. Si ellos estafan al *ashram* de esa forma y reciben un dinero que no se han ganado, no se beneficiarán de dicho dinero. Ellos descubrirán, a final de cuentas, que sus únicas posesiones son sus martillos y sus tijeras. Los salarios que habrán recibido deshonestamente se evaporarán. No pueden estafar a Bhagavan, solamente se pueden estafar a sí mismos. No pueden explotar a Bhagavan».

Tardó unos instantes antes de añadir: «Ellos explotan al *ashram* y toman su dinero. Ese dinero no les aprovechará. Nosotros no deberíamos preocuparnos por el aspecto financiero del trabajo: Dios nos proveerá de todo el dinero que necesitemos».

Como de costumbre, la confianza de Bhagavan estaba bien fundada. El templo condujo al *ashram* a una situación financiera crítica, pero siempre pudimos continuar con el trabajo. Algunos días, el *ashram* dependía de los donativos recibidos durante la jornada para poder pagar los suelos por la noche. Contratábamos trabajadores al principio de la jornada, incluso sabiendo que no teníamos dinero para pagarles. Durante el día, llegaban donativos de diversas maneras y siempre había con qué pagar los salarios.

Finalmente, decidí que mi consciencia no me permitía vigilar más a los trabajadores del templo.

«Ya no quiero hacer más este trabajo», le dije a Chinnaswâmî. «Cada vez que elaboro la lista de salarios, tengo la impresión de estar robándole al *ashram*».

Chinnaswâmî aceptó mi dimisión y le pidió al jefe *sthapati* que tomara la dirección de todo el trabajo. Yo volví a dirigir a los otros trabajadores del *ashram*.

Es notorio que Bhagavan no aceptaba nunca dinero pero, en una ocasión, durante la construcción del templo de la Madre, le vi manipularlo durante algunos minutos. Uno de los *sthapatis* que trabajaba muy bien fue despedido por la única razón de que el jefe *sthapati* le había tomado mucha manía.

Aquel hombre fue a ver a Bhagavan, puso toda su indemnización por despido en las manos de Bhagavan y le dijo: «Yo trabajaba muy honestamente, pero este hombre me ha pedido que me marche. Por favor, Bhagavan, ¡bendígame!».

Bhagavan le bendijo silenciosamente mirándole a los ojos durante aproximadamente diez minutos. Después, le devolvió el dinero.

Cuando las paredes del *garbhagriha* (santuario) alcanzaron el techo,

Bhagavan me pidió que pintara el nombre del templo en el muro delantero. Si miramos encima de la entrada del *garbhagriha*, se pueden ver dos elefantes esculpidos en la piedra. El nombre completo del templo, *Mâtrubhûtêsvarâlayam* (El templo de Dios bajo la forma de la Madre), está grabado en esta banderola. Bajo sus pies, también hay una banderola esculpida. Bhagavan escribió por mí el nombre de las letras en sánscrito. Quería que yo hiciera una plantilla de las letras y que, a continuación, las pintara en la banderola. Más tarde, unos de los *sthapatis* grabaría el nombre cincelando la superficie cubierta por mis letras pintadas.

Me senté en presencia de Bhagavan en el Hall, y recorté cuidadosamente el nombre. Sabiendo que no tenía derecho al más mínimo error, concentré toda mi atención en el trabajo. Bhagavan me observó atentamente mientras duró el trabajo. Cada día, hacia las tres de la tarde, él salía del *Hall* para ir a orinar. A esa hora, aquel día, se levantó y se dirigió a la puerta. Todo el mundo en el *Hall* se puso en pie, excepto yo. Estaba recortando una letra y no quise tomar el riesgo de estropearla retirando las tijeras del papel.

Escuché a alguien murmurar detrás de mí: «Bhagavan se ha puesto en pie, pero este hombre no le tiene respeto alguno. Ha seguido sentado en el suelo. Ni siquiera ha parado de trabajar».

Bhagavan también lo debió escuchar: cambió de opinión y vino a sentarse en el suelo, a mi lado. Puso su mano en mi hombro y me miró intensamente, mientras yo terminaba de recortar la letra. A continuación, sin molestarse en hacer su pequeña excursión, fue a sentarse en el diván. Después de aquello, nadie volvió a quejarse de mi falta de respeto.

Una vez que terminé de recortar, pinté las letras sobre la banderola. Mientras lo hacía, el jefe *sthapati* intentó detenerme. Él no sentía mucha estima por mí, puesto que yo ya le había hablado de la pereza de sus trabajadores. Me gritó: «¡Pare de hacer eso! ¡Yo soy la única persona competente para escribir letras así! ¿Cómo podría usted hacerlo correctamente?».

Una vez más, Bhagavan acudió en mi ayuda. Se encontraba cerca, observándome cómo pintaba las letras.

Hizo callar al *sthapati* diciendo: «No lo hace por iniciativa propia. Yo soy quien le ha dicho que lo haga».

El *sthapati*, sabiendo que no podía rechazar la opinión de Bhagavan, me permitió finalizar la tarea.

Cuando el trabajo de construcción estaba llegando a su fin, se encargó a un escultor experto que hiciera una estatua de la diosa Yogambika para el templo con cinco metales diferentes. Esta debía fabricarse siguiendo el método de la «cera perdida». En esa técnica, primero se hace una estatua de cera y, después, se la recubre completamente de arcilla, dejando únicamente un pequeño agujero. Una vez que la arcilla se ha secado, se cuece para endurecerla. Debido al calor, toda la cera cae por el pequeño agujero, dejando un molde de arcilla cocida en el que se vierte el metal fundido.

El metal fundido debe verterse en un momento favorable. Los astrólogos que fueron consultados eligieron un día y dijeron que el metal debía verterse aquel día entre las ocho y las once y media de la noche. No era necesario que el molde se fabricara un día específico; por ello se hizo de antemano.

El día previsto, a las ocho, el escultor prendió su fuego en algún lugar entre el dispensario del *ashram* y las higueras. Trabajó muy duro durante varias horas, pero no pudo fundir los metales en el crisol. Yo no soy un experto en la materia pero, aún así, pude ver que el fuego estaba muy, muy caliente. El escultor debía humedecer frecuentemente su ropa con agua fría para neutralizar el calor, y siempre se ocupaba a distancia del fuego con ayuda de unas tenazas largas.

Bhagavan se había ido a dormir a su hora habitual. Pero, a las once y media, al constatar que los metales no se fundían, sentí que debía ir a despertarle. Me dirigí al *Hall*, le expliqué la situación y le pregunté qué debíamos hacer. Bhagavan no respondió a nada. En lugar de eso, se levantó y vino a comprobar por sí mismo cómo iba el trabajo. Se sentó en una silla a unos tres metros del crisol y miró intensamente el fuego. A los dos minutos, sin esfuerzo suplementario por parte del escultor, todos los metales comenzaron a fundirse.

Se vertió el líquido en el molde a través del agujero que se encontraba en su base. Bhagavan permaneció allí observando. Cuando se aseguró de que el trabajo se había ejecutado correctamente, regresó al *Hall* y volvió a acostarse. Al día siguiente, cuando el escultor rompió el molde y examinó la estatua, anunció con mucho orgullo que no tenía defecto alguno.

Un día, en los años 1930, cuando yo ya había finalizado varios edificios del *ashram*, recibí la inesperada visita de mi padre. Lo llevé al *Hall* para presentarle a Bhagavan.

Por el camino, le dije: «Como tú me has dado la vida, yo te conduzco hacia Bhagavan. Te lo ruego, bebe de su gracia».

Mi padre estaba aparentemente contento de que yo me hubiera convertido en un ferviente devoto de Bhagavan.

«Cuando eras joven, dijo, yo no quería que te convirtieras en *sâdhu*. Pero ahora, estoy feliz de haber dado la vida a un hijo como tú. Como el padre de Mârkandeya, estoy feliz de haber producido tal *tapasvin* (alguien que realiza *tapas*)».

Antes del nacimiento de Mârkandeya, su padre llevó a cabo un tapas de varios años para tener un hijo. Finalmente, Shiva se le apareció y le hizo la siguiente pregunta: «¿Desea tener un hijo virtuoso que solo vivirá hasta los dieciséis años o quiere un hijo con una mente adormecida y malévola que vivirá hasta la vejez? El padre de Mârkandeya eligió tener un hijo piadoso con una vida corta».

Yo le acompañé junto a Bhagavan, que empezó a hablarle de todo mi trabajo en el *ashram*.

«¡Todos estos grandes edificios han sido construidos por su hijo!».

Yo desmentí en seguida la declaración: «¡No! ¡No!, le dije a Bhagavan. Todos han sido construidos por su gracia. Todo esto forma parte de su *lîlâ* (juego divino). ¿Cómo habría podido hacer una parte de todo esto por mí mismo?».

Entonces, mi padre hizo una sorprendente declaración: «Allá donde vayas, el lugar será próspero. Lo he visto en tu horóscopo. Había una conjunción particular que indicaba que aparecerían templos y edificios allá donde tú vivas. Por eso he intentado que te quedaras en casa. Quería que esos edificios estuvieran en nuestro pueblo. Sabía que, si te convertías en *sannyâsin*, te marcharías a vivir a otra parte. Intenté impedir que te convirtieras en uno no dejándote asistir a la escuela. Mi idea era: "Si no aprende nunca a leer, no leerá jamás las Escrituras y no se interesará nunca por Dios". Mi plan ha fracasado porque tu destino era venir aquí. No me arrepiento. Estoy feliz de que las cosas hayan ocurrido como lo han hecho».

Mi padre se quedó alrededor de un mes durante el cual casi cada día hicimos *giri pradakshina*.

Al final de su visita, le acompañé a la estación para despedirme de él. Mientras esperábamos el tren, se echó a llorar. A través de sus lágrimas, me preguntó si nos volveríamos a ver en esta vida. Yo sentí fuertemente que la respuesta era «no».

No obstante, para consolarle, dije: «Yo no creo que volvamos a vernos en esta vida. Pero, quizás tu volverás a nacer y vendrás a unirte a mí. En esa vida, puede que nos amemos el uno al otro. Dios puede hacer todos los arreglos para que esto así sea».

Mi sentimiento resultó real. Nunca más volvía a ver a mi padre.

Algún tiempo más tarde, mi madre también vino y permaneció un mes. Se la presenté a Bhagavan y también hice casi cada día *giri pradakshina* con ella. Al final de mes, ella me anunció que quería permanecer en el *ashram* para cuidarme de la misma forma en la que la madre de Bhagavan lo había hecho en Skandashram. Como sentía con mucha fuerza que aquel no era su destino, le pedí que fuera a hablar con Bhagavan. Él no le dio permiso para quedarse. De hecho, ni siquiera habló con ella.

Cuando ella le preguntó si debía permanecer o marcharse, Bhagavan dijo: «*¡Pô! ¡Pô! ¡Pô! ¡Pô!*». (¡Márchese! ¡Márchese! ¡Márchese! ¡Márchese!) y le indicó con un gesto de la mano que se fuera.

Algunos años más tarde, recibí una carta que anunciaba la muerte de mi padre.

Tras mostrársela a Bhagavan, dije: «Se lo ruego, bendígale, él me dio la vida. Sin eso, ¿cómo hubiera podido estar en su presencia?».

Bhagavan consintió asintiendo con la cabeza y dijo: «Sí». Cuando mi madre falleció, le hice la misma petición y recibí la misma respuesta.

Yo no tenía consciencia en aquel momento, pero mis días como trabajador del *ashram* estaban llegando a su fin. Retrospectivamente, solo recuerdo un pequeño incidente que indicaba que Bhagavan sabía que mi tiempo en el *ashram* se estaba acabando.

Yo me hallaba ocupado cavando con una palanca cuando Bhagavan vino a preguntarme: «¿Ha decidido usted solo realizar ese trabajo o Chinnaswâmî le ha pedido que lo haga?».

Yo le dije que Chinnaswâmî me había pedido que lo hiciera. A Bhagavan no le gustó demasiado.

«Así que le ha dado trabajo. Así que le ha dado trabajo. ¿Por qué le da un trabajo como este?».

Un poco más tarde, el yogui Râmaiah le hizo el siguiente comentario a Bhagavan: «Swâmî Annamalai trabaja muy duro. Su cuerpo se está debilitando mucho. Debería darle un descanso».

Bhagavan estuvo de acuerdo con él: «Sí, debemos darle un descanso. Debemos darle la libertad».

Algunos días más tarde, fui por la mañana al baño de Bhagavan para ayudarle a asearse. Swâmî Madhava y yo le bañamos y le masajeamos con aceite, como de costumbre.

Una vez finalizado el baño, Swâmî Madhava hizo una pregunta: «Bhagavan, la gente que toma *ganjâ lêhiyam* (un preparado ayurvédico cuyo ingrediente principal es el cannabis) experimenta una especie de *ânanda* (felicidad). ¿De qué naturaleza es esa *ânanda*? ¿Es la misma *ânanda* de la que se habla en las Escrituras?».

«Comer ese *ganjâ* es un hábito muy malo», respondió Bhagavan. A continuación, riendo escandalosamente, se me acercó, me estrechó entre sus brazos y gritó: "*¡Ânanda! ¡Ânanda!* Así es como se comporta la gente que consume *ganjâ*"».

No fue un abrazo breve. Swâmî Madhava me dijo después que me había abrazado muy fuerte durante casi dos minutos. Tras los primeros segundos, perdí completamente consciencia de mi cuerpo y del mundo. Al principio, experimenté un sentimiento de felicidad y de alegría, pero pronto esto dio lugar a un estado en el que no había ni sentimientos ni experiencias. No perdí la consciencia por completo, simplemente cesé de ser consciente de lo que ocurría a mi alrededor. Permanecí en aquel estado durante unos quince minutos. Cuando recobré mi habitual consciencia del mundo, estaba solo en el cuarto de baño. Hacía un buen rato que Swâmî Madhava y Bhagavan se habían marchado a desayunar. Yo no les había visto abrir la puerta y salir, como tampoco había escuchado la campanilla del desayuno.

Aquella experiencia cambió mi vida completamente. Tan pronto como recobré mi consciencia normal, supe que mi vida de trabajo en el Shrî Râmanasramam había terminado. Supe que, a partir de aquel momento, viviría fuera del *ashram* y que consagraría la mayor parte de mi tiempo a la meditación. Existía una regla según la cual solo aquellas personas que trabajaban para el *ashram* podían vivir allí permanentemente. Aquellos que deseaban consagrar su tiempo a la meditación debían vivir en otro lugar. Por lo tanto, sabía que debía abandonar el *ashram* y arreglármelas yo solo pero el pensamiento de perder mis comidas regulares y mi habitación no me preocupaba en absoluto.

Llegué tarde al comedor para tomar mi último desayuno. Tan pronto hube terminado de comer, partí a la montaña en busca de Bhagavan. Lo encontré sentado en una gran roca.

«He decidido abandonar el *ashram*, le dije. Quiero ir a vivir solo a Palakottu y meditar».

Palakottu es un espacio contiguo al ashram *por el lado oeste. Varios devotos de Bhagavan que no deseaban vivir en el* ashram *residían y meditaban allí.*

«¡Ah! ¡Muy bien! ¡Muy bien! ¡Muy bien!», exclamó Bhagavan.

La decisión había recibido claramente su aprobación. ¿Cómo podía ser de otro modo, si había sido el propio Bhagavan quien había suscitado la experiencia que precipitó la decisión?

Tras haber obtenido el permiso de Bhagavan, empaqué mis pertenencias y cerré mi habitación con llave. También cerré con llave los otros lugares que estaban bajo mi responsabilidad.

Llevé el juego de llaves a Chinnaswâmî y le dije: «He decidido ir a vivir a Palakottu. Por favor, tome las llaves y guárdelas».

Naturalmente, Chinnaswâmî se sorprendió mucho. «¿Por qué se marcha?, preguntó. Usted ha construido todos estos edificios. Usted ha trabajando tanto aquí. ¿Cómo puede marcharse tras haber realizado todo este trabajo? ¿Dónde va a dormir? ¿Qué va a comer? No dispone de ningún medio para satisfacer sus necesidades, tendrá muchas dificultades. No se vaya, quédese aquí».

Yo le dije que no tenía intención de revocar mi decisión e intenté darle las llaves, pero el rehusó tomarlas. Como no quería una nueva disputa con él, le di las llaves a Subramaniam, quien también se encontraba en la oficina, y me marché.

Aquel fue un cambio brusco en mi vida. Algunas horas después de haber vivido la experiencia del cuarto de baño, partí en dirección a Palakottu, sabiendo perfectamente que dejaba atrás mi antigua vida de trabajo.

Palakottu

Cuando le pedí a Bhagavan permiso para mudarme a Palakottu, no tenía idea alguna del lugar en el que viviría ni de la forma en la que satisfaría mis necesidades una vez que me encontrara allí. Pensé que estas cuestiones secundarias se resolverían por ellas mismas llegado el momento. Como Bhagavan había aprobado claramente mi decisión, yo me sentía confiado: él continuaría velando por mí. Mi fe en él no tardó en revelarse bien fundada. Mientras caminaba en dirección a Palakottu, me encontré con Munagala Vekataramiah, el recopilador de *Talks with Shrî Râmana Maharshi* (traducidos y editados en francés bajo el título de *L'enseignement de Râmana Maharshi* [*Conversaciones con Sri Ramana Maharshi*]).

«Acabo de abandonar el *ashram*, le dije. Me dirijo a Palakottu para buscar allí un lugar donde vivir. A partir de ahora, he decidido consagrar mi tiempo a la meditación».

La noticia sorprendió a Munagala Venkataramiah, pero al mismo tiempo le alegró, puesto que necesitaba que alguien vigilara su choza.

«Esta mañana temprano, dijo, he recibido un telegrama de Bombay en el que se me pedía que fuera allí inmediatamente. Voy de camino a la estación. Estas son las llaves de mi choza: quédese allí hasta que yo regrese. No necesitará comprar nada. La habitación ya contiene todo lo que usted puede necesitar. Probablemente, estaré de regreso en un mes».

Después de darme las llaves, se marchó precipitadamente hacia la estación. Ni siquiera se tomó el tiempo de enseñarme la habitación.

Instalar mis pocas pertenencias en la choza solo me tomó algunos minutos. Todavía debía resolver el tema de la comida —yo no tenía dinero ni perspectiva de recibirlo— pero mi mente rehusó prestar atención a ese problema. En mi estado eufórico, estaba seguro de que Bhagavan se encargaría de todo. Nuevamente, mi confianza estuvo justificada. Algunas horas después, el sirviente del mayor Chadwick apareció con un hornillo, unos calderos y las suficientes provisiones como para prepararme una comida. Justificó su presencia diciendo que Chadwick le había dicho que viniera a prepararme el almuerzo. No me sorprendió que Chadwick hubiera decidido ayudarme: éramos amigos desde hacía mucho tiempo. No obstante, lo que sí me sorprendió fueron las circunstancias en las que ocurrió aquello. Dicha mañana temprano, Chadwick estaba sentado con Bhagavan en el antiguo *Hall*, intentando meditar sin éxito. Cada vez que cerraba los ojos, le venía a la mente la imagen de mi rostro. Tras intentar, en vano, deshacerse en muchas ocasiones de esta, renunció a su meditación y abandonó el *Hall*. De regreso en su habitación —me contó todo eso el mismo día más tarde— se atormentó por su incapacidad de meditar. Llegó a la conclusión de que no era bueno crear lazos íntimos de amistad con los demás devotos porque esas relaciones perturbaban la mente.

Cuando llegó a su habitación, su sirviente le dijo: «Swâmî Annamalai ha abandonado el *ashram* esta mañana y se ha ido a vivir a Palakottu».

Como todo el mundo, Chadwick se sorprendió al escuchar la noticia, pero su sorpresa pronto dio paso a un sentimiento de alivio. Se dijo que las imágenes mías que se le impusieron algunos minutos antes eran un mensaje de Bhagavan invitándole a prestarme alguna ayuda y no perturbaciones indeseadas de su meditación.

Se giró hacia su sirviente y le dio instrucciones: «Swâmî Annamalai es un buen devoto que ha servido a Bhagavan durante muchos años. En cierta forma, me siento obligado a cuidar de él. Llévele y prepárele comida. Ahora son las diez de la mañana. Cuando suene la campana del comedor del *ashram* a las once y media, quiero que Swâmî Anmamalai tome asiento y disfrute de una buena comida. No quiero que el hecho de haber abandonado el *ashram* le incomode lo más mínimo».

Durante el día, el propio Chadwick vino a ver cómo me encontraba.

«Durante varios años, le he visto ejecutar los proyectos de construcción de Bhagavan, dijo. Ahora que el *ashram* ya no satisface sus necesidades, yo mismo voy a hacerlo. Me aseguraré de que usted no tenga que ir a ningún lugar a buscar su comida».

Para respaldar sus palabras, me entregó inmediatamente un hornillo, utensilios de cocina y la suficiente comida para varios días. Las semanas siguientes, él controlaba mis víveres cada vez que venía a visitarme. Nunca preguntaba si yo necesitaba algo, él mismo lo comprobaba. Si pensaba que me podría faltar un determinado alimento, encargaba a su sirviente que comprara provisiones nuevas y que me las trajera.

El depósito de Palakottu, 1993.
El edificio del fondo es la vivienda de Swâmî Annamalai.

Interior del ashram de Swâmî Annamalai: el edificio al fondo fue
construido por Swâmî Annamalai, con la ayuda y el ímpetu de Bhagavan,
Vivió allí más de 50 años.

A la izquierda del todo: la casa de Chadwick.

Bhagavan en la inauguración del "hospital". Swâmî Annamalai no está presente en la foto.

Bhagavan dando su paseo cotidiano en Palakottu, acompañado por Swâmî Madhava y por S.S. Cohen.

El hospital terminado, con Arunâchala al fondo.

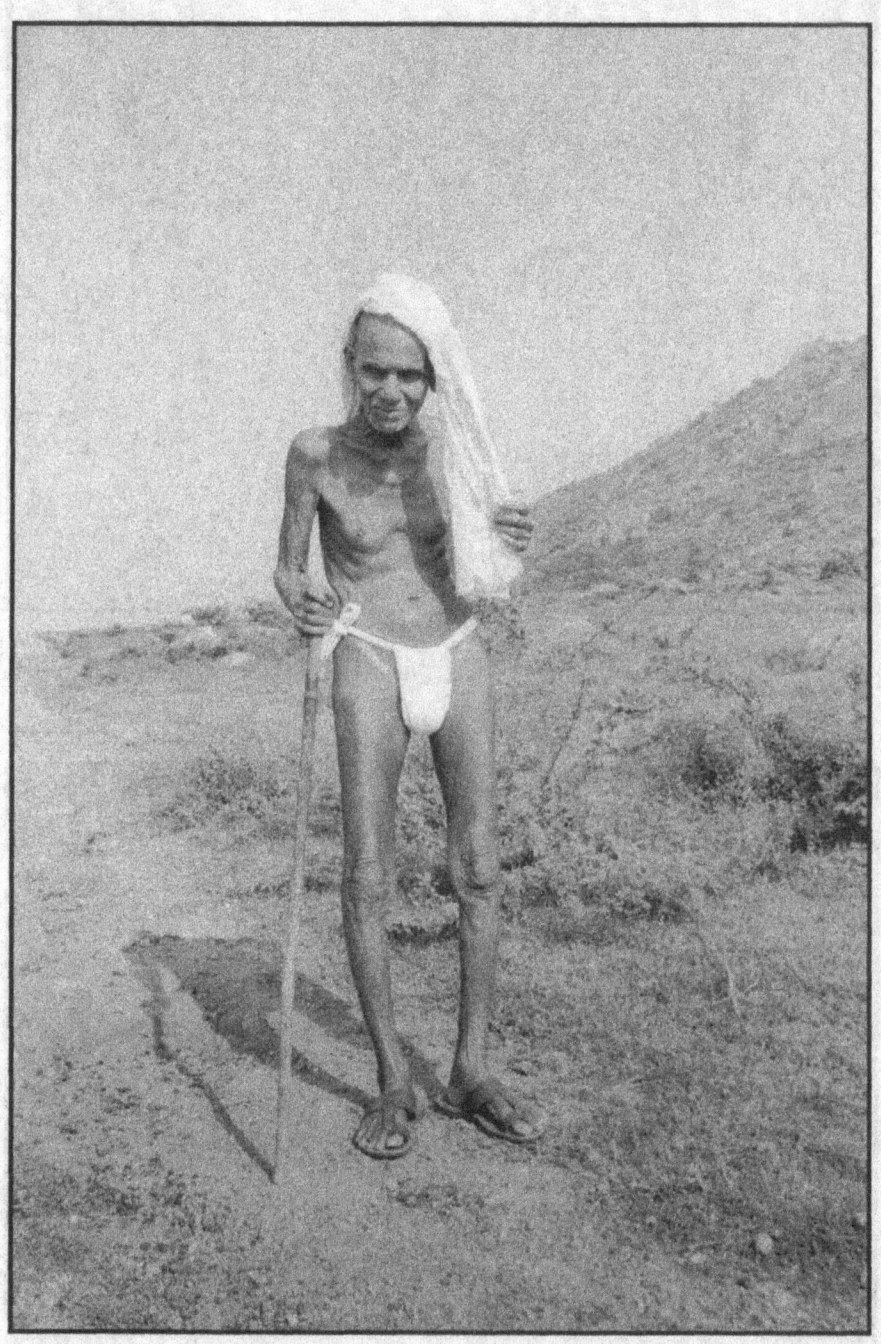
Swâmî Annamalai – Arunâchala, 1995.

Era un arreglo muy cómodo para mí puesto que el propio Bhagavan me había dado instrucciones poco después de mi mudanza a Palakottu: «No le pida nada a nadie. Usted debe vivir de todo lo que Dios decida enviarle, siempre que sea comida sátvica[1]. Permanezca distante con respecto a lo que ocurra a su alrededor. Permanezca en su casa lo máximo posible y no pierda su tiempo visitando a nadie».

Un día, Bhagavan me había contado la sorprendente historia de un grupo de devotos de antaño. Todos eran cabezas de familia y vivían con las mismas en una ciudad, pero tenían poco contacto entre ellas. Cada mañana, preparaban y comían algo, iban a un bosque cercano y pasaban la mayor parte del día durmiendo bajo los árboles. Al atardecer, volvían a sus casas en la ciudad. Desde el atardecer hasta el alba, cantaban *bhajans* (cantos devocionales) y se entregaban a sus prácticas espirituales. Como contaban con el dinero suficiente para vivir sin trabajar, podían repetir ese ciclo cada día. Dichos cabezas de familia no se entremezclaban nunca con el resto de la gente. En lugar de eso, vivían de forma totalmente desapegada y pasaban todo su tiempo pensando en Dios y rindiéndole culto.

Bhagavan no animaba nunca los comportamientos extremos, pero cuando me habló de aquella gente, era evidente que aprobaba su estilo de vida. Creo que intentaba hacerme comprender que frecuentar a la gente que está apegada al mundo perturba nuestra *sâdhanâ*. Cuando me mudé a Palakottu en 1938, intenté seguir su consejo llevando una vida desapegada y recluida.

Permanecí alrededor de dos meses en la choza de Munagala. Cuando regresó de Bombay, encontré, a algunos metros de la misma, otra choza vacía que Tambiram, el hijo de Patti Mudaliar acababa de dejar. Estuvo muy contento de entregarme el habitáculo porque yo le había ayudado a construirla.

«Aquí encontrará todo lo que un *sâdhu* puede necesitar, dijo. Tenga, la llave. La habitación está a su disposición durante mi ausencia».

Cuando regresó algunos meses más tarde, rehusó recuperar su choza.

«Yo le había regalado esta estancia, dijo. ¿Por qué iba a reclamarla ahora? Aquí hay muchas chozas. Me iré a vivir a otra parte».

En aquella época, yo era muy amigo de Vaikunta Vas, quien se convirtió en uno de los sirvientes de Bhagavan en los años 1940. En aquel enton-

---

1. N. del T.: Comida vegetariana que alimenta el cuerpo sin volverlo pesado ni excitarlo (ver la palabra *guna* en el glosario).

ces vivía en Pondichery, pero con frecuencia venía a visitarme junto con numerosos devotos. Cada vez que venían, todos dormían en mi choza. En una de sus visitas, llovió a mares. Éramos tantos que no había espacio para cocinar en el interior. Y, puesto que llovía, resultaba imposible cocinar en el exterior. Vaikunta Vas tuvo que enviar a algunos de sus compañeros a comprar comida a la ciudad.

Durante su ausencia, él me dijo: «Este lugar es muy pequeño. Cuando venimos, le molestamos mucho. Si construye una especie de cobertizo o porche, podríamos quedarnos allí en las próximas visitas, sin molestarle. No se preocupe por el dinero: nosotros pagaremos todo».

Todos los devotos hicieron un donativo acorde a sus posibilidades. Yo también aporté 50 Rs. porque me pareció una buena idea. Escribí una nota a un albañil llamado Arumugam, que me había ayudado mucho cuando yo trabajaba, y le pedí que me echara una mano para construir la choza. Este vino inmediatamente. Mientras Arumugam y yo analizábamos la zona para decidir qué era conveniente hacer, Bhagavan nos vio y vino a ver qué estábamos haciendo. Él estaba paseando tranquilamente por el cauce del río que bordea la parte trasera de Palakottu. Cuando nos vio, cambió bruscamente de dirección y vino hasta nosotros.

«¿Acaso proyecta construir una casa para Swâmî?», le preguntó Bhagavan a Arumugam.

Eso no formaba parte de nuestro proyecto, pero Arumugam se sorprendió diciendo: «Sí, voy a construir una».

«¿Qué materiales van a utilizar?, preguntó Bhagavan. ¿Barro o ladrillos? ¿Tejas o una azotea?».

«Creo que voy a construir las paredes de ladrillo, dijo Arumugam, y hacer un tejado con azotea».

Me sorprendió mucho escuchar aquello. Antes de que llegara Bhagavan, nosotros únicamente habíamos hablado de un cobertizo con hojas de cocotero. Ahora, ante Bhagavan, Arumugam se comprometía (y quizás yo también) a construir una casa costosa.

Parece que Bhagavan aprobó el proyecto.

«Veamos poco a poco como se va desarrollando», dijo. Después, habiendo hecho lo que debía hacer con nosotros, se marchó.

Le pregunté a Arumugam por qué había hecho todas aquellas caras promesas sabiendo que yo no pretendía más que construir una pequeña choza.

«No sé, respondió Arumugam. Las palabras me vinieron espontáneamente cuando Bhagavan hizo las preguntas. Pero ahora que he dado mi palabra a Bhagavan, me siento obligado a mantenerla. Bhagavan me hizo pronunciar esas palabras, por lo tanto, él quiere que ese edificio se construya. No se preocupe por el dinero. Si tengo que vender mi propia casa para pagar la suya, lo haré».

La construcción comenzó pronto con buenos augurios. El día después de la promesa de Arumugam, recibí un donativo inesperado de 100 Rs. Con ese dinero, Arumugam compró cuatro mil ladrillos y los colocó bien a la vista frente a la choza de Swâmî Kunju para mostrarle a Bhagavan que tenía la intención de cumplir su promesa.

Arumugam no tuvo que vender su casa. Como ocurriría con todos los proyectos de construcción de Bhagavan, el dinero aparecía cada vez que era necesario. Los donativos iniciales de Vaikunta Vas y de sus amigos de Pondichery nos permitieron comenzar el trabajo rápidamente. Comenzamos cavando grandes zanjas de unos dos metros de profundidad para los cimientos. Se trataba de un trabajo difícil porque el suelo estaba lleno de grandes bloques de piedra. Para finalizar las zanjas, tuvimos que desenterrar alrededor de doscientos bloques de granito.

Cuando en uno de sus paseos a Palakottu, Bhagavan vio aquellas piedras, se echó a reír y dijo: «Han encontrado un tesoro escondido».

A mí no me parecía que tuvieran mucho valor, no parecían más que bloques de piedra ordinarios.

Bhagavan confirmó: «Si hubieran encontrado un tesoro escondido, ¿qué harían? Venderían el tesoro para comprar las piedras para sus cimientos. Por lo tanto, observen qué ha ocurrido aquí. Dios no solo les ha abastecido de piedras de manera gratuita, sino que también se las ha depositado aquí».

Bhagavan trataba mi casa como si se tratara de un edificio del *ashram*. Venía cada día a ver la construcción, nos daba consejos y nos preguntaba sobre lo que proyectábamos realizar. Cuando Arumugam vio el vivo interés que demostraba Bhagavan, se entusiasmó cada vez más por el trabajo. Como tenía la sensación de que Bhagavan le había incitado a emprender aquel proyecto, siempre sentía que estaba ejecutando los planes de Bhagavan más que los suyos propios.

Cuando las paredes alcanzaron la parte superior de las ventanas, nos quedamos cortos de dinero. Como no había ni dinero ni trabajo que llevar a cabo, decidí desmontar los andamios. Desconocía totalmente cuándo podríamos retomar la construcción. Bhagavan me vio desmontarlos durante uno de sus paseos a Palakottu. Ese mismo día, más tarde, cuando me dirigí al *Hall*, me preguntó inmediatamente por qué había desmotado los andamios. Yo le dije que no teníamos más dinero.

Bhagavan se giró hacia Krishnaswâmî, su sirviente, y dijo con un tono bastante mordaz:

«Swâmî Annamalai no tiene dinero. Él dice que no tienen dinero».

Cuando escuché a Bhagavan hablar de aquella extraña forma (Krishnaswâmî ya había oído lo que yo había dicho), supe que nuestro problema de dinero se solucionaría de una u otra forma. Si Bhagavan dedicaba un interés especial a los problemas de un devoto, como estaba haciendo en ese caso, alguna fuerza divina traía una solución automáticamente. Bhagavan no hacía nada. Él no aseguraba nunca que iba a resolver un problema, ni tampoco aceptaba la responsabilidad de los notables acontecimientos o coincidencias que resolvían los problemas de los devotos. Simplemente sabía por su larga experiencia que, si un devoto le compartía un problema, siempre se daba una misteriosa y espontánea manifestación del Sí para resolverlo.

Al día siguiente, recibí un donativo de doscientas Rs. de parte de *mudaliar* Râmaswâmî, un devoto que con el que habíamos entablado una gran amistad cuando yo trabajaba para el *ashram*. Vivía en Acharapakkam, un pueblo situado entre Madrás y Tiruvannamalai. Cuando se enteró de que yo me estaba construyendo una casa, me envió el dinero. Un tiempo después, él vino en persona a echarnos una mano. Vaikunta Vas también me visitó y se unió a nosotros. Como el trabajo ya estaba medio hecho, en menos de un mes nosotros tres conseguimos terminarlo.

Íbamos a empezar el tejado cuando Bhagavan vino a hacernos una sugerencia: «Estaría bien que utilizaran madera de palmera para las vigas. Es la madera que utilizamos en nuestra casa de Tiruchuzhi (la ciudad donde nació Bhagavan y donde vivió hasta la edad de doce años)».

Seguimos su consejo. Algunos días más tarde, *mudaliar* Râmaswâmî fue a un pueblo vecino y compró palmeras.

Yo informé a Bhagavan que habíamos seguido su recomendación y habíamos comprado palmeras. Entonces él comenzó a preguntar por las dimensiones de las vigas.

«¿Cuál será el ancho del pie de la viga?», preguntó.

No recuerdo exactamente lo que le dije, pero cuando le di mi respuesta, el dijo: «*¡Beish!*», que significa «¡Muy bien!».

«¿Cuál es grosor?», inquirió Bhagavan.

Yo le dije que proyectaba hacerlos de unos trece centímetros de grosor. Bhagavan pareció algo inquieto.

«¿Será lo suficientemente sólido?», preguntó.

Cuando le aseguré que así sería, el sonrió y dijo: «Entonces, ¿qué más necesita?».

Evoco esa conversación con el único fin de señalar el interés que demostró Bhagavan durante toda la construcción.

Algunas semanas más tarde, él preguntó si yo había pensado en instalar un mortero. Cuando respondí que sí, él dijo: «¿Qué más le hace falta? ¿Qué más le hace falta? ¿Qué más le hace falta?». Yo tomé esas palabras como una bendición para mi casa.

La construcción fue terminada sin ningún otro problema. Yo no quería una gran ceremonia de inauguración. Simplemente me dirigí al *Hall* y le dije a Bhagavan: «Hoy tengo la intención de entrar en mi casa por primera vez. Se lo ruego, bendígame».

Por supuesto, Bhagavan no bendecía nunca a las personas abiertamente. En aquel caso, hizo un gesto con la cabeza para indicar que yo podía llevar a cabo mi proyecto.

En lugar de organizar un *grihapravêsam* (ceremonia de inauguración) formal, yo realicé un *bhikshâ* (ofrenda) a los monos de Palakottu. Esparcí dos litros de *pongal* (arroz y *dhal* cocinados juntos) en las rocas cercanas al depósito, permití a los monos que vinieran a servirse y, a continuación, me mudé a mi nueva casa. Aquel fue mi último cambio de domicilio. Ahora hace más de cincuenta años que resido en esta vivienda.

Evidentemente, Bhagavan quería que yo viviera en aquel lugar más que en cualquier otro. Mientras aún vivía en la choza de Tambiram, mucho antes de que imagináramos la nueva casa, Arumugam había ofrecido comprarme un terreno de una hectárea en la carretera del *pradakshina* a alrededor de un kilómetro de Shrî Râmanasramam. Arumugam no me había prometido únicamente comprarme el terreno, sino que también había prometido construir en él una casa para mí. Yo le hablé de aquel ofrecimiento a Bhagavan, mientras él paseaba hacia Palakottu. Bhagavan lo desaprobó claramente. Giró su cabeza hacia un lado, sin darme respuesta alguna y se marchó bruscamente.

Hubo otra ocasión, también antes de la construcción de mi casa, en la que intenté vivir en otro lugar. Como sentía un fuerte deseo de meditar en una gruta en la montaña, encontré una y la hice habitable. Yo siempre dormía en mi choza. Solo iba la gruta durante el día. Me despertaba a las cuatro de la mañana, preparaba comida para la jornada y la llevaba a la gruta. Hice aquello durante más o menos una semana. No resultó muy concluyente: mi meditación se veía frecuentemente perturbada por visitantes. Un grupo de hombres y de mujeres venía tres veces al día, se sentaba frente a la gruta y hablaba muy vulgarmente. Incluso llegaban a mendigar pidiéndome comida. No podían comprender que yo quería que me dejaran solo para meditar. Yo buscaba la soledad para mi *tapas*, pero esas personas querían divertirse molestándome. Finalmente, fui a ver a Bhagavan y le dije lo que ocurría. Tras describir las perturbaciones que había sufrido, le conté cómo había llegado a esa situación.

«Deseo vivir en un lugar en el que nadie me visite. También siento deseos de obtener mi comida sin esfuerzo alguno. También quiero meditar constantemente, con los ojos cerrados, sin ver nada del mundo. Esos deseos me sobrevienen a menudo. ¿Son buenos o malos?».

«Si tiene esos deseos, dijo Bhagavan, deberá renacer para satisfacerlos. ¿Qué diferencia hay entre que usted se encuentre aquí o allá? Mantenga su mente en el Sí. No existe un lugar solitario fuera de su Sí. Allá donde se encuentre la mente, siempre habrá una multitud. No es necesario cerrar los ojos cuando medita. Basta con que cierre el ojo de la mente. No existe un mundo externo a usted que no se encuentre en la mente».

«Alguien que lleva una vida virtuosa no hará nunca proyectos de ese tipo. ¿Por qué? Porque Dios ya ha decidido lo que será de nosotros mucho antes de enviarnos a este mundo».

Tendría que haber esperado esa respuesta, puesto que se encontraba en uno de los versículos de *Shivânanda Lahari* (versículo doce) que él me había pedido que memorizara varios años antes:

> Se puede practicar la austeridad en una gruta, en una casa, al aire libre, en un bosque, en la cima de una montaña, de pie en el agua o rodeado de fuego pero, ¿para qué? ¡Oh, Sambhu (Shiva)! El verdadero yoga es el estado en el que vive la mente constantemente a tus pies. Aquel que ha realizado ese estado es un verdadero yogui. Solo este disfruta de la felicidad.

Durante los años 1930, yo había visto a menudo en el *ashram* a Paul Brunton, el autor de *A Search in Secret India* [*La India Secreta*]. Nos conocimos mucho más tras mi mudanza a Palakottu, especialmente a causa de un malentendido que ya explicaré más adelante. El libro de Brunton, que era la primera publicación occidental que hablaba de Bhagavan, trajo muchos devotos nuevos al *ashram*. En 1939, cuando yo vivía en Palakottu, Chinnaswâmî intentó impedir que entraran en el *ashram*.

Él le dijo: «No debe venir más a por el *darshan* de Bhagavan. En el futuro, no deberá escribir más a Bhagavan ni tampoco hacerle preguntas».

Chinnaswâmî estaba enfadado con él porque Brunton no le había pedido permiso para escribir acerca de Bhagavan y porque no había hecho que el *ashram* se lucrara de los beneficios de su libro.

Brunton recurrió a Bhagavan: «Escribo sobre usted para que el mundo se beneficie. ¿Acaso es justo prohibirme la entrada al *ashram* de esa forma?».

Bhagavan, como ocurría en esos casos, apoyó a Chinnaswâmî.

«Si usted le pregunta a Chinnaswâmî, dijo, este también le dirá: "Yo trabajo por el bien del mundo". Usted dice que trabaja por el bien del mundo. ¿Qué puedo decir?».

A continuación, Bhagavan calló y rehusó añadir cualquier comentario. Chinnaswâmî, alentado por la actitud de Bhagavan, le dijo a Brunton: «Le he dicho que se marche. Si no lo hace, llamaré a la policía».

Swâmî Annamalai fue testigo ocular de aquellas conversaciones. Otro informe interesante acerca de la exclusión de Brunton se encuentra en el manuscrito original de Talks with Râmana Maharshi [Conversaciones con Râmana Maharshi]. *Los seis pasajes siguientes relacionados con la última visita de Brunton han sido suprimidos antes de la publicación.*

1. *Entrevista 638, probablemente con fecha 02/03/39:* «Shrî Bhagavan le dijo a alguien en el Hall: "Una universidad americana le ha conferido el título de doctor en filosofía a M. Brunton. De ahora en adelante, él es por lo tanto el doctor Brunton. En breve llegará aquí"».

2. *Fecha 7/03/39:* «El Dr. Paul Brunton, doctor en filosofía, ha llegado a Tiruvannamalai en tren, esta mañana temprano. Ha llegado al ashram hacia las ocho y media. Parece que se encuentra bien, pero

él dice que no se encuentra tan bien como aparenta. En los locales del ashram había una calma inusual. ¿Por qué? Había una gran diferencia entre la acogida de esta mañana y la que se le había dispensado en su última visita.

En aquel entonces se le consideraba como un Dios; ahora, nadie osa dirigirle la palabra. Antes, todo el mundo rivalizaba para servirle, hoy, nadie osa acercársele. Es simplemente igual a sí mismo, ni mejor ni peor.

Ha abandonado el Hall hacia las nueve y cuarenta y cinco de la mañana».

3. Fecha 11/03/39: «El Dr. Brunton ha traído dos bonitos bastones y un precioso bolígrafo como regalo para Bhagavan, de parte de otras personas. Todos han sido apreciados».

4. La entrevista nº 649 (577 en la edición francesa) termina con estas palabras de Bhagavan: «El Sí no está separado de Brahmán». Munagala Venkataramiah escribió a continuación: «Aquella interesante conversación finalizó bruscamente porque hubo una disputa entre el sarvâdhikari y el Dr. Paul Brunton en ese momento de la conversación».

5. Fecha 19/03/39: «El Dr. Brunton se marchó repentinamente ayer por la noche».

6. Fecha 21/03/39: «El Dr. Brunton ha escrito a M.V.G. Sastri que a partir de ahora no hablará más del ashram o de Shrî Maharshi, que no escribirá sobre ellos y que se contentará con ver a Shrî Maharshi en su corazón. Shrî Bhagavan ha dicho que el Dr. Brunton se ha visto obligado a marcharse en virtud de un poder superior. Tampoco podrá permanecer lejos de aquí cuando vuelva a ser atraído por el mismo poder».

Brunton no regresó jamás al ashram mientras Bhagavan vivió.

Brunton se fue a vivir a la ciudad a casa de un devoto llamado Ganapati Sastri. Sastri le contó, equivocadamente, que yo también había sido expulsado del *ashram*. Brunton, que sintió piedad por alguien a quien consideraba un compañero de fatigas, víctima como él de los caprichos de Chinnaswâmî, me regaló un *dhoti* y un saco grande de arroz.

Al dármelos, dijo: «Me entristece mucho que se haya marchado del *ashram*. Sería un placer procurarle todo lo que usted pueda necesitar. Solo tiene que avisarme si necesita cualquier cosa».

Yo ya le había explicado que había abandonado el *ashram* voluntariamente, pero aquello no disminuyó en absoluto su afán por ayudarme.

A Ganapati Sastri también se le prohibió el acceso al *ashram* porque Chinnaswâmî se enteró de que había ayudado a Brunton. Ganapati Sastri, como había ocurrido anteriormente con Brunton, fue a ver a Bhagavan y se quejó de aquella decisión.

«Chinnaswâmî me ha dicho que no venga más al *ashram*», dijo, pero Bhagavan permaneció sentado como una estatua de Vinayaka, como si no pasara nada. «Yo he servido al *ashram* durante mucho tiempo. También he donado al *ashram* tres *almiras* (armarios) llenos de libros. ¿Bhagavan no quiere preguntarle a Chinnaswâmî por qué no me permite venir al *ashram*?».

En aquella ocasión, Bhagavan no se molestó ni en dar una respuesta.

Las prohibiciones de Chinnaswâmî rara vez eran permanentes. Algunas excusas y la promesa de conformarse desde aquel momento con su voluntad eran generalmente suficientes para ser admitido de nuevo en el *ashram*. Chinnaswâmî utilizaba las expulsiones y las amenazas de expulsión para mantener a raya a los trabajadores y a los devotos del *ashram*. Generalmente, Bhagavan le apoyaba porque desaprobaba que los devotos vinieran a pelearse con la dirección. La respuesta estándar de Bhagavan a cualquiera que tuviera algo que decir de Chinnaswâmî o de la dirección del ashram en general era: «Ocúpese de aquello por lo que ha venido aquí».

Varios devotos tenían buenas razones para quejarse del trato que recibían de Chinnaswâmî, pero Bhagavan nunca les animaba a expresar su descontento.

Mientras el asistente de Swâmî Annamalai traducía este relato para los visitantes de lengua tamil, el propio Swâmî Annamalai interrumpió la lectura para hacer estos comentarios:

«No piense que Chinnaswâmî era un mal hombre. Él cumplía con su deber. Bhagavan no podía dirigir el ashram porque no estaba en su naturaleza y no sentía una inclinación para hacerlo. Necesitaba que alguien más se encargara de ello. Chinnaswâmî era el hombre ideal porque era leal, digno de confianza y trabajador. Bhagavan insufló su fuerza a Chinnaswâmî y dicha fuerza le permitió encargarse de todos los asuntos del

ashram. *Él hacía el trabajo de Bhagavan por la gracia de Bhagavan. A veces debía ser dictatorial e implacable porque había mucha gente que intentaba manipular a Bhagavan y decirle lo que debía hacer. Aunque esto pueda parecer sorprendente, Bhagavan y Chinnaswâmî eran en muchos aspectos como los dos lados de una misma moneda. Bhagavan era Shiva, el centro silencioso e inmóvil del ashram mientras que Chinnaswâmî era la shakti, la fuerza que proviene de Shiva y que organiza todas las actividades a su alrededor».*

En todas las entrevistas que mantuve con él, nunca sentí que Swâmî Annamalai tuviera malas intenciones hacia Chinnaswâmî o hacia cualquier otra persona. Siempre contaba historias sin rencor, simplemente basándose en los hechos. Si en ocasiones manifestaba alguna emoción, esta era una especie de diversión desengañada mientras recordaba acontecimientos tumultuosos de su juventud.

En varias ocasiones, me dijo: «Le voy a contar todas mis historias, pero no las utilice para emprender campañas contra quien sea. Escríbalas todo lo objetivamente que pueda. No es sano pensar mal de cualquiera. Cíñase a los hechos».

Yo tuve presentes aquellas indicaciones durante toda la preparación de este libro. Después de haber revisado atentamente el último borrador, Swâmî Annamalai me hizo saber que estaba contento de la forma en la que yo había transcrito sus historias y recreado con tanto éxito la atmósfera de Râmanasramam durante los años 1920, 30 y 40.

Tras varios meses en Palakottu, constaté que mi mente comenzaba a estar cada vez más tranquila. En la época en la que yo trabajaba, esta andaba constantemente ocupada en pensamientos de construcción. Continuaba su incesante actividad incluso tras haber finalizado la jornada de trabajo. Los planos, los problemas y las soluciones teóricas a los problemas continuaban llenándome la cabeza bastante después de las horas de trabajo. Me costaba mucho meditar en tales circunstancias.

Bhagavan me había dicho: «Usted no es el cuerpo, usted no es la mente. Usted es la pura consciencia, el Sí. Usted está presente en todo y en todas partes. Tenga consciencia de ello todo el tiempo, incluso mientras trabaja».

Me esforcé en poner en práctica ese *upadesa* mientras trabajaba, pero no puedo decir que tuviera mucho éxito.

Cuando me mudé a Palakottu, me pareció mucho más fácil practicar las enseñanzas de Bhagavan. Mi mente se volvió mucho más tranquila e incluso mi cuerpo comenzó a cambiar. Mientras trabajaba en Râmanasramam, siempre había mucho calor en mi cuerpo, debido en gran parte al trabajo con la cal y empeorado por el hecho de que yo pasaba la mayor parte de mis días en el exterior, a pleno sol. Después de varios meses de meditación en Palakottu, mi mente se tornó relativamente serena y silenciosa y un maravilloso frescor se extendió por mi cuerpo.

Con el tiempo, tras varios años de práctica, estos dos estados se volvieron permanentes.

Bhagavan me visitaba a menudo cuando daba su paseo cotidiano a Palakottu. Una vez pasó mientras yo estaba cocinando mi comida y me preguntó qué estaba preparando,

Cuando le dije: «Es solo arroz y *sambar*», él se puso muy contento.

«¡Muy bien!», exclamó. «La vida simple es la mejor».

El sambar es una salsa picante, servida con la mayoría de los platos del sur de la India. Un plato compuesto por arroz y sambar estaría considerado como una pitanza muy escasa para la mayoría de los indios del sur de la India. Habitualmente, se le añade al menos un plato de verduras, con suero de leche, rassam (una sopa especiada) y encurtidos muy fuertes.

Durante una visita, me dijo que tenía que preparar un *chutney* con una verdura verde llamada *tiruvakshi*. Él ya me había dicho antes en varias ocasiones que las flores y las hojas de esta planta eran muy beneficiosas para el cuerpo. En una de sus posteriores visitas, yo le ofrecí aquel *chutney*, especialmente para mostrarle que había seguido su consejo preparándolo regularmente. Él tomó un poco, pero me disuadió de que le ofreciera de nuevo.

«Es para que le haga bien a usted, y no a mí, dijo. Yo tengo bastante comida en el *ashram*. Mi consejo se dirigía a usted y solo es válido para usted».

Por tres veces, conseguí dar de comer a Bhagavan en mi nueva casa; dos veces arroz y una vez dicho *chutney*.

Uno de los *sâdhus* que vivía en Palakottu vio a Bhagavan comiendo en mi casa y, bromeando, dijo:

«Bhagavan no ha comido lo suficiente en el *ashram*. Por eso, ha ido a tomar *mandapappadi* a casa de Swâmî Annamalai».

De vez en cuando se lleva a Arunâchaleswara, la principal deidad del gran templo, alrededor de la montaña, en la carretera del giri pradakshina. A intervalos regulares, la procesión se detiene para que los devotos puedan ofrecer comida a Dios. A dichas ofrendas de comida se les llama mandapappadi.

También llegué a darle a Bhagavan fruta que crecía en estado silvestre en Palakottu. Una vez, le di manzanas silvestres y otra, *elandai* que crecían delante de mi puerta. Alrededor de una semana más tarde, fui al *Hall* para el *darshan*. Una vez que me hube postrado ante Bhagavan, me dijo que el *ashram* acababa de recibir un paquete de *elandai* muy azucarados del norte de la India.

Bhagavan me dio uno y dijo bromeando: «La semana pasada, usted me dio un *elandai* agrio. Hoy, yo le doy a cambio uno de sabor dulce».

Bhagavan me dio aquel *prasâd* con sus propias manos mientras comía. Aquello era muy inusual: cuando estaba sentado en el *Hall*, el *prasâd* siempre era distribuido por los sirvientes y no por el propio Bhagavan.

A pesar de que ya no se me autorizó a comer en el *ashram* excepto en ocasiones especiales, a veces Bhagavan me daba comida del comedor. En una ocasión, cuando franqueaba la puerta trasera del *ashram* sobre las ocho de la noche, vi a Bhagavan y a Subramaniam de pie cerca del dispensario. Bhagavan le pidió a Subramaniam que fuera a buscar comida para mí.

«Cuando Swâmî Annamalai estaba aquí, dijo, le gustaba el *aviyal* (un curri hecho a partir de yogur, coco y verduras). Hoy se ha preparado mucho *aviyal*, mucho más de lo que necesitamos. Vaya a la cocina y tráigale un plato. Podemos servirle aquí».

Subramaniam trajo el *aviyal* y el propio Bhagavan me lo sirvió. Bhagavan permaneció de pie cerca de mí mientras yo comía, iluminando mi plato con su linterna.

Yo intenté detenerle diciendo: «La luz de la luna es suficiente», pero él no prestó atención.

Iluminó mi plato con su linterna hasta que me comí el último bocado.

Durante el cuarto año de mi estancia en Palakottu, Bhagavan me aconsejó que restringiera mi alimentación.

«No coma, dijo, más que un coco, un puñado de cacahuetes, un mango y un trozo pequeño de azúcar moreno al día. Si no puede conseguir mangos frescos, puede comerlos secos».

Bhagavan me dijo que, gracias a ese régimen, mi cuerpo se purificaría y mi mente se estabilizaría en el Sí.

También me advirtió: «Al principio, usted tendrá diarrea, pero no se preocupe. El problema desaparecerá al cabo de varios días».

Me dijo que observara *mauna* (silencio) al mismo tiempo y que pasara el mayor tiempo posible en meditación. Dicha instrucción de observar *mauna* era muy inusual: normalmente Bhagavan desanimaba a la gente a hacer votos de silencio. Él decía: «Es más importante controlar la mente que la lengua. ¿De qué sirve permanecer en silencio si no puede mantener su mente tranquila?».

Después de algunas semanas siguiendo ese régimen, adelgacé tanto que mis huesos comenzaron a notarse.

La gente me preguntaba: «¿Usted no come? ¿Tiene hambre? ¿Necesita dinero?».

Para evitar esas preguntas, me cubría todo el cuerpo y solo iba a ver a Bhagavan por la noche. Mi cuerpo se volvió tan delgado que no contaba ni con la fuerza para levantar un cubo de agua. Para ocultar mi estado, me encerraba en casa todo el día. No me costó mucho evitar a la gente. Tan pronto como los devotos descubrieron que yo me encontraba observando *mauna*, me dejaron solo. Yo pasaba la mayor parte de mi tiempo meditando sobre la idea: «Yo soy el Sí, yo soy todo». Durante la meditación, a menudo sentía una especie de energía que ascendía hasta mi cabeza. No sé si se trataba de la *kundalinî* o de otro tipo de energía. Fuera lo que fuera, se daba por sí sola. Nunca intenté hacer que apareciera ni controlarla de modo alguno. Aquella meditación, combinada con el régimen y el *mauna* produjo otro efecto secundario interesante: mi frente se volvió brillante y aparentemente la expresión de mi rostro radiante y llena de luz. Varias personas se dieron cuenta e hicieron comentarios al respecto.

Viví de ese modo durante más o menos un año. A continuación, un día, en el *Hall*, Bhagavan se giró repentinamente y de manera inesperada hacia mí y dijo: «Ya no necesita observar esas restricciones alimentarias. Puede alimentarse normalmente y también puede volver a hablar».

No sé por qué me eligió a mí en particular para esa *sâdhâna* especial, ni por qué, más tarde, anuló sus instrucciones. Aquello era muy inusual. No recuerdo ningún otro caso en el que Bhagavan le haya dicho a un devoto que viviera así.

Durante mis primeros años en Palakottu, yo iba regularmente a ver a Bhagavan al *Hall*. Normalmente iba una vez por la mañana y otra por la tarde noche. En 1942, después de haber vivido así varios años, Bhagavan me hizo salir de mi retiro.

Vino a mi casa y dijo: «Ya no le vemos mucho. Sígame».

Cuando entrábamos en el *ashram* por la puerta trasera, Bhagavan dijo: «Proyectan construir un pequeño hospital. Usted debería construir aquí uno más grande».

El propio Bhagavan llamaba al edificio «vaidyasâlâ», una palabra que habitualmente se traduce por hospital. Dicha denominación no es muy afortunada puesto que la construcción solo dispone de tres salas bastante pequeñas. A pesar de que la operación de cáncer de Bhagavan hubiera tenido lugar en aquel «hospital», habitualmente solo funciona como dispensario y como local para los enfermos que vienen a consulta.

Él indicó el lugar en el que actualmente el hospital y señalo con un gesto de la mano dónde debía encontrarse la entrada. Anteriormente he mencionado que Bhagavan a veces solo me daba breves indicaciones en lugar de planos reales. Aquel fue un ejemplo típico. A excepción de la indicación del lugar, su única instrucción inicial se limitó a un gesto más bien vago con la mano.

Antes de marcharse, Bhagavan me hizo una restricción que me resultaba muy familiar: «No le diga a nadie que yo le he dado estas instrucciones. Comience el trabajo y haga como que lo está haciendo por decisión propia».

Cuando escuché aquellas palabras, comprendí que una nueva gran batalla contra Chinnaswâmî iba a trastornar mi apacible y confortable vida.

Había tres árboles frutales en el lugar que Bhagavan me había mostrado. Mi primera tarea fue abatirlos. Mientras estudiaba el terreno, elaborando los planos de los cimientos, un hombre que había hecho de vez en cuando algunas obras menores para mí en Palakottu vino a ver qué estaba haciendo. Sabiendo que se trataba de un trabajador serio, en seguida le contraté para que me ayudara a abatir dichos árboles. Conseguimos comenzar con el trabajo sin ser interrumpidos ni interrogados puesto que todo el mundo en el *ashram* hacía la siesta. Cuando Chinnaswâmî vino a ver qué sucedía, nosotros ya los habíamos abatido.

Como respuesta a sus previsibles preguntas acerca de lo que yo estaba haciendo, dije lo más ingenuamente posible:

«He oído decir que usted va a construir un pequeño hospital. Pensé que haría falta uno más grande; por lo tanto, he venido a construirlo para usted».

Chinnaswâmî no pensó que yo no habría comenzado nunca un trabajo sin que Bhagavan me hubiera pedido personalmente que lo hiciera.

Chinnaswâmî me gritó: «¡Usted ya no es un trabajador del *ashram*! ¡Usted abandonó el *ashram* para irse a Palakottu! ¿Por qué ha venido a molestarnos? ¿Quién le ha autorizado a que tale los árboles de esa forma? Alguien ya ha diseñado los planos del hospital. ¿Por qué se inmiscuye?».

Para defender su razonamiento, envió a Râmaswâmî Pillai a la ciudad a buscar al hombre que había dibujado los planos.

Los gritos de Chinnaswâmî y el ruido producido por la tala de los árboles había atraído a unas veinte o treinta personas. Varios de ellos querían saber por qué yo derrocaba aquellos árboles. Si nos ceñimos al plano de Chinnaswâmî, no hubiera sido necesario derrocarlos.

Yo volví a explicar: «Voy a construir un gran hospital aquí. Por eso hay que talar estos árboles».

Intenté que mis palabras fueran lo más verosímiles posible, pero todos podían ver que había una gran laguna en mi razonamiento: si nadie me había dado permiso para talar aquellos árboles, yo no estaba autorizado a hacerlo.

Cuando Chinnaswâmî estuvo convencido de que yo actuaba por iniciativa propia y que no tenía intención alguna de detenerme, me gritó: «¿Cómo osa a desobedecer de ese modo? ¿Qué autoridad tiene usted aquí? ¿Sabe quién soy?».

Le respondí lo más calmadamente posible: «Usted no sabe quién es y yo no sé quién soy. Por eso discutimos de esta manera».

El grupo de espectadores estaba de parte de Chinnaswâmî, sobre todo porque yo era incapaz de dar una explicación satisfactoria sobre mi comportamiento. Algunas personas se involucraron en la disputa apoyando a Chinnaswâmî.

«¿Por qué se comporta así? ¡Regrese a Palakottu! ¿Por qué ha venido al *ashram*? ¿Por qué abate usted estos árboles?».

Todo aquello se transformó en una vulgar escena callejera. Yo me alejé y me aparté, fingiendo que me daba por vencido. Aquel fue el momento que Bhagavan eligió para hacer su aparición. Yo me había dado cuenta de que nos estaba mirando por la ventana del *Hall*. Era perfectamente consciente de que se estaba produciendo una disputa a unos treinta metros de su ventana, pero eligió no participar hasta que esta casi hubiera finalizado.

Bhagavan vino hacia mí, colocó su cabeza cerca de la mía y murmuró: «¿Qué está diciendo esta gente?».

Yo le respondí susurrando: «Dicen: "¿Quién le ha autorizado a venir aquí?" y "¿Por qué está talando esos árboles?"». Bhagavan suspiró y dijo: «*Avanga ishtam. Avanga ishtam. Avanga ishtam*», («Que su deseo se cumpla», repetido tres veces). Puede regresar a Palakottu».

Poco después de mi partida, un nuevo devoto atraído por el ruido preguntó qué había sucedido.

Le respondieron: «Un hombre llamado Swâmî Annamalai, que trabajaba aquí, proyectaba construir un gran hospital. No podemos permitirnos construir un gran hospital porque no contamos con el dinero suficiente. Por un lado, le hemos echado porque no estaba autorizado a construir aquí y, por otro, porque no tenemos el dinero para ejecutar sus planes».

«Si usted quiere un gran hospital, dijo el nuevo devoto, yo puedo darle todo el dinero que necesite. No tenga en cuenta el aspecto financiero. Si quiere construir un gran hospital siguiendo el proyecto de ese tal Swâmî Annamalai, yo correré con todos los gastos».

Aquel fue un incentivo inesperado para el *ashram*. Se descartó el antiguo proyecto y Chinnaswâmî vino personalmente a pedirme que volviera a dirigir la construcción. Las vías y métodos de Bhagavan son realmente misteriosos.

Yo no volví a mudarme al *ashram*. Comí allí durante la duración de las obras, pero regresaba a Palakottu cada noche. Al principio, continuaba cocinando mi propia comida, pero Bhagavan pronto le puso fin. «¿Por qué se prepara la comida en Palakottu si está trabajando aquí para nosotros? Coma aquí. Eso le resultará mucho más cómodo».

Bhagavan le dedicó un interés particular al hospital, quizás más que a cualquier otra construcción. Venía incluso cuando no había nada que supervisar e inspeccionaba cuidadosamente todo lo que se había hecho. Cuando había poco o nada de trabajo en curso o nada que valiera la pena inspeccionar, venía igualmente a la obra y permanecía allí sentado largos ratos. En aquellas ocasiones, me miraba a menudo y me daba el mismo tipo de *darshan*, que implicaba una transmisión directa de gracia a través de los ojos, y que otorgaba frecuentemente a los devotos en el *Hall*.

La construcción se llevó a cabo sin ningún incidente importante. Como ocurrió con el comedor, el último trabajo fue el de colocar el nombre encima de la entrada. Bhagavan volvió a escribir las letras sobre un papel y me pidió que las reprodujera en la pared. Yo levanté un andamio, me senté y me puse manos a la obra. Mientras estaba allí sentado, trabajando, Chinnaswâmî vino y comenzó a agitar los mástiles del andamio.

«Cualquier albañil puede hacer ese trabajo, dijo. Hay obras en curso en la "Morvi Guest House". Vaya a dirigir aquel trabajo».

La «Morvi Guest House» es un edificio que se estaba construyendo al otro lado de la carretera con respecto a la zona principal del ashram. Ahora sirve para alojar a devotos que están de paso.

Como Bhagavan me había dado aquel trabajo particular a realizar, me negué a ir.

«Eso puede esperar un tiempo, dije. Mi destino como trabajador del ashram y el destino del hospital están unidos. Cuando haya terminado este trabajo, regresaré a Palakottu y permaneceré allí».

Bhagavan observó todo aquello de lejos sin intervenir ni hacer ningún comentario. Mi predicción resultó exacta: escribir la palabra «*Vaidyasâlâ*» encima de la entrada del hospital fue mi último trabajo de construcción para el *ashram*.

En el capítulo anterior he dicho que, según mi opinión, Swâmî Annamalai trabajó durante los años cuarenta como supervisor de la construcción del templo de la Madre. Creo que el templo fue construido más o menos en aquel periodo y se terminó antes que el hospital. La construcción del hospital comenzó en 1942. Pero no he podido descubrir con certeza cuándo finalizó. La bóveda de la entrada con la palabra «Vaidyasâlâ» inscrita encima puede haber sido colocada por Swâmî Annamalai mucho tiempo después del final de la construcción propiamente dicha. Hay una fotografía de la ceremonia de inauguración en el comedor del ashram y el arco no figura en ella.

Durante todo el tiempo en el que trabajé en la construcción del hospital, tuve que soportar la hostilidad apenas disimulada de Chinnaswâmî. A veces él no se molestaba ni en esconderla.

Un día cuando me dirigía al *Hall* y el me precedía en el camino, dijo con una voz muy fuerte a los que se encontraban cerca de él: «Si alguien quiere acumular méritos (*punya*), no tiene más que hacer como Swâmî Annamalai. Bhagavan le da mucho trabajo. Por eso, tiene una relación muy íntima con Bhagavan. Chadwick vela por todas sus necesidades físicas. ¿Por qué entonces iba a interesarse aún por gente como nosotros?».

Se reproducía la misma historia que antes: estaba irritado porque no tenía ningún poder sobre mí. Para mí, en aquel momento, el *ashram* era un lugar de trabajo opresivo. Estuve muy feliz de escaparme de allí y de regresar a Palakottu una vez que se terminó el hospital.

Algunos meses después de la finalización del hospital, Bhagavan confirmó que mi tiempo como trabajador del *ashram* había llegado a su fin.

Yo estaba sentado en el *Hall* durante el *darshan* de la noche cuando Bhagavan se giró hacia mí y me dijo:

«Usted es una persona independiente. Usted es una persona independiente. Usted es una persona independiente. Sus *karmas* (acciones) se han terminado. De ahora en adelante, nadie, aunque sea un rey, un *deva*, un *asura* o un ser humano, nadie le ordenará ni le dirá lo que tiene que hacer».

En mitología hindú, hay dos reinos de espíritus, uno habilitado para los devas que son espíritus bueno y otra para los asuras, que son muy violentos y agresivos. Los habitantes de estos dos mundos están frecuentemente en guerra los unos contra los otros.

Experimenté un gran sentimiento de fuerza y de paz cuando Bhagavan pronunció aquellas palabras. También me sentí inmensamente aliviado de saber que no tendría que ir a trabajar más al *ashram*.

A mitad de los años 1940, cuando Bhagavan comenzó a tener dificultades para caminar, Arumugam y yo nivelamos y despejamos el sendero que tomaba normalmente en su paseo cotidiano. El sendero atravesaba el *ashram* en dirección a Palakottu y regresaba al *ashram* a través de las laderas bajas de la montaña. Para aplanar la superficie, colocamos barro en el sendero y lo cubrimos con arena fina. También instalamos una piedra alta en un lugar en el que había una grieta en la ladera para que Bhagavan pudiera apoyarse en ella al subir. El camino necesitaba un mantenimiento regular porque los rebaños de cabras que deambulaban por las laderas bajas de la montaña, frecuentemente empujaban hasta allí ramitas con púas. Un día, cuando paseaba por aquel camino, observé muchos pinchos nuevos. Tomé la rama de un árbol cercano y barrí el sendero.

Aquella noche, cuando regresé al *ashram* para el *darshan*, Bhagavan me preguntó: «¿Quién ha despejado el sendero?».

Yo le dije que lo había limpiado porque había visto pinchos al pasear.

Bhagavan me preguntó con bastante severidad: «¿Por qué piensa en esa acción que ha realizado?».

Yo comprendí inmediatamente que Bhagavan intentaba decirme que no debía tener la idea: «He prestado un servicio a Bhagavan». Yo no era consciente de tener ese pensamiento, pero Bhagavan había debido leerlo en mi mente.

«Usted puede leer mis pensamientos. Yo no era consciente de que estaba pensando "He hecho esto". Simplemente he despejado el camino porque no quería que Bhagavan caminara sobre espinas».

Bhagavan me respondió diciendo: «Si su mente no se apega a las acciones que ha realizado, obtendrá muchos beneficios».

Bhagavan parecía sugerir siempre que yo me apegaba conscientemente a la acción. Entonces, volví a decirle: «Bhagavan sabe que no pienso conscientemente: "Yo he hecho este trabajo"».

A continuación, cité un versículo de Tâyumânavar: «¡Oh Dios, conoces mi mente, conoces mis acciones. Si, a pesar de ello, me alejas de ti, estaré muy atormentado».

Bhagavan sonrió por mi cita y ya no le dio más vueltas a la cuestión.

En varias ocasiones, Bhagavan me advirtió el peligro de apegarse a la idea de Yo-soy-el-que-actúa. Un día me contó una historia relacionada con el Rey Vallalan, un rey shivaita de Tiruvannamalai cuya devoción hacia Shiva es cantada en una obra tamil titulada *Arunâchala Purânam*. «Ese rey asumió la responsabilidad de la construcción de uno de los grandes *gopurams* (torres) del templo principal de Tiruvannamalai. Una vez que se construyó dicho *gopuram*, él sentía: "Yo he construido este gran *gopuram*". Los días de festivales importantes, se saca a la deidad (Arunâchaleswara) del templo y se la lleva en procesión por toda la ciudad. Según una leyenda local, en uno de esos festivales de diez días, Arunâchaleswara rehusó pasar bajo el nuevo *gopuram* del rey Vallalan porque este estaba demasiado orgulloso de haberla construido. Durante nueve

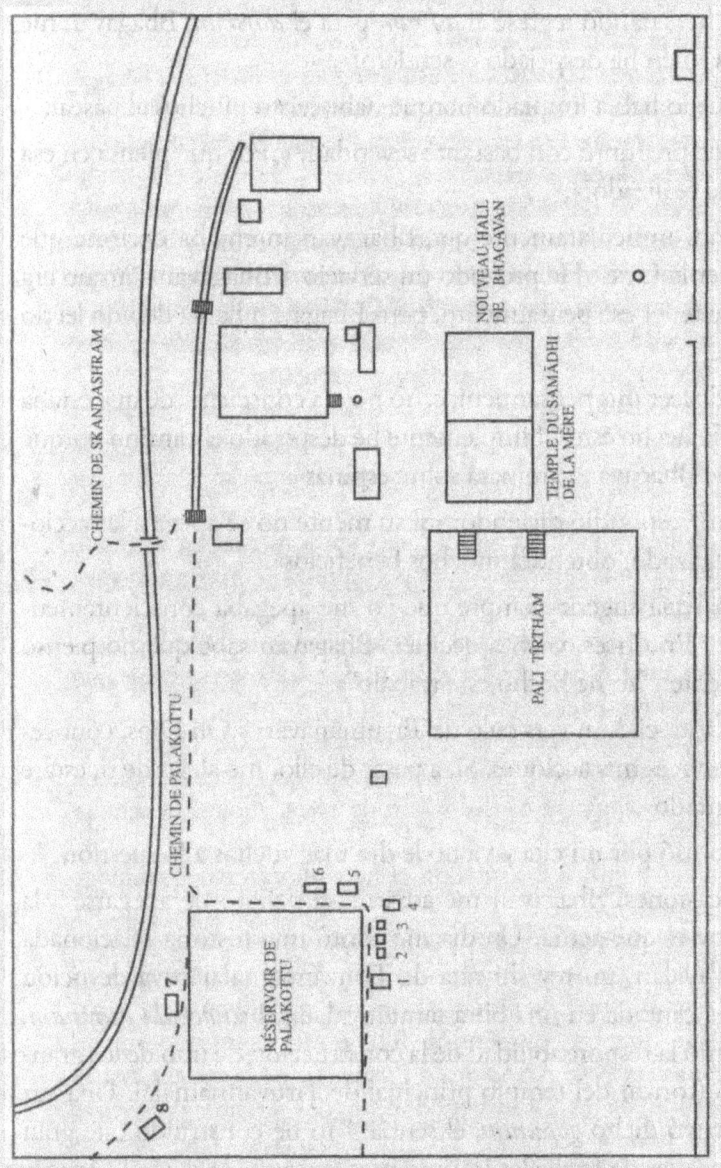

Sri Ramanasramam y Palakottu. El templo situado encima del samâdhi de la Madre y el nuevo hall de Bhagavan se terminaron en 1949. Tras su fallecimiento en abril de 1950, Bhagavan fue enterrado a medio camino entre el antiguo Hall y el templo de la Madre. Se construyó un gran hall encima de su samâdhi en los años 1960. Varios de los sâdhus mencionados en este libro vivian en chozas o en casas alrededor del depósito de Palakottu: 1. Swâmî Annamalai. 2. Tambiram. 3. Brahmachari Râmanatha. 4. Yogi Ramaiah y Krishnaswâmî. 5. Swâmî Satyânanda y Munagala Venkataramiah. 6. Swâmî Kunju. 7. Paul Brunton. 8. S.S. Cohen.

días seguidos, Arunâchaleswara eligió un itinerario diferente para salir del templo. El décimo y último día, el rey se dio cuenta de su falta y se volvió más humilde. Estalló en sollozos y lloró ante el Dios, suplicándole que pasara bajo el *gopuram*, aunque fuera un día. Arunâchaleswara vio que el orgullo del rey había disminuido y accedió a su petición».

A principios de los años cuarenta, observé que a Bhagavan le costaba cada vez más subir las escaleras situadas en la parte inferior del camino de Skandashram. Como pasaba con frecuencia por allí cuando paseaba por la montaña, pensé que sería una buena idea fabricar un pasamanos de metal de manera que pudiera apoyarse en el mismo al subir y al bajar. Le hablé de mi proyecto a Bhagavan, añadiendo que yo correría con todos los gastos y que yo mismo haría el trabajo.

Bhagavan declinó mi oferta: «Eso no es necesario» dijo. A continuación, añadió: «Si tiene dinero extra, gástelo en construcciones suplementarias en Palakottu».

En los años cuarenta, el deterioro de salud de Bhagavan inquietaba a todo el mundo excepto al propio Bhagavan. Si las personas mostraban su preocupación por su mala salud, el les reprochaba, sin mucha severidad, que le identificaran por error con su cuerpo. Yo fui testigo de un ejemplo interesante de esa actitud durante uno de sus paseos cotidianos a Palakottu.

En aquella época, Bhagavan sufría graves problemas digestivos. Se había debilitado mucho porque solo podía comer pequeñas cantidades de comida. Era fácil darse cuenta de hasta qué punto se había debilitado porque su manera de caminar se había vuelto desequilibrada y poco segura. Un día, Bhagavan entró en Palakottu cuando uno de sus devotos, gran erudito védico, llamado Jagadeesa Sastri se le acercó y le dijo cuánto le preocupaba ver a Bhagavan en tan mal estado.

Bhagavan escuchó por un momento aquellos simpáticos comentarios y a continuación dijo: «El shankarâcharya de Kanchipuram le ha concedido el título de *Vedânta Ratna Bhûshanam* (el Ornamento de Diamante del *Vedanta*)». ¿Cómo puede usted, con todos sus conocimientos védicos, ver a Bhagavan como un cuerpo? ¿Es este cuerpo Bhagavan?».

Hacía alrededor de seis años que yo estaba en Palakottu cuando Chinnaswâmî ejerció una fuerte presión sobre Chadwick para intentar convencerle de que ya no satisficiera mis necesidades. En aquel momento, Chadwick dejó de enviarme comida. Me daba cincuenta Rs. al mes.

Aquel acuerdo era igual de bueno que el anterior: esa suma era más que suficiente para satisfacer todas mis necesidades. Chinnaswâmî no se dirigió directamente a Chadwick, sino que usó a un tal Narayana Iyer como intermediario. Dicho Narayana Iyer recibió instrucciones de transmitirle a Chadwick el siguiente mensaje:

«Tiene que dejar de cubrir las necesidades de Swâmî Annamalai. Es un mal ejemplo para los demás devotos. Si todos lo que trabajan ahora en el *ashram* le echan el guante a un devoto rico y se marchan, no quedará nadie para servir a Bhagavan ni ocuparse del *ashram*».

Al principio, Chadwick ignoró la orden y continuó satisfaciendo mis necesidades, pero como Chinnaswâmî le envió en repetidas ocasiones mensajes similares, comprendió que debía responder de una u otra forma. Se encontraba en una situación algo embarazosa: quería continuar ayudándome pero, al mismo tiempo, no quería ofender a Chinnaswâmî. Por su larga experiencia de vida en el *ashram*, sabía que Chinnaswâmî expulsaba frecuentemente a devotos que se oponían a sus deseos. Como Bhagavan nunca se opuso a Chinnaswâmî en esas cuestiones, él sabía que corría el riesgo de que le echaran del *ashram* si continuaba ayudándome. Con mucha razón, Chadwick decidió que Bhagavan era la única persona que podía aconsejarle correctamente con respecto a ese asunto. Un día, mientras paseaban juntos por la montaña, Chadwick le explicó su situación.

«He satisfecho las necesidades de Swâmî Annamalai durante varios años. Chinnaswâmî me envía mensajes frecuentes diciéndome que deje de hacerlo. ¿Debo continuar ayudándole o bien debo dejar de hacerlo?».

Bhagavan respondió: ¿Quién es usted para ayudar a Swâmî Annamalai?

A pesar de que Bhagavan así se lo había recomendado, Chadwick estaba poco dispuesto a dejar de satisfacer mis necesidades. Continuó ayudándome algunas semanas hasta que se dio cuenta de que su obligación primera era la de seguir las instrucciones de Bhagavan.

Naturalmente, aquel fue un periodo de mucha preocupación para mí. Chadwick me había hablado de las órdenes de Chinnaswâmî; por lo tanto, yo sabía que podía ser privado de mis recursos en cualquier momento. Si hubiera tenido algo de fe en Bhagavan, habría sabido que Bhagavan no me abandonaría nunca. Las cosas eran como eran, mis miedos solo se disiparon con un extraño incidente ocurrido en la montaña. Yo paseaba por las laderas bajas de Arunâchala, una noche de luna llena, preguntándome qué sucedería si Chadwick dejaba de ayudarme. De pronto, escuché una voz fuerte que provenía de detrás de una roca: «¡Hijo mío, no te preocupes! ¡Hijo mío, no te preocupes! ¡Hijo mío, no te preocupes!».

Inspeccioné completamente la zona, pero no encontré a nadie a mi alrededor. Tuve que concluir que quien había hablado era el propio Bhagavan. No era su voz, pero el hecho de repetir la frase tres veces era algo bien característico de él.

Un día, en aquella época, antes de recibir aquella certeza de Bhagavan, decidí liberar a Chadwick yendo a mendigar mi comida.

Yo pensé: «En lugar de depender de alguien, iré a la ciudad a hacer *bhikshâ* (acción de mendigar la comida)».

Aquello conllevaba un cambio importante en mi estilo de vida; por lo tanto, debía comenzar por obtener el permiso de Bhagavan. Él ya me había dicho anteriormente que no mendigara, pero yo pensaba que ahora, con el fin de evitarle problemas suplementarios a Chadwick, quizás me daría permiso. Una noche, en el *Hall*, le expliqué la situación a Bhagavan y le pedí permiso para ir a la ciudad a realizar *bhikshâ*. Bhagavan guardó silencio durante casi quince minutos. Yo sabía que aquel largo silencio significaba que no me daría permiso y me levanté para marcharme. Para mi gran sorpresa, Bhagavan me pidió que volviera a tomar asiento.

«Ha permanecido sentado un buen rato, dijo. ¿Por qué se levanta ahora?».

Yo volví a sentarme. Algunos minutos más tarde, Arumugam, el hombre que me había ayudado a construir mi casa y a despejar el sendero de Bhagavan, entró en el *Hall*. Yo observé que él había dejado un gran saco de arroz delante de la puerta.

Cuando le pregunté: «¿Qué es ese arroz?», él respondió: «Lo he traído para usted. He sentido un repentino deseo de darle algo».

La oportuna aparición de Arumugam fue la respuesta de Bhagavan a mi petición: yo no debía pedirle nada a nadie; yo solo debía contar con los donativos espontáneos de los devotos.

Chinnaswâmî se mostró muy descontento al saber que Arumugam también satisfacía mis necesidades. Él le dijo que, si continuaba absteciéndome de comida, ya no estaría autorizado a ir al *ashram*. Se trataba de una amenaza muy grave porque además de ser un devoto, Arumugam ganaba la mayor parte de su dinero haciendo trabajos de construcción para el *ashram*. Aquella orden le desconcertó un poco.

«¿Qué he hecho de malo?, le preguntó a Bhagavan. Únicamente he ayudado a Swâmî Annamalai. ¿Es justo que me expulsen del *ashram* por haber ayudado a un compañero devoto?».

Como ya he mencionado anteriormente, Bhagavan nunca intervenía cuando Chinnaswâmî despedía a los trabajadores u ordenaba a los devotos abandonar el *ashram*.

Le dijo a Arumugam: «Debería hablar de este asunto con Chinnaswâmî. Esto no me concierne».

Tal y como había hecho Chadwick, Arumugam se sometió a regañadientes a los decretos de Chinnaswâmî.

Las inquietudes relacionadas con el dinero y las amenazas de expulsión formaban parte de la *lîla* (juego divino) de Bhagavan. A veces pone a prueba a los devotos con tests y pruebas, pero nunca abandona a los que tienen fe en él. Yo lo viví de primera mano cuando, finalmente, a regañadientes, Chadwick puso fin a su ayuda. Al día siguiente, yo recibí tres rupias en circunstancias casi milagrosas. Uno de los devotos de Bhagavan, un tal Adiveeraghavan Pillai, vivía en el pueblo de Telur, cerca de Vandavasi (a cincuenta kilómetros al noroeste de Tiruvannamalai). Desde hacía algunos días, él tenía ganas de enviar dinero a uno de los *sâdhus* de Shrî Râmnasramam. Se trataba de un deseo bastante vago: no pensaba en alguien en concreto. Más adelante, una noche, tuvo un sueño en el que vio las palabras «Swâmî Annamalai, Palakottu» escritas en un trozo de papel. Al día siguiente, me envió esas tres rupias. No me las envió directamente, lo hizo a nombre de *mudaliar* Jayaram, un hombre del mismo pueblo. Yo le escribí una carta de agradecimiento a aquel *mudaliar* donde mencionaba que había recibido el dinero el mismo día en el que no contaba con ninguna renta, puesto que mi única fuente de ingresos había sido cortada el día anterior.

Alrededor de una semana más tarde, un grupo de devotos vino de ese pueblo. Me anunciaron que querían satisfacer todas mis necesidades. Durante varios años, me dieron el dinero suficiente como para asegurar mi subsistencia. ¿Acaso no se trata de un magnífico ejemplo de la gracia de Bhagavan? Cuando me mudé junto a Bhagavan, Shrî Râmanasramam se encargaba de satisfacer mis necesidades. Mis primeros periodos en Palakottu, Chadwick tomó el relevo y se encargó de mí durante casi seis años. El día en el que este dejó de ayudarme, Bhagavan envió a aquellos aldeanos para que cuidaran de mí. Bhagavan me dijo que jamás pidiera nada. Como no hubiera dejado nunca que me faltara comida, él debía saber que yo estaba destinado a recibir una ayuda material durante toda mi vida.

Mi vida con Bhagavan me ha enseñado el valor de la fe, de la obediencia y del abandono. Cuando yo obedecía las palabras de Bhagavan, o cuando tenía confianza plena en que él velaría sobre todas mis necesidades espirituales y físicas, todo iba bien. Cuando intentaba darle forma a mi propio destino (como la ocasión en la que huí a Polur) las cosas acababan mal. Las lecciones de la vida me han enseñado el valor y la necesidad de un abandono total. Si nos abandonamos completamente a Bhagavan, si vivimos de sus palabras ignorando las demás, si tenemos la suficiente fe en él como para dejar de hacer planes para el futuro, si podemos prohibir todas las dudas y las preocupaciones teniendo fe en su omnipotencia –entonces, y solo entonces–, Bhagavan modificará y moldeará las circunstancias de nuestra vida, transformándolas de forma que nuestras necesidades espirituales y físicas siempre estén satisfechas.

Ya he mencionado anteriormente que yo iba a ver a Bhagavan cada noche. Habitualmente, yo le visitaba entre las nueve y las diez, escuchaba sus enseñanzas y absorbía lo que podía de su silencio lleno de gracia. En aquel tiempo, tenía un pequeño privilegio: Bhagavan me pedía con frecuencia que le quitara las espinas de las plantas de sus pies. Me confiaba aquella tarea porque sentía que yo lo realizaba mejor que sus sirvientes. A menudo tenía espinas clavadas en los pies porque nunca se ponía sandalias.

Mientras le quitaba esas espinas, Bhagavan me preguntaba a menudo con un aire preocupado: «¿Tiene la vista lo suficientemente buena como para encontrar las espinas? ¿Ve lo que está haciendo?».

Una vez me preguntó: «¿Está quitando las espinas nuevas o las antiguas?».

Era difícil responder a esa pregunta: Bhagavan tenía clavadas a menudo espinas en los pies durante días, incluso semanas, sin ni siquiera darse cuenta de ello.

Aquellas visitas cotidianas era un momento especial para mí. Cada vez que le visitaba, Bhagavan siempre me hablaba con mucho amor y afecto. Desgraciadamente, como descubriría pronto, aquel periodo de mi vida iba a llegar a su fin.

Algunos días más tarde, cuando entré en el *Hall*, Bhagavan se cubrió la cabeza y el rostro con un *dhôti* y rehusó mirarme. Aquello era muy inusual: normalmente, él me acogía con algunas palabras amistosas cuando yo llegaba. Se comportó exactamente de la misma forma las dos noches siguientes.

El tercer día, le pregunté: «¿Por qué Bhagavan se cubre el rostro como una mujer musulmana cada vez que entro en el *Hall*? ¿Significa eso que yo no debería venir?».

Bhagavan respondió más bien de forma enigmática: «Únicamente me comporto como Shiva. ¿Por qué me habla?».

La primera frase de la respuesta de Bhagavan es la traducción literal de una frase cuyo significado es: «Yo estoy aquí sentado, ocupándome solo de lo que me concierne».

Yo comprendí que Bhagavan me estaba indicando que no viniera más a verle. Salí del *Hall* y permanecí debajo de un árbol. Al cabo de un momento, Bhagavan volvió a llamarme. Yo observé que no había nadie más en aquel momento.

«¿Es usted un ateo que no tiene fe en Dios?», preguntó Bhagavan.

Yo estaba demasiado desconcertado como para responderle.

«Si no se tiene fe en Dios, añadió, se comenten mucho pecados y se es infeliz. Pero usted, usted es un devoto que ha alcanzado la madurez. La madurez tiene sus leyes: si en ese estado de madurez, nos creemos separados de Dios, caemos en el mismo estado que un ateo que no tiene fe en Dios».

«Usted es un *sâdhaka* (buscador espiritual) que ha alcanzado la madurez. No necesita venir aquí. Quédese en Palakottu y haga allí su meditación. Intente borrar la idea de que usted es diferente de Dios».

Yo me marché y no regresé nunca más. Aunque vivía a menos de doscientos metros del *ashram*, no hice una sola visita más desde aquel decisivo día de los años cuarenta.

Alrededor de unos veinte días más tarde, cuando paseaba hacia Palakottu, Bhagavan vino a dar conmigo, sonrió y dijo: «He venido a por su *darshan*». Aunque yo sabía que estaba bromeando me sorprendió mucho escuchar a Bhagavan hablar de esa forma.

Cuando le pedí una explicación, él dijo: «Ha obedecido mis palabras. Vive sencilla y humildemente como yo le he enseñado. ¿No es magnífico?».

A pesar de que Bhagavan me hubiera pedido que no regresara más al *ashram*, yo pensaba contar aún con la libertad de hablar con él cuando venía a Palakottu. Pronto Bhagavan me quitó aquella idea de la cabeza.

Un día, mientras paseaba por la montaña, me acerqué a él. Él se giró hacia mí y dijo: «Usted es más feliz que yo. Lo que usted tenía que dar ya lo ha dado. Lo que yo tenía que dar, ya lo he dado. ¿Por qué viene aún a verme?».

Aquellas fueron las últimas palabras que me dirigió. Obedecí sus instrucciones y no me acerqué a él nunca más. Yo seguía obteniendo su *darshan* cuando paseaba cotidianamente a Palakottu, pero nunca más volvimos a hablar. Si nos encontrábamos por casualidad, él me adelantaba sin advertir mi presencia.

Bhagavan me había dicho en una ocasión: «No se apegue a la forma del gurú: esta perecerá; no se aferre a sus pies: sus servidores le detendrán. El verdadero Bhagavan reside en su Corazón como su propio Sí. He ahí quien yo soy realmente».

Al cortar el vínculo personal entre nosotros, Bhagavan estaba intentando hacer que yo tomara consciencia de quien era él realmente. Bhagavan me había dicho frecuentemente que no había que asignarle un nombre o una forma al Sí, ni tampoco considerarlo en modo alguno un ente personal.

En una ocasión, mientras mirábamos la estatua de la diosa decorada para las fiestas del *Navarâtri* (una festividad de diez días que tiene lugar habitualmente en octubre) en el *ashram*, él me advirtió lo siguiente: «No crea en la realidad de esa estatua. No piense que Dios tiene alguna forma. El Sí está presente en todo y en todas partes. No piense que se limita a la forma de un cuerpo, aunque sea el de una divinidad».

Bhagavan me concedió su gracia y, después, rompió nuestra relación personal. El vínculo de amor y de devoción no se rompió, únicamente se redujo al pensamiento y al Corazón.

Cuando Bhagavan cayó gravemente enfermo a finales de los años 1940, estuve muy tentado de visitarle. No sucumbí nunca porque sabía que Bhagavan me había dado la orden de no ir a verle. La gente que no estaba al corriente de lo que Bhagavan me había dicho pensaba que yo le faltaba al respeto porque no iba a verle. Un devoto incluso le planteó a Bhagavan la siguiente cuestión: «Swâmî Annamalai ha servido a Bhagavan durante mucho tiempo, dijo, pero ahora que Bhagavan está gravemente enfermo, no viene a verle».

Bhagavan, al detectar cierta hipocresía por parte de quien le hacía el comentario, dijo lo siguiente: «Él no causa ninguna molestia». Y, a continuación, añadió: «Todo ustedes están aquí, pero sus corazones están en otro lugar. Él está en otro lugar, pero su corazón está aquí».

Rangaswâmî, el sirviente de Bhagavan, me contó las palabras más tarde aquel mismo día. Me hizo bien saber que Bhagavan era perfectamente consciente del hecho de que yo pensaba en él sin cesar y me preocupaba por él.

Durante el último año de vida de Bhagavan, sufrí continuamente dolores de estómago fuertes. Algunos médicos que iban a curar a Bhagavan también me trataron a mí, pero ninguno de ellos consiguió aliviar el dolor. No podía comer nada, excepto gachas y solamente en pequeñas cantidades. Si intentaba comer muchas gachas, o cualquier otro tipo de comida, mis dolores de estómago se volvían insoportables. Los últimos días de vida de Bhagavan, el dolor empeoró enormemente.

Se tornó tan fuerte que recuerdo haber pensado: «Que pueda yo abandonar este cuerpo antes de que Bhagavan abandone el suyo. No puedo soportar este dolor por mucho más tiempo».

Finalmente decidí rezarle a Bhagavan, no por la salud sino por la muerte. En aquella época, había escalones que conducían hacia la azotea de mi casa. Yo los subí muy lenta y penosamente y miré en dirección a Bhagavan.

«Por favor, Bhagavan, recé, déjeme alcanzar el *samâdhi* antes de que usted lo haga (déjeme morir antes que usted muera)». En aquel momento, vi la gran luz en el cielo, la luz que significaba que Bhagavan había fallecido. Muchas personas habían visto aquella luz y muchas de ellas decían que se parecía a un meteoro. Se me apareció en una forma diferente: vi en medio del cielo una gran columna de luz de unos seis metros de alto y cincuenta centímetros de ancho. Mientras se manifestaba, durante unos dos minutos, este descendía lentamente hacia el *ashram*. Algunos minutos más tarde, un *sâdhu* vino a decirme que Bhagavan había muerto. En el momento exacto en el que me anunció la noticia, mis dolores de estómago desaparecieron y no volvieron a aparecer nunca.

Bhagavan fue enterrado al día siguiente. Swâmî Satyânanda, uno de mis vecinos en Palakottu, asistió al entierro. Yo lo vi regresar a Palakottu sobre las ocho y media de aquella noche. Todo su cuerpo estaba cubierto de *vibhûti* (ceniza sagrada). Yo le pregunté con toda naturalidad cómo había acabado en ese estado.

«He colocado el cuerpo de Bhagavan en el agujero del *samâdhi*, dijo. Como los devotos habían puesto mucho *vibhûti*, me he quedado inevitablemente cubierto. ¿Podría darme agua para bañarme?».

Antes de darle el agua, le abracé muy fuerte con la intención de cubrir mi cuerpo con esa *vibhûti*. Como había tocado el cuerpo de Bhagavan, la consideraba como su último *prasâd*.

Recibí otras dos formas de *prasâd* aquella noche. Una joven que trabajaba para mí recogió un poco del agua que había bañado el cuerpo de Bhagavan y me la entregó. Yo la bebí con gran placer. Otra mujer que tenía la reputación de estar algo loca me trajo una de las guirnaldas que habían ornado los restos de Bhagavan. Tanta gente intentó engalanarle con guirnaldas (cosa que él no hubiera permitido jamás si estuviera vivo) que había que ir quitándole cada guirnalda para poder colocarle la siguiente. Yo desanudé algunas flores de la guirnalda y me las comí. Aquella agua y aquellas flores fueron mis últimos contactos con el cuerpo de Bhagavan. En los años siguientes, intenté mantenerme en contacto con el verdadero Bhagavan, el Bhagavan que vive eternamente en el Corazón.

Epílogo

Swâmî Annamalai vivió en Palakottu hasta el final de su vida. Sumergido en el Sí, llevó una vida simple y tranquila, retirado del mundo.

Desde mitad de los años 1940 hasta su muerte, nunca abandonó Palakottu. Únicamente salía de su casa para dar breves paseos por las laderas bajas de Arunâchala o por el bosque vecino.

Durante los últimos años de su vida, numerosos visitantes, especialmente occidentales, venían a verle, atraídos por la potencia de su silencio, por la paz, la claridad y la armonía que reinaban a su alrededor. Compartía con ellos su amor por Bhagavan y su perfecto conocimiento de sus enseñanzas. También les daba consejos e instrucciones para su práctica espiritual y les guiaba en la vía de la realización con mucho amor y mucho humor.

Swâmî Annamalai falleció apaciblemente el 9 de noviembre de 1995, a las cuatro y cuarenta y cinco de la madrugada, tras diez días enfermo. La víspera, dos de sus discípulos le preguntaron: «Swâmî, su cuerpo sufre mucho. ¿Qué hay de su mente?». Él respondió: «Sean cuales sean los sufrimientos que experimente el cuerpo, el sabio reposa en el Sí».

G.B.

Bibliografía

El tema está ordenado en tres secciones: libros, revistas y manuscritos. La bibliografía incluye los libros cuyos autores están citados en esta obra, ya sea para corroborar las historias de Swâmî Annamalai, ya sea para aportar otro relato, complementario o diferente. Siempre que ha sido posible, he indicado las traducciones inglesas (y francesas) antes que los originales sánscritos o tamiles.

Libros

- Râmana Maharshi, *Aksharâmanamâlai:* ver Mahadevan, T.M.P. (1978). *Arunâchala-Shiva.* Madrás: ed. Shankara Vihar.
- «Who» (Lakshmana Sarma, K.). (1950). *All is One*: una traducción del *Ellâm Onru* [Todo es Uno]. Sri Lanka: ed. Colombo.
- Navalar, A. *Arunâchala Purânam* (tamil). (1930). Madrás: ed. Râmaswâmî Mudaliar and Sons.
- Viasa (autor probable). (1993). *Arunâchala Mâhâtmyam.* (G.V. Tagare, Trad.), parte III del *Skanda Purâna*. Delhi: ed. Motilal Banarsidas.
- Godman, D. (1985). *Be As You Are. The teachings of Shrî Râmana Maharshi.* [*Se quien eres: Las Enseñanzas de Shrî Râmana Maharshi*]. Londres: ed. Routledge and Kegan Paul.
- Godman, D. (1992). *Sois ce que tu es. Les Enseignements de Shrî Râmana Maharshi* [*Se quien eres: Las Enseñanzas de Shrî Râmana Maharshi*], (Salen, M. Trad.). París: ed. Jean Maisonneuve. (*Be as you are. The teachings of Shrî Râmana Maharshi*, 1985).
- Osborne, A. (1979). *The Collected Works of Râmana Maharshi* [La recopilación de obras de Râmana Maharshi], Tiruvannamalai: ed. Shrî Râmanasramam. Contiene las traducciones de *Upadesa Sâram, Ulladu Nârpadu, Ulladu Nârpadu Anubandham, Âtma Vidyâ Kîrtanam, Vichâra Mani Mâlai, Aksharâmanamâlai, Devikâlottara, Who am I?* [*¿Quién soy yo?*].
- Râmana Maharshi. (1974). *Œuvres réunies :* écrits *originaux et*

adaptations [*Obras reunidas: escritos originales y adaptaciones*], (Christian Couvreur, C. y Duquesne, F. Trad.). París: Les Éditions Traditionnelles.
- Râmana Maharshi. *Ulladu Nârpadu*. Tiruvannamalai: ed. Shrî Râmanasramam. *La connaissance de l'Être* [*El conocimiento del Ser*]. (Henri Hartung, H. Trad.). París: Les Éditions Traditionnelles, 1ª edición: 1950, 4ª edición: 1972.
- Devaraja Mudaliar, A. *Day by Day with Bhagavan* [Día a día con Bhagavan]. (1977). Tiruvannamalai: ed. Shrî Râmanasramam.
- Vijai R, S. *Ellâm Onru*. (1935). Ed. Pinnalur Râmalingam Pillai.
- Vijai R, S. *Tout est Un* [*Todo es Uno*]. 2020. (Caputo. R. Trad.). Ed. Discovery.
- Shrî Râmana Maharshi. (1971). *Five Hymns to Arunâchala*. [*Cinco Himnos a Arunâchala*] Tiruvannamalai: ed. Shrî Râmanasramam.
- Cohen, S. S. (1950). *Guru Râmana*. Tiruvannamalai: ed. Shrî Râmanasramam.
- Muruganar. *Guru Vâchaka Kôvai*. (Swaminathan, K. Trad.). (1990). Bajo el título *Garland of Guru's Sayings* [*Guirnalda de los Dichos del Gurú*]. Tiruvannamalai: ed. Shrî Râmanasramam.
- Swami Tandavaraya. (1981). *Kaivalya Navanîtam*. Tiruvannamalai: ed. Shrî Râmanasramam.
- Devaraja Mudaliar, A. (1992). *My Recollections of Bhagavan Shrî Râmana* [*Mis Recopilaciones de Bhagavan Shrî Râmana*]. Tiruvannamalai: ed. Shrî Râmanasramam.
- Godman, D. (1986). *No Mind—I am the Self* [*No Mente – Soy el Ser*]. Ap. 524412, India: ed. Shrî Lakshmana Ashram.
- *Pattinatar Tirupadaltirattu* (tamil). (1979). Madrás: ed. Ratina Nayakar and Sons.
- Isaac Tambyah, T. (1925). *Psalms of a Saiva Saint: Being Selections From The Writings Of Tayumanaswamy* [Salmos a un Saiva Saint: *Textos Escogidos de los Escritos de Tayumanaswami*]. Londres: ed. Luzac&Co..
- Sâdhu Natananda. (1975) *Râmana Darshanam*. Tiruvannamalai: ed. Shrî Râmanasramam.
- Osborne, A. (1957). *Râmana Maharshi and the Path of Self-Knowledge* [Râmana Maharshi y la Vía del Auto-Conocimiento]. Londres: ed. Rider and Co..

- Osborne, A. (1957). *Râmana Maharshi and the Path of Self-Knowledge* [Râmana Maharshi y la Vía del Auto-Conocimiento]. *Râmana Maharshi et le Sentier de la Connaissance de* Soi. (1989). (Victor Attinger, V. Trad.) Neuchâtel : 1ª edición 1957, 2e édition, París: Les Deux Océans, 1989.
- Perumal Swami. (1993, fecha probable). *Râmana Maharshi Nija Swarûpam* (tamil). No se dispone de detalles sobre la edición porque no se ha tenido acceso a ningún ejemplar.
- Lakshmana Sharma. (1991). *Revelation*. Tiruvannamalai: ed. Shrî Râmanasramam.
- *Ribhu Gîtâ*. Trad. de Ramamoorthy, H. RO. Box 8080, 1834 Ocean Street, South Cruz, CA. 95061, USA: S.A.T (Society of Abidance in Truth).
- Sâdhu Arunâchala (Mayor Chadwick). (1976). *À Sâdhu's Reminiscences*. [*Las Reminiscencias de un Sâdhu*]. Tiruvannamalai: ed. Shrî Râmanasramam.
- *Shivabhôga Sâram* (tamil). (1923). 87 Tambuchetty Street, Madrás: ed. Madras Ribbon Press.
- Shankara, A. *Shivânandalahari*, parte del *Shankara's Hymn to Shiva*. (1963). [Himno de Shankara a Shiva]. (Mahadevan, T.M.P. Trad.). Madrás: ed. Ganesh and Co.
- Bharati, S. (1984). *Subramania Bharati, Chosen Poems and Prose* [*Subramania Bharati, Prosa y Poemas Escogidos*] 1984. Presentado por Swaminathan, K. Nueva Delhi: ed. Ail India, en el Comité para las Celebraciones del Centenario de Subramania Bharati.
- *Sûta Samhitâ* (sánscrito). (1893). Ed. Ânanda Ashram.
- Swarupânanda Swami. (1971). *Swarûpa Sâram* (tamil). Madrás 14: ed. City Printing Works.
- *Talks with Shrî Râmana Maharshi* [*Conversaciones con Râmana Maharshi*]. (8ª ed. 1989). Recopilados par Venkataramiah, M., Tiruvannamalai: ed. Shrî Râmanasramam.
- *L'enseignement de Râmana Maharshi* [*Las Enseñanzas de Râmana Maharshi*]. (Dupuis, A; Perrelli, A. y Herbert, J. Trad.), (1972). París: ed. Albin Michel.
- *Têvâram* (tamil): *los Poemas de Jnânasambandhar*, (1984). (Gopal Iyer, T. V. y Gros, F. Trad.) Pondichery: ed. Institut Français d'indologie.
- Tiruvalluvar. (1990). *Tirukkural*. (G.U. Pope, G. U. Trad.), Ed. Oxford University Press.

- *Tiroukkoural.* (Sangeelee, M. Trad.). Rose Hill, Isla Mauricio: ed. l'Océan Indien.
- Râmana Maharshi. *Upadesa Sârah (Upadesa Sâram).* (Swami Vishwanatha. Trad.). (1985). Kanvashrama Trust Kerala: ed. Shrî Râmana Kshetra,
- Râmana Maharshi. *Upadesa Undiyâr.* (Shrî Sâdhu Om y James, M. Trad.). (1986). Tiruvannamalai: ed. Râmana Kshetra,
- Bhartrihari. (1950). *Vairâgya Satakam.* Almora: ed. Advaita Ashram.
- Râmana Maharshi. (1976). *Who am I?* [*¿Quién Soy Yo?*]. (Mahadevan, T.M.P. Trad.). Tiruvannamalai: ed. Shrî Râmanasramam.
- *Qui suis-je?* [*¿Quién Soy Yo?*]. (Henri Hartung, H. Trad.). Publicado en el n° 83 de la revue *France-Asie*, agosto de 1953, retomado del capítulo 7 de Hartijngj, H. *Présence de Râmana Maharshi* [Presencia de Râmana Maharshi]. 1ª edición: París: ed. Le Cerf, 1979; 2ª edición: París: Dervy-Livres, 1987.

Revistas

- Rao, N. *Arunâchala Râmana.* Gudivada, 521301, A.P: ed. M.R.
- *Kalki Dîpâvalai Malar.* 47, Jawaharlal Nehru Street, Ekkadutangal, Madrás, 600097: ed. Bharatan Publications.
- *The Mountain Path* [*El Camino de la Montaña*]. Tiruvannamaiai: ed. Shrî Râmanasramam.

Manuscritos

- *The Brunton Manuscript* [*El Manuscrito Brunton*]. Archivos de Shrî Râmanasramam. Por lo que yo conozco, solo existe otra copia de este manuscrito que se encuentra en manos de Michael James en el Shrî Sâdhu Om Compound, Shrî Râmanasramam P.O. Tiruvannamalai 606603, India.
- Bhikshu, K. *Echammal.* El relato de la forma en la que Bhagavan se opuso a la voluntad de Chinnaswâmî cuando este último quiso impedir a Echammal que le trajera comida (capítulo tres) y la historia del *samâdhi* (tumba) del loro, que Bhagavan construyó en la montaña (capítulo cuatro). Ambas están extraídas de un artículo sobre Echammal inédito y no catalogado, titulado *The Afflicted* [*Los Afligidos*], que hallé en los archivos de Shrî Râmanasramam.
- *Talks with Shrî Râmana Maharshi.* [*Conversaciones con Râmana*

Maharshi]. Manuscrito original de la tercera parte. Archivos de Shrî Râmanasramam, Tiruvannamalai, catálogo n°1222.

– *Transcript of Râmana Maharshi's answers in the Perumal Swami court case* [*Transcripción de las respuestas de Râmana Maharshi en el juicio de Swâmî Perumal*]. El ejemplar original manuscrito por Râmachendra Iyer, T.P., abogado de Shrî Râmanasramam, se encuentra en poder del presidente de Shrî Râmanasramam, en Tiruvannamalai.

Glosario

Advaita (o la no dualidad)	literalmente «no dos». Una escuela de *Vedanta* que afirma que solo existe Brahman y que el mundo y el sí individual son apariencias ilusorias en su seno.
ajnâna	ignorancia, particularmente ignorancia del Sí.
ajnâni	alguien que ignora su propia naturaleza; alguien no iluminado.
Aksharâmanamâlai	*La Guirlande Maritale des Lettres* [La Guirnalda Nupcial de las Letras]; un poema de 108 versículos dedicado a Arunâchala, compuesto por Râmana Maharshi hacia el año 1913.
Alvars	un grupo de santos devotos de Visnú (*vaishnava*) que vivieron en el sur de la India hace miles de años.
ânanda	felicidad; beatitud; es a la vez uno de los aspectos fundamentales y una de las propiedades fundamentales del Sí.
Annamalai	un nombre tamil de Arunâchala. Significa «la montaña inaccesible o inalcanzable».
anushthânas	ritos y rituales tradicionalmente realizados por los brahmanes. Algunos son espirituales y otros hacen referencia a la higiene personal.
âsana	postura o posición en el *hatha* yoga.
avatâra	Dios encarnado en una forma física; en particular, una de las nueve formas en las que Visnú se encarnó en la Tierra.
aviyal	un plato del sur de la India hecho con verduras, coco y yogur.
bhajan	canto devocional.

bhakta	un devoto, alguien que siente devoción.
bhakti	devoción; el estado de devoción espiritual.
bhikshâ	comida recibida como dádiva; el donativo de cierta comida; la acción de ir a mendigar.
Brahman	la realidad absoluta impersonal del hinduismo.
darshan	«vista»; ver o ser visto por un hombre santo o la divinidad de un templo.
dhal	lentejas; los granos cocidos de plantas leguminosas.
dharma	el principio eterno de la acción justa; deber moral; ley divina; tradición religiosa.
dhôti	una larga franja de tejido vestida por los hombres a modo de falda.
dhyâna	meditación.
garbhagriha	el santuario de un templo.
giri pradakshina	*giri* significa montaña; ver *pradakshina* para *giri pradakshina*.
grihapravêsam	ceremonia de inauguración, habitualmente de una casa.
grihastha	cabeza de familia.
guna	literalmente «cualidad»; numerosas sectas hindúes afirman que la naturaleza consiste en tres cualidades, nunca en reposo, denominadas *sattva* (armonía o claridad), *rajas* (actividad) y *tamas* (inercia o adormecimiento). Una de ellas siempre predomina. La mutua interacción de los *gunas* explica la cualidad de todos los cambios en las manifestaciones físicas y mentales. En *rajoguna*, predomina *raja*; en *tamoguna*, predomina *tamas* y en *sattvaguna*, lo hace *sattva*.
hatha-yoga	una rama del yoga que se interesa principalmente por el dominio del cuerpo a través de postura físicas específicas.
iddlies	pequeños pasteles redondos, cocidos al vapor, hechos de arroz y de judía Mungo (una leguminosa). En Shrî Râmanasramam, el desayuno habitual está constituido por una ración de *iddlies*.
Ishwara	el Dios supremo personal del hinduismo.
japa	«el hecho de pronunciar»; habitualmente designa la repetición de un nombre de Dios.

jayanti	«victoria»; el día en el que se celebra el nacimiento de Bhagavan.
jîva	el Sí individual.
jîvanmukta	«liberado viviente»; alguien que es liberado cuando aún está con vida.
jîvanmukti	liberación mientras aún se está con vida.
jnâna	conocimiento; el estado en el que se sabe, por experiencia, lo que es real e incontestable.
jnâni	un ser realizado; alguien que conoce la realidad.
kamandalu	recipiente de agua; tradicionalmente hecho con una cáscara de coco.
kanji	gachas; normalmente el término hace referencia a las gachas de arroz.
karma	acción; la ley de la retribución de los actos que retorna al autor de una acción, en esta o en una vida futura, las consecuencias buenas o malas de sus actos. La vía de la acción (karma-yoga) pretende conseguir la liberación a través de actos virtuosos.
kumutti	brasero de carbón vegetal.
kundalinî	energía física latente que, cuando se activa a través de la práctica del yoga, se eleva a lo largo de un canal de la columna vertebral (el *sushumnâ*), activando y energetizando centros físicos llamados *chakras*.
lingam	una columna vertical de piedra cuya parte superior es redondeada; símbolo de Shiva no manifestado, objeto de culto en el santuario de todos los templos *shivaítas*.
mahâtmâ	«Gran alma»; también: título honorífico, como en «Mahâtmâ Gandhi».
mantra	fórmula sagrada: palabra o frase dada por un gurú a un discípulo: la repetición del mantra (*mantra-japa*) es una de las formas más comunes de *sâdhanâ*.
math	una institución hindú o un centro que ha sido creado con un fin específico como el de honrar la memoria de un santo, cantar *bhajans*, difundir enseñanzas, etc.
mâyâ	literalmente una imagen fantasma; una ilusión; en el *Vedanta*, dicha palabra representa el mundo efímero, distinto de la Realidad inmutable.

mekkedu	la lista en la que Swâmî Annamalai escribía cuánto debía ser pagado a cada trabajador. Ninguna de las personas con las que he hablado, a excepción de Swâmî Annamalai, ha oído hablar de esa palabra, aunque él afirma que se usaba comúnmente en la época en la que él trabajaba. Quizás se trata de una alteración de *makkedu–makkal* (gente) más *edu* (hoja) – una lista de nombres, escrita inicialmente en hojas de palmera.
moksha	liberación, iluminación.
mukta	alguien que ha alcanzado la liberación (o la iluminación).
mukti	liberación, iluminación.
namaskâram	una postración en el suelo, hecha como símbolo de respecto y de veneración.
navarâtri	literalmente «nueve noches»; fiesta de diez días, que habitualmente tiene lugar en octubre, durante la cual se celebra cada día un aspecto diferente de la divinidad femenina.
nirvikalpa	«no diferencia»; el término generalmente se refiere a una especie de *samâdhi* en el que hay una experiencia completa del Sí, pero no hay consciencia del cuerpo ni del mundo.
nishthâ	literalmente «en equilibrio» o «en estado de equilibrio». La palabra generalmente se refiere al estado en el que nos establecemos permanentemente en el Sí.
nungu	fruto de la palma de Palmira (*Borassus flabellifer*), que se parece un poco al coco púrpura. Contiene tres frutos en forma de lenteja que están insertados en la fibra de la cáscara.
padmâsana	la postura del loto completa; una posición con las piernas cruzadas en la que los talones reposan sobre la parte superior de los muslos.
pandal	un tejado provisional; en el sur de la India a menudo están hechos de bambú o de hojas de coco trenzadas.
pâpam	pecados; las consecuencias kármicas de actos inmorales.
pârâyana	la salmodia de las Escrituras.
pâthasâlâ	escuela que enseña el conocimiento de los Vedas (y la forma correcta de salmodiar) a jóvenes brahmanes.

pongal	un plato elaborado a base de arroz, lentejas y algunas especias.
pradakshina	acto de culto o de veneración que consiste en caminar alrededor de un objeto sagrado, de una persona o de un santuario. En este libro, el término hace referencia al hecho de caminar alrededor de Arunâchala.
prâna	soplo; energía vital que sostiene las actividades del cuerpo y de la mente. Esta energía se asocia a la respiración.
prânâyâma	ejercicios de respiración destinados a actuar sobre el *prâna* o para controlarlo. La filosofía del yoga mantiene que la mente y el soplo están unidos: el control de uno comporta, por tanto, el control del otro.
prârabdha-karma	la parte del karma que se realiza en esta vida. Puesto que la ley del karma implica el determinismo de las actividades humanas, *prârabdha* se traduce a menudo como «destino».
prasâd	todo lo que se ofrece a un gurú o a una divinidad se convierte en *prasâd* cuando el devoto lo recibe de vuelta. La comida es la forma más común de *prasâd*.
pûjâ	el culto ceremonial a una divinidad hindú.
punya	mérito acumulado al llevar a cabo buenas acciones.
rajas	ver *gunas*.
Râmanasramam	nombre tamil del *ashram* de Râmana Maharshi.
rassam	sopa especiada cuyos principales ingredientes son la pimienta y el tamarindo.
rishi	poeta o sabio inspirado; «vidente»; término védico que hace referencia a alguien que ve los significados interiores de las verdades de las Escrituras. Uno de los títulos de Bhagavan era el de «el Maharshi», lo que significa: «el gran vidente» o el «gran sabio».
Sadguru	un gurú que no percibe únicamente la realidad, sino que la ha realizado en su plenitud y permanece en ella, y que posee la capacidad de conducir a los discípulos al mismo estado.
sâdhanâ	un método o práctica espiritual.

sâdhu	un buscador espiritual a tiempo completo, habitualmente alguien que ha renunciado a la vida familiar con el fin de ir en pos de un objetivo espiritual.
sahaja	«natural»; *sahaja samâdhi*, el estado de realización permanente en el que la mente ha sido destruida de manera irrevocable.
samâdhi	un estado parecido a un trance, en el que se experimenta el Sí, la realidad. Bhagavan distinguía el *nirvikalpa samâdhi*, que se trata de una experiencia momentánea del Sí, en la que el cuerpo y el mundo están ausentes, y el *sahaja samâdhi* (*sahaja* significa «natural»), el estado de realización permanente en el cual se puede seguir funcionando normalmente en el mundo. La palabra también se refiere a la tumba o a la tumba de un santo.
sambar	una salsa picante del sur de la India. Se come con arroz y es uno de los elementos esenciales de todas las comidas del sur de la India.
samsara	la rueda de la existencia en el mundo; el ciclo de nacimientos y de muertes; la ilusión del mundo.
samskâra	tendencia o predisposición mental; impresión latente en la mente, particularmente una impresión provocada por las tendencias de vidas anteriores.
sanchita karma	«el almacén de karma»; el karma acumulado en todos los nacimientos anteriores, del que experimentamos una pequeña parte, el *prârabdha karma*, en nuestra vida actual.
sannyâsa	el estadio final de la vida hindú, en el que se abandonan las responsabilidades del mundo y de la vida familiar por una vida errante como monje mendicante.
sannyâsin	alguien que ha hecho los votos del *sannyâsa*; un monje que ha renunciado al mundo con el fin de buscar a tiempo completo la liberación espiritual.
sarvâdhikari	literalmente «dirigente de todo»; un título adoptado por Chinnaswâmî, el hermano de Bhagavan, cuando se hizo con la dirección de Râmanasramam.
sat	el Ser, aquello que es, realidad, verdad.
satsang	«asociación con *sat*»; eso puede tomar la forma de la frecuentación de un ser realizado o puede ser una asociación interior con su propio Sí.

sativa	ver *gunas*.
sativa guna	ver *gunas*.
shakti	energía, poder; el aspecto dinámico del Sí.
shânti	que provoca la aparición de la manifestación. Paz; uno de los aspectos fundamentales o una de las propiedades fundamentales del Sí.
shâstras	las Escrituras; más específicamente, los textos canónicos del hinduismo.
siddhi	«cumplimiento» o «aptitud»; habitualmente se refiere a la adquisición de poderes sobrenaturales como la telepatía o la clarividencia.
sthapati	arquitecto de templo o escultor.
tamas	ver *gunas*.
tapas	Habitualmente significa meditación en relación con prácticas de abnegación o de mortificación corporal. Las privaciones inherentes al *tapas* existen para acelerar el progreso espiritual. *Tapas* viene de la raíz *tap*, «calor, calentamiento». Realizar el *tapas* consiste en quemar todas sus impurezas a través de una práctica espiritual intensa.
Tîrtham	depósito de aguas sagradas que habitualmente tiene el aspecto de un estanque cuadrado, con escalones que descienden hasta el agua.
upadesa	enseñanzas espirituales, particularmente las que un gurú da a un discípulo.
vadai	un tentempié frito, crujiente y no azucarado, hecho con harina de *dhal*, especias y verduras.
vairâgya	desapego.
vâsanas	impresiones mentales inconscientes; la consciencia presente de las percepciones pasadas; tendencias latentes de la mente constituidas por las acciones, los pensamientos y los deseos anteriores.
Vedânta	literalmente «fin de los Vedas»; filosofía extraída de los *Upanishads*, del *Bhagavad Gîtâ*, y de los *Brahma-Sutras*. Los *Upanishads* son textos metafísicos extraídos de los Vedas.
Vedas	cuatro recopilaciones de Escrituras que datan (?) del 2.000 a.C. al 500 a. C. y que representan la fuente suprema de autoridad para la mayoría de los hindúes.

vibhñti ceniza sagrada que se extiende sobre la frente o, en ocasiones, sobre otras partes del cuerpo.

Ediciones **Discovery** es una editorial multimedia cuya misión es inspirar y apoyar la transformación personal, el crecimiento espiritual y el despertar. Con cada título, nos esforzamos en preservar la sabiduría esencial del autor, del instructor espiritual, del pensador, del sanador y del artista visionario.

www.ingramcontent.com/pod-product-compliance
Lightning Source LLC
Chambersburg PA
CBHW010044090426
42735CB00018B/3384